Die doppelte Zeitfalle

Die doppelte Zeitfalle

Zeitmanagement für die Frau

von
Alec Mackenzie
und
Kay Cronkite Waldo

Aus dem Amerikanischen übertragen von
Ursel Reineke, Heidelberg

3., unveränderte Auflage 1992

I. H. Sauer-Verlag GmbH
Heidelberg

Originaltitel: About Time!

Authorised translation from English language edition published by McGraw-Hill Book Company, New York, St. Louis, San Francisco

ISBN 0-07-044651-2
Library of Congress catalog card number: 80-21985

Die Deutsche Bibliothek – CIP-Einheitsaufnahme

Mackenzie, R. Alec:

Die doppelte Zeitfalle : Zeitmanagement für die Frau / von Alec Mackenzie und Kay Cronkite Waldo. Aus dem Amerikan. übertr. von Ursel Reineke. – 3., unveränd. Aufl. – Heidelberg : Sauer, 1992
Einheitssacht.: About time <dt.>
ISBN 3-7983-7063-4
NE: Waldo, Kay Cronkite :

ISBN 3-7938-7063-4

Satz: Mitterweger Werksatz GmbH, 6831 Plankstadt

Druck: Wilhelm & Adam, Werbe- und Verlagsdruck GmbH, 6056 Heusenstamm

Buchbinderische Verarbeitung: Osswald + Co., 6730 Neustadt/Weinstr.

♾ Gedruckt auf säurefreiem, alterungsbeständigem Papier nach ANSI-Norm.

Printed in Germany

Vorwort

Die Zeit stellt uns alle vor Probleme:

Man kann sie nicht aufsparen und später nutzen.
Man kann sie nicht ausleihen.
Man kann sich nicht dafür entscheiden,
sie nicht zu verbringen.
Man kann nicht darauf verzichten,
man kann sie auch nicht zurückholen.
Und man kann sie nicht mitnehmen.

Aber ...

Die Zeit ist immer da – man kann sie *verlieren*, man kann sie aber auch *nutzen*. Dieses Buch ist für die tätige Frau gedacht. Es geht um ihre Zeit und – um ihr Leben. Zeitmanagement ist besonders wichtig für Frauen. Ob verheiratet oder alleinstehend, ob mit oder ohne Kinder, ob erwerbstätig oder ehrenamtlich tätig – sie müssen die Anforderungen bewältigen, die Privat- und Berufsleben an sie stellen.

Um diesen zeitraubenden Verpflichtungen nachkommen zu können, muß eine Frau zum *sachkundigen Manager* ihrer Zeit werden. Wer seine Tätigkeiten erfolgreich ausüben will, muß nach effizienteren und effektiveren Möglichkeiten zur Bewältigung von Routineaufgaben in Büro und Haushalt suchen.

Eigentlich braucht eine Frau in ihrem Berufs- und Privatleben ein noch besseres Zeitmanagement als die meisten ihrer männlichen Kollegen. Die Frauen trugen und tragen traditionsgemäß die Hauptverantwortung für den häuslichen Bereich – zusätzlich zu ihren Tätigkeiten außer Haus. Eine Frau muß *Zeitplanung* schon *perfekt* beherrschen, um lediglich ihr eigenes Leben koordinieren zu können.

Als Leserin dieses Buches werden Sie Neues über sich selbst und Ihre Zeit erfahren, einiges wiederentdecken, das Ihnen zwar schon bekannt war, über das Sie jedoch noch nie nachgedacht haben. Zum Beispiel: Warum laufen manche Tage gut und andere schlecht? Warum kann ich an manchen Tagen viel, an anderen nur wenig erledigen? Warum wird mir die Zeit immer knapp? Warum funktioniert die Delegation im Büro, aber nicht zu Hause? Wie setze ich Prioritäten? Wie passe ich meine Aufgaben an meinen Energiehaushalt an? Wie sage ich ‚nein', wenn unvernünftige Forderungen an mich gestellt werden? Wie finde ich Zeit für mich selbst?

Wenn diese und ähnliche Fragen für Sie mit Problemen behaftet sind, wird Ihnen dieses Buch helfen, sie zu lösen. Tausende von Frauen in der ganzen Welt nutzen die in diesem Buch beschriebenen Techniken als Hilfestellung und Anleitung, um ihren eigenen Weg zu einer besseren Zeitnutzung zu finden. Wenn diese Techniken bei anderen funktionieren, – warum nicht auch bei Ihnen?

Viel Glück und die besten Wünsche für ein erfolgreiches Management Ihrer Zeit und Ihres Lebens!

Kay Cronkite Waldo
Kansas City, Missouri

R. Alec Mackenzie
Greenwich, New York

Inhaltsverzeichnis

1. Die Herausforderung

„Ich habe immer gedacht, Zeitmanagement sei, Staublappen unter die Füße zu binden, so daß man wenigstens etwas leistet, wenn man nachts aufsteht, um auf die Toilette zu gehen."

Annette Morgan (1979)

Betty ist Hausfrau und den ganzen Tag in Hetze: Frühstück für die Familie zubereiten, Fahrgemeinschaftsvereinbarungen für die eigenen und die Kinder aus der Nachbarschaft einhalten, eine Ausschußsitzung besuchen, Lebensmittel einkaufen usw. usw., den lieben langen Tag. Anna ist Sachbearbeiterin in der Werbebranche und hat große Schwierigkeiten, Haushalt, Berufstätigkeit und Dienstreisen unter einen Hut zu bringen. Kein Wunder, daß viele Frauen dringend mehr Zeit fordern.

Bei der Romanschriftstellerin *May Sarton* heißt es dazu: „Einmal in die Falle geraten ... tat man seine Arbeit gegen ein unablässiges Sperrfeuer von Forderungen anderer... Tatsache war, daß die Tage der Männer nicht genauso zerstückelt, nicht genauso durch unendlich viele kleine Aufgaben zersplittert waren. Es gab so etwas wie Frauenarbeit, und sie bestand hauptsächlich darin ... immer wieder Unterbrechungen zu tolerieren und die Ruhe zu bewahren. Tag für Tag hatte sie einen Kampf auszufechten, um sich an den Schreibtisch setzen zu können, ehe ihr bißchen Energie erschöpft war. Tag für Tag mußte sie sich durch ein verworrenes Netz dünner Fäden durchwühlen, die sie in tausend verschiedene Richtungen zogen – hier ein unbeantworteter Brief, dort ein Telefonanruf ..."[1]

---

1 *May Sarton,* Mrs. Stevens Hears the Mermeids Singing, Norton, New York, 1975.

Die Zeit verfliegt! Ich habe nie genug Zeit! Mir rennt die Zeit davon! Das sind die bekannten Klagelieder der heutigen aktiv tätigen Frauen. Ohne uns dessen bewußt zu werden, sprechen wir häufig so über die Zeit, als ob sie etwas sei, das wir nach eigenem Gutdünken steuern oder manipulieren könnten. In Wirklichkeit ist die Zeit eine Konstante – mehr Zeit gibt es nicht. Jeder von uns hat alle Zeit, die es gibt. Wir entdecken das Paradoxon der Zeit: Wenige haben genug, und doch hat jeder alle Zeit, die es gibt.

Wenn Sie alle Zeit haben, die es gibt, müssen Sie *umdenken* und überlegen, worum es eigentlich geht: Wie können Sie als Individuum die Zeit, die Sie haben, *effektiv nutzen?* Wissen Sie, welche Dinge für Sie Vorrang haben? Setzen Sie Prioritäten? Wissen Sie, wie man zu anderen und ihren Forderungen nein sagt, um „Frei"zeit zu gewinnen? Oder hasten Sie wie verrückt von einem Termin zum anderen und fühlen sich ständig gehetzt? Haben Sie das Gefühl, nichts mehr unter Kontrolle zu haben, nichts Wirkliches zu leisten? Wer lernt, seine eigene Zeit effektiv zu gestalten, besitzt den Schlüssel zu einem weniger hektischen und zufriedeneren Leben.

Die Zeit ist eine Konstante. Dazu meinte Management-Philosoph *Peter Drucker*: „Zeit ist das knappste Kapital, und wenn man sie nicht managen kann, kann man auch nichts anderes managen."[2] Dennoch gibt es überall in unserer Gesellschaft Anhaltspunkte dafür, daß der Wert der Zeit nicht erkannt wird. Die meisten Organisationen und Unternehmen sehen nicht, welchen Wert die Zeit ihrer Führungskräfte hat. Das Unternehmen erwartet beispielsweise von der Leiterin der Personalabteilung, daß sie an den wöchentlichen Marketing-Konferenzen teilnimmt, obwohl sie ihre Zeit mit der Arbeit am dringend benötigten Personalhandbuch besser nutzen könnte.

Die Vorstandssekretärin schreibt vielleicht immer noch alle Formbriefe selbst, anstatt sie an den zentralen Schreibdienst weiterzugeben. Zeit, nicht Geld, ist das entscheidende Kapital eines Unternehmens.

---

2 *Peter F. Drucker,* How to Be an Effective Executive, Nation's Business, April 1961.

Auch für die Frau als Individuum ist Zeit das entscheidende Kapital. Bei ihr geht es nicht nur darum, Zeitmanagement zu betreiben, sondern vielmehr darum, *Selbstmanagement* im Hinblick auf die Zeit zu üben. Wer erkennt, daß Zeitmanagement eigentlich Selbstmanagement ist, wird allmählich Licht am Ende des Tunnels sehen. Unter diesem Aspekt lassen sich die psychologischen und soziologischen Gründe für Schwierigkeiten beim Zeitmanagement besser untersuchen und begreifen, und die hieraus gewonnenen Erkenntnisse lassen sich in neue Techniken und Fähigkeiten zur Förderung der eigenen Effektivität umsetzen.

Eine Zeit- und Erfolgsformel

Je mehr neue Chancen den Frauen geboten werden, desto größer werden auch die an ihre Zeit gestellten Anforderungen. Die wohl schwersten Entscheidungen, die eine Frau heutzutage treffen muß, sind Entscheidungen zwischen positiven Alternativen: Das Hausfrauendasein bringt Zufriedenheit, der Beruf Erfüllung, die Fortbildungsmöglichkeiten sind verlockend und ein aktives gesellschaftliches Leben macht Spaß. Die einzelne Frau kann die für sie selbst richtige *Kombination von Tätigkeiten* zusammenstellen und ihr Leben so gestalten, daß sie sowohl ihren eigenen *Bedürfnissen*, als auch den Bedürfnissen der Menschen in ihrer Umgebung gerecht wird. Sie kann ihre eigene Erfolgsformel finden.

Was ist Erfolg? Die Definition wird für jeden eine andere sein. Weiterhin wird Erfolg je nach Lebensabschnitt seine Bedeutung für den einzelnen Menschen wechseln. Vielleicht können die meisten der folgenden Definition zustimmen: „Erfolg = progressive Verwirklichung von Zielen“. Um diese Ziele zu verwirklichen, müssen wir Zeitmanagement im Hinblick auf diese Ziele betreiben. Wichtig in diesem Prozeß ist auch, den Einfluß unserer Sozialisation als Frauen auf unsere Haltung zur Zeit zu begreifen.

Die Sozialisation der Frau und ihre Auswirkungen

Die Frauen in der westlichen Welt sind im allgemeinen dazu konditioniert worden, ihre Hauptaufgabe in der Hege und Pflege zu sehen, d.h. diejenige zu sein, die auf die Bedürfnisse anderer eingeht. Sie soll auf die Erwartungen ihrer Mitmenschen eingehen und die Bedürfnisse *anderer* für wichtiger halten als ihre *eigenen*. Folglich ist es für viele Frauen besonders schwer, ihre eigenen Bedürfnisse und ihre eigene Zeit als genauso wertvoll und in manchen Fällen sogar als noch wertvoller zu betrachten. Ganz real steht die Fähigkeit einer Frau zum Management ihrer Zeit in direkter Beziehung zu ihrer Auffassung, was es heißt, eine Frau zu sein.

Reaktion statt Aktion

Die Frau wurde nicht zu Aktion, sondern zu *Reaktion*, zu einem passiven Zustand des Bereitseins erzogen. Sie wurde dazu konditioniert, zu warten bis eine Forderung an sie gestellt wird, auf die sie reagieren kann, und nicht dazu, eine aktive Rolle in der Bestimmung dessen zu übernehmen, welche Forderungen man legitimerweise an sie stellen darf und wie sie damit fertig wird. So kommt es vor, daß sich das neue weibliche Mitglied im Vorstand einer Organisation bereit erklärt, in Ausschüssen mitzuarbeiten, die sie eigentlich gar nicht interessieren, anstatt deutlich zu sagen, wo ihre Präferenzen liegen oder, daß sich eine Sekretärin weiterhin an ein längst veraltetes Ablagesystem hält, um keine andere und effektivere Möglichkeit empfehlen zu müssen.

Eine Frau neigt leicht zu dem Gefühl, sie werde ihre Weiblichkeit verlieren, wenn sie *aktiver* werde, wenn sie ihr Leben selbst in die Hand nehme. Sie meint: Je entschiedener und mächtiger sie werde, desto weniger weiblich werde sie sein. So besteht also bei vielen Frauen ein innerer Widerstand dagegen, ihre Zeit selbst in die Hand zu nehmen.

Anderen gefallen

Ein weiterer wichtiger Faktor bei den Befürchtungen und Bedenken der Frauen dazu, ob sie ihr Leben selbst in die Hand nehmen sollen, besteht darin, daß viele von einem Grundgefühl des Nicht-OK-Seins, von einem Gefühl der *Unzulänglichkeit* beherrscht sind. Folglich haben viele Frauen gelernt, daß die einzige Möglichkeit zur Erfahrung von *Selbstwertgefühl* darin besteht, die Bestätigung anderer zu gewinnen. Solange ein anderer oder *andere* sie *akzeptieren*, ist sie OK. Wird diese Bestätigung auf irgendeine Weise zurückgezogen – weil sie die Meinung eines anderen in Frage gestellt, eine andere Meinung zu einer Frage vertreten hat, oder wütend geworden ist – wird sie sich selbst als „Nicht OK" erfahren. Folglich ist es für die Frau in der Arbeitswelt oft schwieriger, beispielsweise Verantwortung zu delegieren, Mitarbeiter zu führen oder zu jemandem *nein zu sagen*. Selbst scheinbar einfache Kommunikation wird zum Stolperstein, weil viele Frauen dazu konditioniert worden sind, anderen unbedingt *gefallen zu müssen*. Für eine Frau, die so viel in andere und deren Meinung über sie investiert hat, ist es offensichtlich schwerer, durch effektives eigenes Zeitmanagement Mißfallen und Zurückweisung zu riskieren.

Psychologisch gesehen ist es beunruhigend, wenn ein Mensch ja zu sich selbst und nein zu anderen sagt, selbst wenn dies für eine Frau rational annehmbar ist. Ein wichtiges Ziel für eine Frau besteht darin zu erkennen, daß ein gesundes Gleichgewicht in der eigenen Persönlichkeit nicht nur *Rücksicht* und Eingehen auf die *Forderungen anderer* beinhaltet, sondern auch das Eingehen auf die *eigenen* Wünsche und Bedürfnisse umfaßt.

Mangelndes rationales Denkvermögen

Die meisten Frauen sind dazu erzogen worden, auf ihre *„Gefühle"* zu hören und so auf die Bedürfnisse anderer einzugehen. In der Kindheit hat aber oft die Anleitung zu rationalem und objektivem Denken gefehlt. Die meisten Frauen stehen ihren Gefühlen (vielleicht mit Ausnahme des Ärgers) näher als dem „denkenden" Teil ihrer selbst, und Zeitmanagement ist ein *Denkprozeß*.

Wie diese Diskrepanz entsteht, wollen wir am Beispiel der vierjährigen Zwillinge Susanne und Hans darlegen. Sie spielen beide draußen, während ihre Mutter in der Küche zu tun hat. Ziemlich bald kommt Susanne weinend hereingerannt. Sie ist traurig, weil ihre Puppe den Arm verloren hat. Die Mutter nimmt Susanne in die Arme, streichelt sie und sagt ihr: „Weine nur, Liebling, ... ich kann verstehen, wie Dir zumute ist ... Komm, wir legen die Puppe auf den Tisch, und wenn Vater heimkommt, wird er sie reparieren."

Einige Minuten später kommt Hans in die Küche gerannt. Er weint, weil das Rad von seinem Feuerwehrauto abgebrochen ist. Mutter tätschelt ihm den Kopf und sagt: „Hans, weine nicht, setz Dich doch hin und versuche, ob Du das Rad wieder am Feuerwehrwagen anbringen kannst."

Die Mitteilungen an Susanne und Hans stellen *diametrale Gegensätze* dar. Die Botschaft der Mutter an Susanne lautet: „Gefühle sind OK, es ist OK zu weinen. Nimm dein Problem, leg es beiseite, bald wird ein Mann kommen und alles wieder in Ordnung bringen." Die Botschaft an Hans lautet: „Keine Gefühle, weine nicht, setz dich hin und überlege, wie du das Problem löst." Einfacher gesagt heißt die Botschaft an Susanne: „Fühle, denke nicht." Die Botschaft an Hans lautet: „Denke, fühle nicht."

Kein Wunder, daß, wenn aus Junge und Mädchen Erwachsene geworden sind, viele Männer weniger auf ihre Gefühle eingehen und viele Frauen die Fähigkeit vermissen lassen, rational und objektiv zu denken. Wenn eine Frau ihre Zeitnutzung beurteilen und konstruktive Veränderungen im Management ihrer Zeit herbeiführen will, braucht sie die Fähigkeit zum *rationalen* und *objektiven Denken*.

Das Superfrau-Syndrom

Die Sozialisation der Frau auf eine hegende, pflegende und unterstützende Rolle hin hat das Leben der berufstätigen Frau drastisch beeinflußt. Sie sieht sich meistens selbst als Frau mit *Mehrfachverantwortung* – mit Zuständigkeit nicht nur für den Beruf, sondern auch für Haushalt und Familie. Aus Untersuchungen geht hervor, daß die berufstätige Frau immer noch den Hauptteil der Arbeit im Haushalt zusätzlich zur Berufstätigkeit bewältigen muß.

Trotz der irrationalen Angst, die eine Frau vor dem Erfolg und dem sich daraus ergebenden Verlust ihrer Weiblichkeit haben kann, mag sie versuchen, zur *Superfrau* zu werden – erfolgreich im Beruf, perfekt im Haushalt, liebende Ehefrau, aufmerksame Mutter, vollendete Gastgeberin und Meisterköchin – ein unrealistischer Anspruch, ein Anspruch, der mit viel Spannung und Streß verbunden sein kann. Für eine Frau, die sich diese Superfraumentalität zueigen macht, wird das Management der Zeit zu einer nicht enden wollenden *Frustration*. Für viele Frauen bedeutet daher effektives Zeitmanagement auch, diese *unrealistischen Ansprüche* an sich selbst zu erkennen und ein rationaleres Bündel von Wertvorstellungen zu den eigenen Tätigkeiten und zur eigenen Lebensart zu entwickeln.

In diesem Prozeß muß sie beispielsweise unter anderem feststellen, wie ihre Bedürfnisse nach *sozialen Beziehungen* aussehen. Wie sieht ein für sie *gesundes Gleichgewicht* zwischen Beruf, Familie, Freundeskreis und sonstigen Aktivitäten aus? Viele Frauen werden sagen: „Ich habe einfach keine Zeit für gesellschaftliche Veranstaltungen, Vereine, Sport oder Hobbies." Das ist eine *unkluge Entscheidung*. Die Psychologen sind alle der Meinung, daß man, um eine gesunde, vollwertige Persönlichkeit zu sein, einen Teil seiner Zeit zum „Spielen" verwenden muß, bei Parties, im Sport oder in der Verfolgung von Hobbies ... je nachdem, was der Einzelne als vergnügliche Zerstreuung empfindet. Viele Frauen wissen, daß sie Tennisspiel oder Bridgenachmittage genauso terminlich einplanen müssen wie eine Ausschußsitzung oder einen Arzttermin für ihr Kind. Obwohl dieses offizielle Einplanen von *„Spielzeit"* unnatürlich scheint, ist es wahrscheinlich notwendig, wenn man sich angewöhnen will, die eigenen „Spaß"aktivitäten ernstzunehmen. Aus einer von der „National Commission on Working Women" in den USA durchgeführten Erhebung bei erwerbstätigen Frauen geht hervor, daß sich über 50 % der befragten Frauen über zu wenig Freizeit beklagen[3].

Berufsweg ungewiß

Frauen meinen häufig, sie hätten nur noch beschränkte Zeit, weil sie ihren Berufsweg später beginnen als viele Männer, vielleicht sogar

3 *Leslie Bennett,* When Homemaking Becomes Job No. 2, The New York Times, 14. Juli 1979.

erst dann, wenn ihre Kinder groß sind. Sie sind nicht schon seit dem Schulabschluß auf einen bestimmten Berufsweg ausgerichtet, sondern erkunden ihre beruflichen Aussichten und Möglichkeiten zur Karriereentwicklung erst im Alter zwischen 35 und 45. Das frustrierende Gefühl, „aufholen" zu müssen, kann im Verein mit mangelndem Selbstbewußtsein zu beträchtlichen *Angstgefühlen* führen. Um mit diesen Ängsten fertigzuwerden, lernen viele Frauen, daß sie das Gewicht ihrer Tätigkeiten von Zeit zu Zeit verschieben können, daß ihr Leben in gewissem Maß von verschiedenen Phasen geprägt ist. Die Prioritäten verlagern sich. Sie wechseln zwischen Kindererziehung, Beruf, Weiterbildung, einem neuen Hobby, wobei je nach Lebensphase eine andere Betätigung Vorrang hat.

Eine erfolgreiche Mittvierzigerin berichtet über ihre Erfahrungen: „In Untersuchungen über das Erwachsenenleben (hauptsächlich das der Männer) wird von einer *„Beschleunigungsphase"* bei vielen Männern jenseits von 30 gesprochen, Männer, die dann feststellen, daß sie noch etwas schaffen wollen und die Zeit immer kürzer wird. Ich habe dieselbe Erfahrung gemacht. Die Zeit zwischen 20 und Anfang 30 war für mich hauptsächlich Abwartezeit, oder zumindest war Zeit damals kein Faktor. Es schien so, als ob genügend Zeit bleibe.

Nach der „mid-life crisis", der Krise in der Lebensmitte (ich war damals 36 – und die Krise schien sich über Jahre hinwegzuziehen) wurde mir bewußt, daß ich Ziele eindeutiger definieren, mich auf *neue Ziele* orientieren und mich daran machen mußte, sie zu verwirklichen."

Zum effektiven Zeitmanagement gehört unbedingt die Entscheidung, *was man wirklich mit seinem Leben anfangen möchte,* welche Prioritäten man kurz- und langfristig setzt. Eine Frau soll nicht „alles tun", sondern „das Richtige tun". Sie soll sich auf die Betätigungsfelder konzentrieren, mit denen sie ihre *Fähigkeiten maximieren* kann. So findet sie Erfolg und Erfüllung.

Nach *Hennig* und *Jardim* in „The Managerial Woman" hat die Frau im Hinblick auf ihre persönliche Karrierestrategie häufig einen anderen Zeitbegriff als der Mann[4]. Wo ein Mann bei seinen Entscheidungen nicht nur den kurzfristigen Nutzen, sondern vielmehr die langfristigen Karriereziele im Auge behält, wird eine Frau die Langfristauswirkungen ihrer Entscheidung oft nicht einmal wahrnehmen. Sie trifft ihre Entscheidung sehr viel eher aus dem „Hier und Jetzt" und denkt sehr viel weniger daran, wie diese spezifische Entscheidung ihren zukünftigen Berufsweg beeinflussen wird.

Schwierigkeiten beim Zeitmanagement hat eine Frau außerdem, weil ihre *persönlichen Bedürfnisse* in der von ihr verrichteten Arbeit nicht unbedingt erfüllt werden. Die Folge: Sie rebelliert, trödelt oder arbeitet nur noch mechanisch – apathisch. Sie wird ihre Effektivität im Beruf überprüfen müssen, indem sie sich überlegt, wie ihre *berufsbezogenen* Bedürfnisse und Wertvorstellungen aussehen. *Richard N. Bolles* schlägt in seinem Buch „The Three Boxes of Life" vor, anhand der folgenden Kriterien zu entscheiden, welche Faktoren für die Erwerbstätigkeit der einzelnen Frau entscheidend sind:

1. Ich bin immer beschäftigt.
2. Meine Arbeit macht mir Spaß.
3. Ich kann etwas für mich Sinnvolles erreichen oder leisten.
4. Meine Arbeit gibt mir ein Gefühl der Macht über andere.
5. Meine Arbeit befriedigt mein Bedürfnis nach Zugehörigkeit ..., nach Kontakt zu anderen.
6. Meine Arbeit steht in Einklang mit meinem Bedürfnis zu lieben bzw. geliebt zu werden[5].

Zeitmanagement für die Frau ist daher mehr als eine Technik oder eine Reihe von Techniken. Sie kann sie nicht einfach auf ihre Persönlichkeit aufpfropfen und dann entscheidende Veränderungen erwarten. Um ihre Zeit so effektiv wie möglich nutzen zu können, muß sie sich gründlich mit ihrer Persönlichkeit, ihren Erfahrungen und ihrer

---

4 *Margaret Hennig* und *Anne Jardim,* The Managerial Woman, Anchor Press, Garden City, N.Y., 1977.

5 *Richard N. Bolles,* The Three Boxes of Life, Ten Speed Press, Berkeley, California, 1978, S. 304 – 326.

Erziehung beschäftigen. Erst dann kann sie erkennen, wie sie sich selbst an der *effektiven Nutzung* ihrer Zeit hindert.

Einige Pluspunkte für Frauen

Außer den Problemen, denen viele Frauen im Zeitmanagement begegnen, ergeben sich aus der Sozialisation der Frau auch einige Vorteile. In Familie und Gesellschaft werden vielerlei verschiedene Anforderungen an die Frau gestellt, und viele haben gelernt, all diesen Forderungen gerecht zu werden: Der zweijährige Sohn will essen, der Ehemann braucht Hilfe beim Suchen nach einem verlorengegangenen Beleg und gleichzeitig klingelt auch noch das Telefon. Die meisten Frauen haben gelernt, mit mehr als einer Person und/oder Situation *gleichzeitig* fertig zu werden und *Prioritäten schnell* zu setzen. Diese Fähigkeit ist ein Schlüssel zu effektivem Zeitmanagement.

Außerdem sind die meisten Frauen so erzogen worden, daß sie sich ihrer *Gefühle* ganz besonders bewußt sind. Sie kennen ihre Launen und ihre Leistungshöhen und -tiefen im Verlauf eines Tages, einer Woche oder eines Monats. Je mehr eine Frau die an sie gestellten Forderungen an ihre Leistungskurve anpaßt, desto produktiver wird sie sein. Liegt ihr Leistungshoch beispielsweise zwischen 9 und 11 Uhr morgens, kann sie, wenn sie sich dessen bewußt ist, die wichtigsten Tätigkeiten für diesen Zeitraum einplanen. Wenn ihr Leistungsvermögen am späten Nachmittag den niedrigsten Punkt erreicht hat, kann sie sich für diesen Zeitraum entsprechend einfachere Aufgaben vornehmen. Dies setzt allerdings voraus, daß sie sich *genau beobachtet*. Die meisten Frauen sind darin sowieso geübt, und es macht ihnen weniger aus als Männern.

Ihre größte Stärke als Frau ist es wohl, daß sie gelernt haben, *flexibel* zu sein, sich *anzupassen*. Also sind sie aufgeschlossener gegenüber *Veränderungen*.

Zu lernen, seine eigene Zeit effektiver zu nutzen, ist ein Prozeß des *Wandels*. Sie erfahren mehr über sich selbst und können über neue Alternativen für das eigene Leben nachdenken. Vielleicht kann *Ann*

Richards aus Texas, Ehefrau, Mutter und in ein öffentliches Amt gewählte Frau, am besten das wachsende Selbstverständnis und die wachsende Aufgeschlossenheit für das veränderte Zeitverständnis einer Frau beschreiben:

„Das einzig wichtige Zeitmanagementprinzip, dessen ich mir sicher bin, ist mehr philosophisch als technisch. Man kann einfach nicht alles, was von einem gefordert wird, gerade zu dem Zeitpunkt tun, an dem es ein anderer will. Ich habe mich damit abgefunden, daß meine Wohnung unaufgeräumt ist, meine Kinder verknittert aussehen, mein Mann Geschirr spült, die Wohnung putzt, sich um die Wäsche kümmert, die Kinder chauffiert und einkaufen geht. Ich gehe nicht zu jedem Empfang, zu dem ich eingeladen werde, ich trete nicht jedem Ausschuß bei, der mich haben will. Ich übernehme nicht alle interessant klingenden Aufgaben und werde auch nicht alle auftauchenden Probleme lösen."

Und doch können Sie durch effektive Nutzung Ihrer Zeit mehr Ziele in *allen Lebensbereichen* verwirklichen.

Die *Herausforderung* ist da ... und auch die Antworten liegen bereit!

2. Wohin geht Ihre Zeit?

Ein Leben ohne Disziplin gibt es nicht.

Katharine Hepburn

Zeitmanagement ist Selbstmanagement

Läßt sich Zeit wirklich managen? Weist der Begriff *Zeitmanagement* auf eine Möglichkeit hin ... oder handelt es sich dabei um eine völlige Fehlbezeichnung? Die Antwort liegt in der Eigenart der Zeit.

Das Verhältnis zur Zeit wechselt. Eine nähere Untersuchung hält vielerlei Überraschungen bereit. Ein und derselbe Zeitraum vergeht für eine Frau wie im Nu, einer anderen erscheint er wie eine kleine Ewigkeit. Die eine ist mit *Freude* in ihre Tätigkeit vertieft, die andere spürt nur schmerzhafte *Langeweile.* Abhängig von der gerade ausgeübten Tätigkeit und Einstellung vergeht die Zeit scheinbar langsam oder schnell.

Den meisten Frauen reicht die Zeit nie, um alles schaffen zu können. Nur wenige haben genug Zeit – und stehen daher auch unter sehr viel weniger *Streß.* Die Tage selbst aber bleiben für alle gleich lang. Es spielt keine Rolle, wer Sie sind oder wo Sie sind: Jeder Tag hat 24 Stunden oder 1.440 Minuten. Nicht genug Zeit zu haben, ist daher eine Entschuldigung, aber kein Grund. Jede Frau hat alle Zeit, die es gibt.

Die Zeit vergeht überall auf der Welt mit der gleichen Geschwindigkeit. Sekunden werden zu Minuten ... Minuten zu Stunden. In Wirklichkeit kann die Zeit weder verfliegen noch sich hinziehen. Sie ist das *unerbittlichste* und *starrste* Element unserer Existenz.

Die Zeit ist der einzig *konstante Vermögenswert,* mit dem wir immer rechnen können, der immer zur Verfügung steht und immer in Benutzung ist. Paradoxerweise wird aber gerade dieser Vermögenswert am wenigsten begriffen, am schlechtesten gesteuert und am meisten mißhandelt und mißbraucht.

Warum ist das so? Nach Erfahrung der Autoren resultiert dieses Paradoxon daraus, daß die Menschen den Stellenwert der Zeit nicht kennen, daß ihnen nicht bewußt ist, wie leicht sie ihnen durch die Finger rinnt. Wir *nehmen an,* daß wir sie gut nutzen, ohne diese Annahme je auf den Prüfstand zu stellen. Wir kommen gar nicht auf die Idee, die folgenden fundamentalen Fragen zu stellen: „Wie nutze ich meine Zeit jetzt am besten?" „War das Ergebnis meiner Bemühungen die dafür aufgewandte Zeit wert?"

Haben *Sie* sich eine der Fragen in letzter Zeit gestellt? Wenn ja, haben Sie sie beantworten können? Die Antwort lautet natürlich, daß man wissen muß, *was* man mit seiner Zeit erreichen will. Die Ziele müssen dabei *spezifisch* und *meßbar* sein, und die tatsächlich erzielten Ergebnisse sind nach dem benötigten Zeitaufwand zu bewerten.

Wir behaupten, wir hätten nicht genügend Zeit. Dennoch wissen wir, daß jeder alle Zeit hat, die es gibt. Das Problem liegt eindeutig nicht in der Zeit an sich, sondern darin, wie wir sie *nutzen.* Es geht also nicht darum, wie wir die Zeit steuern, sondern darum, wie wir uns *selbst* in bezug auf die Zeit *steuern.* Zeitmanagement ist eigentlich *Selbstmanagement.*

Zeit-Tagebuch führen

Wer feststellen will, in welchen Bereichen Selbstmanagement am nötigsten ist, sollte ein Zeit-Tagebuch führen. Man kann seine Zeit nicht richtig einteilen, wenn man nicht weiß, wo sie hingeht. In einer Reihe von weltweit durchgeführten Untersuchungen hat sich immer wieder herausgestellt, wie groß der Unterschied ist zwischen dem Glauben, wohin die Zeit geht, und dem durch Führen eines Zeit-Tagebuches erworbenen Wissen, wohin sie *tatsächlich* geht.

Ein Zeit-Tagebuch ist eine einfache Auflistung und Analyse aller Tätigkeiten in einem gegebenen Zeitraum. Durch sorgfältige Buchführung über die eigene Zeitnutzung mit Hilfe von Tagesplänen gewinnen Sie ein klares Bild davon, wohin Ihre Zeit tatsächlich geht und ob Sie die verfügbare Zeit maximal nutzen.

Täglicher Zeitnachweis

Die unten folgenden Anweisungen sollten genau befolgt werden, damit der „Tägliche Zeitnachweis" (Abb. 1) einen möglichst hohen Aussagewert gewinnt. Tragen Sie Ihre Tätigkeiten in Kurzform ein, erfinden Sie eigene Kürzel, die Sie auf den ersten Blick erkennen können. (Bitte vergleichen Sie Ihre Zeitanalyse anschließend mit dem Musterbeispiel im Anhang S. 239 ff.)

Anweisungen für den täglichen Zeitnachweis

1. Tragen Sie Namen, Datum und Ziele ein.
2. Notieren Sie alle im Laufe des Tages anfallenden Tätigkeiten. Tragen sie alle Unterbrechungen mit Ursprung und Grund ein. Gehen Sie so weit wie möglich ins Detail.
3. Legen Sie fest, welche Priorität den einzelnen Tätigkeiten zukommt, damit Sie am Tagesende feststellen können, wieviel Zeit für Arbeiten höchster Priorität verwandt wurde.
4. Kommentieren Sie die einzelnen Tätigkeiten mit Hinblick auf zukünftige Verbesserungen. Versuchen Sie, konkrete Verbesserungsvorschläge gleich mitzunotieren.
5. Führen Sie Ihren Zeitnachweis mindestens drei Tage oder besser noch eine ganze Woche. Planen Sie Zeit für die Analyse der Zeitblätter ein.
6. Verwenden Sie Zeichen und Kürzel.
   Beispiel: T→ = herausgehendes Telefongespräch,
   →T = ankommendes Telefongespräch.

Name: ______________________ Datum: ______________________

Tagesziele:	Termin:		Termin:
1. ______	______	4. ______	______
2. ______	______	5. ______	______
3. ______	______	6. ______	______

Prioritäten: 1 = sehr wichtig; 2 = weniger wichtig; 3 = Routine/Detail;
4 = relativ unwichtig

Uhrzeit	Tätigkeit	Zeitaufwand	Priorität	Bemerkungen/ Vorkehrungen

Abb. 1. Tagebuchblatt – Täglicher Zeitnachweis

Fragen zur Analyse der Tagebuchblätter

Nach Fertigstellung des Zeit-Tagebuches ist die gründliche Analyse wichtig. Nur so können Sie Ihre Stärken und Schwächen im Umgang mit der Zeit klar erkennen. Die folgenden Fragen sollen Ihnen bei der Auswertung helfen.

1. Haben Sie für jeden Tag einen schriftlichen Plan mit eindeutigen Prioritäten aufgestellt?

   Wie lange haben Sie gebraucht, bis Sie mit der wichtigsten Arbeit des Tages beginnen konnten?
   Wie oft haben Sie sich während der Arbeit an dieser Aufgabe stören lassen?

2. Haben Sie die richtige Arbeit zur richtigen Zeit erledigt?

   Haben Sie Arbeiten erledigt, die gar nicht nötig waren?
   Hätten bestimmte Dinge später erledigt werden können?
   Hätten Sie delegieren können? An wen?

3. Was könnte besser gemacht werden?

   Schneller?
   Einfacher?
   Weniger detailliert?
   Mit besseren Ergebnissen?

4. Zu den Unterbrechungen:

   Welche Unterbrechungen kommen am häufigsten vor?
   (Unterbrechungen durch Telefon, Besucher, Konferenzen, Krisen, selbstbedingte Unterbrechungen, Unterbrechungen durch den Chef, Kollegen, Kunden, die Kinder, Nachbarn, Ehemann?)
   Wie oft?
   Wie lange?
   Wie wichtig waren die Unterbrechungen?
   Wie lange haben Sie gebraucht, um den Faden wiederzufinden?
   Wieviele von Störungen unterbrochene Aufgaben waren bis Tagesende noch nicht erledigt?

Wieviel Zeit verbrauchen Sie in Reaktion auf Krisen, die sich hätten voraussehen und verhindern lassen?
Wieviel Zeit verbrauchen Sie für Aufgaben, die hätten delegiert werden können?

5. Zu Kontakten/Gesprächen mit anderen:

   Wie wichtig sind sie? (Wird die Zeit den gesetzten Prioritäten entsprechend genutzt?)
   Mit wem? (Mit der richtigen Person?)
   Wie oft?
   Wie lange?

6. Inwieweit haben Sie Ihre Ziele erreicht?

Zeit-Tagebuch führen – warum und wann?

Für das Führen eines Zeit-Tagebuches gibt es viele Gründe. Die einen wollen einen allgemeinen Zeitnachweis, die anderen verfolgen damit ein spezifisches Ziel, weil sie bestimmte Zeitfallen wie z.B. Unterbrechungen durch Telefongespräche oder unangemeldete Besucher analysieren wollen. Zeit-Tagebücher lassen sich auf verschiedene Weise zu verschiedenen Zwecken führen:

1. Mit einem *periodisch geführten Zeit-Tagebuch* (Eintragungen alle 3 oder wenigstens alle 6 Monate) lassen sich die allgemeinen Zeitnutzungs- und Zeitverschwendungsstrukturen erkennen. Ein wiederholtes Führen macht es möglich, Fortschritte in der Bewältigung von Zeitverschwendungsfaktoren zu messen und dient außerdem als starker Motivationsfaktor, nicht wieder in die alten schlechten Gewohnheiten abzugleiten.

2. Das *zielorientierte Zeit-Tagebuch* ermöglicht die detaillierte Analyse eines bestimmten Zeitverschwenders. *Beispiel:* Buch führen über alle Telefongespräche oder unangemeldeten Besucher; dabei werden die Namen der Anrufer oder Besucher, Häufigkeit, Dauer und Zweck der Gespräche und die relative Priorität des erörterten Themas erfaßt.

3. Das *kontinuierlich geführte Zeit-Tagebuch* (tägliche Eintragungen) ist ein wirksames Instrument zur Selbsterziehung. Sie merken sofort, wenn Zeit verschwendet wird und können umgehend Korrekturmaßnahmen einleiten.

Dazu die Aussage einer äußerst aktiven Frau, die das kontinuierlich geführte Zeit-Tagebuch für das beste Instrument zur Förderung von Selbstdisziplin im Umgang mit der Zeit entdeckt hat:

> Seit meiner Teilnahme an Ihrem Seminar vor vier Jahren führe ich täglich Buch über meine Zeit. Das Tagebuch sagt mir sofort, wenn mir ein Tag aus der Hand zu gleiten droht, und ich leite *automatisch* korrigierende Maßnahmen ein. Tätigkeiten, von denen ich *weiß*, daß sie Zeitverschwendung sind, mag ich erst gar nicht eintragen. Ich brauche für meine Tageseintragungen selten mehr als ein Blatt. Da ich meine Tätigkeiten meistens schon notiere, während ich noch damit beschäftigt bin ... z.B. während ich telefoniere, einen Besucher empfange oder in einer Konferenz sitze, brauche ich selten mehr als fünf Minuten für die gesamten Eintragungen eines Tages. Natürlich benutze auch ich Kurzschriftsymbole und Abkürzungen. Ich werde nie aufhören, Zeit-Tagebuch zu führen. Es ist für mich das wirksamste Instrument zum Selbstmanagement, das ich jemals entdeckt habe. Es hat enorm zur Steigerung meiner Produktivität beigetragen.

Vorteile eines Zeit-Tagebuches

Auch die Vorteile aus dem Führen eines Zeit-Tagebuches sind überraschenderweise vielfältiger Art. Wenn wir unsere Seminarteilnehmer fragen, was sie aus dem vor Seminarbeginn geführten Tagebuch gelernt haben, erhalten wir viele verschiedene Antworten:
„Ich habe festgestellt, wie schlecht es mit meinem Zeitmanagement bestellt ist“ oder: „Ich habe gemerkt, daß ich viel besser wurde, weil ich über die Nutzung meiner Zeit Buch geführt habe.“ Am häufigsten sind folgende Reaktionen: „Ich war entsetzt über die unglaubliche Zahl von Unterbrechungen ... Ich habe mir angeschaut, wieviel Zeit ich in Besprechungen verbracht habe und mich gefragt, was ich wirklich davon habe ... Ich selbst bin das größte Problem, weil ich schon beim winzigsten Anlaß Grund sehe, meine Arbeit zu unterbrechen ... Ich verbringe den größten Teil meiner Zeit mit Reaktion statt mit Initiative ... Andere sind Herr über ihre Zeit – ich bin es anscheinend

nicht ... Ich habe folgendes erkannt: Wenn ich mir meine Prioritäten für den Tag gesetzt habe, fällt es mir viel leichter, mich Störungen durch weniger wichtige Dinge zu widersetzen."

Zusammenfassung: Das Führen eines Zeit-Tagebuches bietet folgende Vorteile:

1. Sie stellen fest, wohin Ihre Zeit tatsächlich geht. Sie geht nicht dahin, wohin Sie glauben.
2. Sie gewinnen ein Bild Ihrer Zeitnutzungs- und Zeitverschwendungsstrukturen, die sich sonst nur schwer erkennen ... oder auch akzeptieren lassen, wenn man von anderen darauf aufmerksam gemacht wird.
3. Sie analysieren Ihre Zeitnutzung nach Tätigkeitskategorien und Prioritäten.
4. Sie leiten korrigierende Maßnahmen ein, die häufig eigentlich selbstverständlich sind, z.B. Unterbrechungen unter Kontrolle bringen oder den Schreibtisch aufzuräumen, damit sich Unterlagen leichter finden lassen.
5. Sie kontrollieren Ihre Fortschritte, um nicht wieder in alte Gewohnheiten zurückzufallen.
6. Sie haben einen als Verstärker dienenden Motivationsfaktor, damit die neuen und besseren Angewohnheiten auch beibehalten werden.

Wie man ein Zeit-Tagebuch nicht führen sollte

Nur wenige führen ihr Zeit-Tagebuch beim ersten Anlauf richtig. Wir haben Tausende von Tagebüchern gesichtet und daraus die häufigsten Fehler unerfahrener Zeit-Tagebuchführer herausgefiltert.

Zu allgemein gehaltene Aussagen. Die Bemerkungen sind zu allgemein, sie sind nicht spezifisch oder detailliert genug, um eine Analyse durchführen zu können. Beispiel: „Mit Gloria Jansen gesprochen" anstatt „Die Fragen von Gloria Jansen zu Projekt X beantwortet." Bei allgemeinen, nicht spezifischen Eintragungen läßt sich die Dringlichkeit der jeweiligen Tätigkeit nicht feststellen. Deswegen ist eine

Analyse zur Effektivität der Zeitnutzung dieses spezifischen Zeitraumes unmöglich. Eines der Hauptanliegen beim Führen eines Zeit-Tagebuches ist es jedoch festzustellen, wieviel Zeit für Aufgaben welcher Priorität verwandt wurde.

Feststehende Zeitintervalle. Viele Zeit-Tagebücher werden in feste 15- oder 30-Minuten-Rubriken eingeteilt, wobei nur eine einzige Zeile für Notizen zu den Tätigkeiten während dieser Zeitintervalle zur Verfügung steht. Wer mehr als eine Aufgabe in diesem gegebenen Zeitraum erledigt, muß zwangsläufig einiges auslassen. Meistens fallen dabei die kleinen Störungen durch das Telefon oder unangemeldete Besucher unter den Tisch – und gerade diese Störungen gehören zu den schlimmsten Zeitverschwendern überhaupt. Sie unterbrechen den Gedankenfluß und stören Konzentration und Arbeitsablauf. Aus Untersuchungen geht weiterhin hervor, daß man, um sich von einer solchen Unterbrechung zu erholen, bis zu dreimal so lange braucht, als diese Unterbrechung gedauert hat. Es ist also außerordentlich wichtig, genügend Platz für die Notierung aller Unterbrechungen oder Tätigkeitswechsel zu haben. Die Autoren raten davon ab, nur eine Eintragung pro 15 oder 30 Minuten zu machen und empfehlen, auf jegliche vorgedruckte Zeitabstände zu verzichten, damit jede Unterbrechung und jeder Tätigkeitswechsel notiert werden kann.

Das Auslassen weniger wichtiger Eintragungen. Wir haben wohl alle das Bedürfnis, auf Papier gut dazustehen. Man neigt dazu, die wichtigeren Tätigkeiten zu notieren und die tatsächlich darauf verwandte Zeit ein wenig zu strecken. Wenn man plötzlich merkt, daß man für eine halbe Stunde oder für einen längeren Zeitraum keine Eintragung gemacht hat, ist man schnell versucht, etwas Hochtrabendes wie z.B. „Planung" einzutragen. Damit aber ist das eigentliche Ziel dieses Zeit-Tagebuches verfehlt. Es geht ja schließlich darum, einen wahren Zeitnachweis zu erstellen.

Wahllose Notizen anstelle von kontinuierlichen Eintragungen. Wenn Sie auf einen günstigen Zeitpunkt für Ihre Eintragungen in das Zeit-Tagebuch warten, können die Aufzeichnungen nur ungenau werden, da niemand ein so gutes Gedächtnis hat. Untersuchungen zur Zeitnutzung bei Managern zeigen, daß sie während eines Arbeitstages im Durchschnitt alle 8 Minuten einmal unterbrochen werden. Sie beschäftigen sich pro Stunde also mit mindestens 8 verschiedenen Tätigkeiten, wenn man davon ausgeht, daß es dem betreffenden jeweiligen Manager nie gelingt, eine einmal unterbrochene Tätigkeit nach erfolgter Störung wieder aufzunehmen. Beobachtern zufolge ist dies zu knapp 50 % der Fall. Schon nach nur einer Stunde müssen Sie sich an viele verschiedene Tätigkeiten erinnern, um Ihre Eintragungen vornehmen zu können. Warten Sie gar einen halben oder einen ganzen Tag, wird das Ganze lächerlich. Ein Versuch zur Analyse der tatsächlichen Zeitnutzung oder der Effektivität der Zeitnutzung ist deswegen von vornherein vergebens.

Nichteintragung von Tätigkeitskategorien und Prioritäten. Frauen notieren häufig fast alle Tätigkeiten, vergessen aber, diese Tätigkeiten auch einzuordnen und ihnen einen Stellenwert beizumessen. Damit verliert das wichtigste Ziel des Zeit-Tagebuches seinen Wert. Es geht nämlich darum, die Effektivität der Zeitnutzung im Verhältnis zu den Prioritäten zu bestimmen.

Keine Analyse der Zeitnutzungsstrukturen, keine Einleitung korrigierender Maßnahmen. Letztendlich geht es beim Führen eines Zeit-Tagebuches darum festzustellen, wohin die Zeit geht und aufgrund einer Analyse korrigierende Maßnahmen einzuleiten. Sich die Mühe zu machen, alle Tätigkeiten drei Tage lang, eine Woche, oder sogar zwei Wochen aufzuzeichnen und dann keine Überprüfung und Analyse durchzuführen und keine korrigierenden Maßnahmen einzuleiten, ist nichts als Zeitverschwendung im Namen von Zeitsparen.

Zeitmanagement zur Angewohnheit machen

Wer Selbstmanagement üben will, muß sich die *nötigen Gewohnheiten* zueigen machen, muß alte Gewohnheiten fallen lassen und neue einüben. Leicht ist dies sicherlich nicht. Das wird jeder bestätigen können, der versucht hat, sich das Rauchen abzugewöhnen, seine Eßlust zu zügeln, nicht mehr zu spät zu kommen oder nichts mehr zu vergessen.

Will James, der berühmte Psychologe, meinte, die Gewohnheit sei „das Schwungrad der Gesellschaft, ihr wertvollstes Konservierungsmittel. Die größte Tat, die wir vollbringen können, ist, uns unser Nervensystem vom Feind zum Verbündeten zu machen. Wir müssen uns so früh wie möglich so viel Nützliches wie möglich automatisch angewöhnen und müssen uns vor unvorteilhaften Entwicklungen genauso schützen wie vor der Pest. Je mehr Einzelheiten des täglichen Lebens sich in eine mühelose automatische Tätigkeit überführen lassen, desto mehr werden unsere Geisteskräfte für ihre eigentliche Arbeit freigesetzt."[1]

Das *schwierigste Problem* beim Zeitmanagement ist weder das Auffinden der eigenen Zeitverschwender, noch die Entwicklung und Verwirklichung von Lösungswegen, so wichtig sie auch sein mögen. Dabei geht es meistens um ohnehin auf der Hand liegende Schritte, wie Abschirmung von Telefongesprächen und Besuchern oder Fristensetzung für die Erledigung wichtiger Aufgaben. Es ist weder schwierig, sich so etwas vorzunehmen, noch es auszuführen. Das Problem liegt darin, ob man konsequent bleibt und durchhält.

Sechs Schritte zur Angewöhnung guten Zeitmanagements.

1. *Schwierigkeiten erkennen.* Eingefahrene Gewohnheiten lassen sich nur schwer brechen.
2. *Bessere Möglichkeiten entwickeln.* Angriff ist die beste Verteidigung. Schlechte Gewohnheiten lassen sich am besten brechen, wenn man sie durch bessere ersetzt.
3. *Die neue Gewohnheit konsequent verfolgen.* Schwache Initiativen sterben schnell ab.
4. *Vorhaben öffentlich bekanntgeben.* Durch öffentliche Bekanntmachung gehen Sie eine Verpflichtung ein.
5. *Verhalten immer wieder üben.* Jede Gelegenheit zur Übung und Verstärkung nutzen.
6. *Keine Ausnahme zulassen.* Ausnahmen werden schnell zur Regel, und Sie versinken wieder in ihre alten Gewohnheiten zurück.

---

1 *William James,* „Making Habits Work for You", Reader's Digest, August 1967.

3. Die eigenen Zeitfallen erkennen

„Die Zeit ist als wertvolles Geschenk zu sehen und als Instrument zur Verwirklichung unserer vordringlichen Anliegen, ob sie sozialer Wandel, Selbstverwirklichung oder ‚heute nichts' heißen. Zeit ist ein Element, auf das der Einzelmensch Einfluß haben kann."

Marilyn Fowler (1980)

Wer Selbstmanagement in bezug auf die Zeit betreiben will, muß sich *selbst gut kennen.* Wie schon im vorhergehenden Kapitel beschrieben, müssen Sie beim Führen eines Zeit-Tagebuches ehrlich sein mit sich selbst, damit Sie genaue und vollständige Aufzeichnungen über die tatsächliche Nutzung Ihrer Zeit gewinnen und nicht darüber, wie Sie sie gerne nutzen möchten. Sie müssen auch erkennen, daß viele Zeitverschwender von Ihnen *selbst verursacht* sind. In vielen Fällen haben Sie sich Zeitverschwendung selbst zuzuschreiben, sie wird Ihnen nicht immer durch andere oder durch die Umstände aufgezwungen.

Die Frau und ihre spezifischen Zeitfallen

Schauen Sie sich die folgenden Profile an, damit Sie einen Eindruck davon gewinnen, wo Sie als Frau mit Ihrem Zeitmanagement im Vergleich zu anderen Frauen stehen. Die Zeitfallenskala wurde aus den Ergebnissen dreier verschiedener Umfragen zusammengestellt. Sekretärinnen, Hausfrauen und weibliche Führungskräfte wurden nach ihren *größten Zeitfallen* gefragt. Ihre Angaben wurden den Angaben von Managern in aller Welt gegenübergestellt. Natürlich gab es bei den verschiedenen Frauengruppen bedingt durch die Verschiedenheit der Tätigkeiten unterschiedliche Angaben zur Rangfolge ihrer Zeitfallen. Auch dürfen wir nicht vergessen, daß es sich bei unseren Umfragen um Zufallsstichproben handelt, die keinen Anspruch auf Wissenschaftlichkeit erheben. Dennoch lassen sich *prägnante Ähnlichkeiten* nicht von der Hand weisen.

Definition des Begriffes Zeitfalle

Bei unseren Seminarumfragen, die zur dargestellten Skala führten, wurde der Begriff „Zeitfalle“ folgendermaßen definiert: Der Begriff „Zeitfalle“ umfaßt alles, was einen daran hindert, die eigenen Ziele auf effektivste Weise zu erreichen. „Effektivität“ heißt Erzielung maximaler Ergebnisse zu minimalen Kosten (in unserem Fall: Zeit).

Die eigenen Zeitfallen feststellen

Nehmen Sie sich ein paar Minuten Zeit, überlegen Sie, welche Tätigkeiten Sie ausüben und wie Sie leben, und schreiben Sie Ihre wichtigsten Zeitfallen auf, wobei Ihnen die nachfolgende Liste als Stütze dienen soll. (Wer schon Zeit-Tagebuch geführt hat, besitzt schon eine wertvolle Informationsquelle zu den eigenen spezifischen Zeitfallen).

Stellen Sie nun fest, welche Bedeutung die einzelnen Zeitfallen für Ihr Leben haben und stellen Sie eine Rangordnung auf. Die für Sie größte Zeitfalle kommt an die erste Stelle, die nächste an die 2. Stelle usw. ... bis Sie Ihr persönliches Profil erstellt haben. Nach dieser Zuweisung der Stellenwerte sollten Sie die Liste noch einmal durchgehen und die Zeitfallen ankreuzen, die selbstinduziert sind, das heißt also, die Zeitverschwender, deren Ursache in Ihnen selbst liegt. Schreiben Sie, während Sie dieses Buch lesen, mögliche Lösungen auf.

Das Aufdecken der *eigenen Zeitfallen* bildet den Schlüssel zum Selbstmanagement in bezug auf die Zeit.

Anderen die Schuld zuweisen. Frauen, die gebeten werden, ihre Zeitfallen in Beruf oder Haushalt zu nennen, denken meistens zuerst an die Zeitfallen, für die sie anderen die Schuld zuweisen können, z.B. Störungen durch das Telefon, unangemeldete Besucher, unerwartet

Zeitfallen-Skala [1]

Zeitfallen	Manager insgesamt weltweit	Weibliche Führungs-kräfte	Haus-frauen	Sekretärin-nen
Unterbrechungen durch das Telefon	1	1	2	1
Krisenmanagement/Verlagerung von Prioritäten	2		6	3
Ziele und Prioritäten nicht gesetzt, keine Planung	3	9	5	2
Unangemeldete Besucher	4	2	9	9
Ineffektive Delegation	5	5	1	15
Versuch, zuviel auf einmal zu tun	6		3	5
Besprechungen, Konferenzen	7	8	17	
Persönliche Unordnung/Volltischler	8	12	12	19
Unfähigkeit, nein zu sagen	9	10	10	
Mangelnde Selbstdisziplin	10		21	
Bummelei/Unentschlossenheit	11		8	16
Unqualifizierte, inkompetente Mitarbeiter	12		13	
Unvollständige, zu spät kommende Information	13	7		
Papierkrieg, Lesestoff	14			11
Aufgaben anfangen und nicht abschließen	15		7	18
Nicht eindeutige Kommunikation und Anweisungen	16			13
Zu wenig Mitarbeiter	17	6		
Nicht klar abgegrenzte Verantwortungs- und Zuständigkeitsbereiche	18	4		
Oberflächliche Konversation (siehe Telefon und Besucher)	19	10		9
Kinder chauffieren			4	
Zu viel Nebenaufträge				6
Unterbrechungen durch den Vorgesetzten				7
Desorganisation des Vorgesetzten				8

1 Die hier aufgeführten Angaben werden von *Alec Mackenzie* in seinen Seminaren verwandt.

auftauchende Krisen, dringende Besprechungen, die durch andere veranlaßte Verlagerung von Prioritäten usw. Nach einigem Nachdenken und längerer Erörterung schälen sich jedoch auch andere Zeitfallen heraus, für die sie die Schuld bei *sich selber* suchen müssen. Dazu gehören Bummelei, persönliche Desorganisation, mangelnde Planung, unzulängliche Kommunikation, mangelndes Vorausdenken, ineffektive Delegation, Unentschlossenheit und unterlassene Kontroll- und Nachfaßtätigkeiten.

An den Unterschieden zwischen den spontanen und späteren Nennungen zeigt sich, daß alle Frauen – ob in Beruf oder Haushalt, in Ehrenämtern oder Studium – ein großes Problem haben: Sie alle sind sich ihrer *selbst verursachten* Zeitfallen nicht bewußt. Sie werden feststellen, daß die Ursache für die meisten Zeitfallen in Ihnen selbst liegt. Sie werden sicherlich staunen, wenn Sie entdecken, wie weit sich die übrigen Zeitfallen, für die Sie die Schuld gerne auf andere abwälzen, in vielen Fällen ohne sonderliche Mühe von Ihnen steuern oder wenigstens beeinflussen lassen.

Die Sekretärin als Problemfall. Eine ein Ehrenamt ausübende Dame aus Chicago, Frau B., beklagte sich bei uns, daß ihre Sekretärin ein Problemfall sei. Sie hatte vor, diese Sekretärin zu entlassen, wollte aber ihre Entscheidung zuerst bestätigt wissen. Sie war sich jedoch sicher, daß eine bessere Sekretärin die meisten ihrer Sorgen lösen würde.

Vom Standpunkt der Sekretärin aus war die Vorgesetzte, diese ehrenamtlich tätige Dame, das Problem. Diese Vorgesetzte oder diese weibliche Führungskraft hatte sich nie die Zeit genommen, ihre Sekretärin zu *unterweisen.* So mußte die Sekretärin raten, welche Ziele und Pläne ihre Vorgesetzte für den Tag hatte. Anweisungen durch die Vorgesetzte waren meistens schnell, unklar und unvollständig. Die Vorgesetzte kritisierte auch das geringste Versehen, während sie gute Arbeit erst gar nicht zur Kenntnis nahm.

Gegen Ende des Seminars hatte Frau B. eine ganze Reihe von *Verbesserungsvorhaben* notiert, die hauptsächlich auf bessere Kooperation mit ihrer Sekretärin zielten. Sie hatte klar erkannt, daß sie selbst das Hauptproblem darstellte. Einige Wochen später hat sie schließlich eingesehen, daß sie die hervorragenden Fähigkeiten ihrer Sekretärin völlig verkannt hatte. Sie hatte es ihrer Sekretärin versagt, sich nach besten Kräften unterstützen zu lassen, obwohl die Mitarbeiterin dazu gerne bereit gewesen wäre. Unterdessen hatte die Sekretärin verständlicherweise jede *Motivation verloren* und hätte eine Kündigung in der Hoffnung akzeptiert, einen besseren Vorgesetzten zu finden.

„Sich selbst mit den Augen anderer sehen“. Der Spartenleiter eines großen Lebensmittelkonzerns und seine Sekretärin hatten ein ähnliches Aha-Erlebnis. In einem Zeitmanagement-Seminar für Vorgesetzte und deren Sekretärinnen wurden alle Teilnehmer gebeten, aus einer Liste von vierzig Zeitfallen zehn auf die eigene Person zutreffende Zeitvergeudungsfaktoren auszuwählen und auf einem zweiten Blatt die zehn wichtigsten Zeitfallen des jeweiligen Arbeitspartners zu notieren. Der Spartenleiter und seine Sekretärin tauschten ihre Listen aus und wunderten sich, daß beide „Hört nicht zu“ an die Spitze ihrer Liste für den anderen gesetzt hatten. „Aha“, meinte Robert Burns, „sich selbst mit den Augen anderer zu sehen ...“.

Selbstverursachte Zeitfallen

Fristen werden nicht gesetzt

Für alle großen Aufgaben muß man sich Fristen setzen. Wer die Macht solcher Fristen übersieht, begeht einen der häufigsten und kostspieligsten Fehler überhaupt. Das Setzen von Fristen und auch das Setzen von Zielen unterbleibt aus ähnlichen Gründen. Die meisten Menschen schrecken davor zurück, weil sie für ein Ziel oder eine Erledigungsfrist nicht verantwortlich gemacht werden wollen. Der Möglichkeit, sich selbst Termine zu setzen, steht die Angst vor dem Mißerfolg gegenüber und der Wunsch, Unabhängigkeit und Handlungsfreiheit zu bewahren. Wer nicht erkennt, wie wichtig Termine und ihre Einhaltung sind, wird wohl nie auf den Gedanken kommen, sich selbst Fristen zu setzen.

Schon in Parkinsons Gesetz heißt es, daß die Arbeit dazu neigt, sich so *auszudehnen*, daß mit ihr die zur Verfügung stehende Zeit ausgefüllt wird. Mit anderen Worten: Lassen Sie jemandem einen ganzen Tag zur Erfüllung seiner Aufgabe, wird er wohl auch einen ganzen Tag dafür brauchen, auch wenn er sie sehr viel schneller hätte erledigen können. Beim Setzen von Erledigungsfristen geht es also darum, daß Aufgaben nicht mehr Zeit als nötig in Anspruch nehmen dürfen. Die meisten Frauen geben beispielsweise zu, daß sie ein Zimmer in zwei Stunden aufräumen und putzen können, wenn sie sich zu einem wichtigen Mittagessen verabredet haben. Bei flexiblerer Tageseinteilung wird dieselbe Frau für dieselbe Arbeit drei oder vier Stunden brauchen.

Man muß sich natürlich realistische, tragbare Fristen setzen. Läßt man sich bei der Fristensetzung mehr Zeit als nötig, wird man zu Zeitvergeudung und Ineffektivität angespornt. Auf der anderen Seite führt ein *unrealistisches* Setzen von Terminen mit zu knappem zeitlichem Spielraum zu Streß, Druck, Eile, Fehlern und Frustration. Ob Sie eine tragbare und realistische Frist gesetzt haben, können Sie feststellen, wenn Sie über ähnliche Aufgaben in der Vergangenheit ein Zeit-Tagebuch geführt haben. Sie können auf diese Blätter zurückgreifen und Ihre neuen Termine entsprechend setzen. Zur Optimierung Ihrer Zeitnutzung und zur Sicherstellung von Ergebnissen setzen effektiv arbeitende Menschen nicht nur sich selbst Termine, sondern halten auch andere, die für sie oder mit ihnen arbeiten, dazu an, sich Fristen zu setzen. Für solche Führungskräfte ist folgende Frage typisch: „Bis wann können Sie das für mich erledigt haben?“

Bummelei

Die Neigung des Menschen zur Bummelei bietet einen interessanten Einblick in das Thema *Selbstdisziplin.* Natürlich braucht man Selbstdisziplin, um nicht dauernd Dinge vor sich herzuschieben. Weniger offensichtlich ist, wie sehr dieser Wesenszug den Menschen allgemein beherrscht. Diese überall anzutreffende Eigenschaft ist Thema vieler Witze. Ein solcher Witz hing als Plakat im Büro eines Abteilungsleiters in einem Elektronikkonzern:

„Ich werde nichts mehr vor mir herschieben“ lautete die Titelzeile dieses Plakates in Großbuchstaben. Darunter stand – kleingeschrieben: „Ab morgen“ und darunter – noch kleiner: „Vielleicht“.

Es heißt, daß der amerikanische Bummelantenverein mehr als 15.000 Mitglieder zählt. Die Finanzlage des Vereins ist allerdings nicht gerade rosig, weil sich nur 3.500 Mitglieder dazu aufraffen konnten, ihre Mitgliedsbeiträge zu bezahlen.

Ein Zeitmanagementberater hat den Begriff *kreative Bummelei* geschaffen. Er meinte, manches ließe sich besser lösen, wenn man es erst einmal liegen lasse. Manches braucht Zeit, um zu reifen, manches will längere Zeit überdacht werden. Man muß also auch zwischen Angelegenheiten, die vom Aufschieben profitieren, und solchen, die nicht davon profitieren, zu unterscheiden wissen.

Bummelantentum bewältigen. Für Bummelei gibt es verschiedene Gründe: Man will angenehme oder leichte Aufgaben lieber zuerst erledigen, bei komplizierten oder schwierigen Aufgaben entstehen Versagensängste, man setzt sich keine Fristen, man hat nicht genug zu tun.

Um diese Neigung zur Bummelei zu bewältigen, sollten Sie sich als erstes folgende Frage stellen: Ich könnte eine ganze Reihe von Aufgaben in Angriff nehmen – aber was muß ich unbedingt erledigen? Durch *Einteilen* der Aufgaben in Muß-, Soll- und Kann-Aufgaben sind die Prioritäten (die Muß-Aufgaben), die vordringlichsten Aufgaben schon festgelegt. Weiterhin wissen Sie, was erst dann in Angriff zu nehmen ist, wenn die Muß- und Soll-Aufgaben bewältigt sind. Auch das ist wichtig. Dr. *David Mackenzie* von der University of Massachusetts meinte zu seiner Zeiteinteilung, das Kritischste am Zeitmanagement sei für ihn die Entscheidung, welche von vielen verschiedenen Dingen nicht erledigt werden, weil dafür keine Zeit bleibe. Sobald er diese *Auswahl* getroffen habe, meinte er, sei gleichzeitig die Entscheidung gefallen, was getan werden müsse.

Als nächstes sollten Sie sich *Fristen* für die Erledigung der Muß-Aufgaben setzen, damit Sie sie ernstnehmen und auch tatsächlich zuerst erledigen und nicht zurückstellen. Lassen Sie Ihre Entscheidung dann öffentlich verlauten: *Verpflichten* Sie sich auf die Erledigung dieser Aufgaben, indem Sie Ihre Termine ankündigen und sichern Sie sich die Hilfe anderer – eines Kollegen, der Ehefrau, der Sekretärin, um sicherzustellen, daß Sie auch tatsächlich so handeln.

Schließlich müssen Sie die Priorität Nr. 1 auch tatsächlich zuerst erledigen. Schieben Sie diese Aufgabe nicht auf, sondern setzen Sie sie an die erste Stelle. Auch wenn Sie nur diese Aufgabe bewältigen, ist wenigstens der wichtigste Punkt erledigt, und Sie können ihn von der Liste streichen. In unseren Untersuchungen haben viele Frauen berichtet, wie sehr ihnen das Setzen von Terminen geholfen habe, und daß es ein schönes Gefühl sei, wenn man die wichtigste Tagesaufgabe erledigt habe und von seiner Liste streichen könne.

Unentschlossenheit

Einem der Autoren wurde von seinem Vorgesetzten, dem Präsidenten einer Stiftung, mitgeteilt, daß er ihn zu einem Seminar über Entscheidungsbildung angemeldet habe. Der Vorgesetzte war vom Nutzen des Seminars überzeugt und meinte, es würde auch dem Autoren guttun. Der Autor drückte seine Verwunderung darüber aus, wieso er, als Vizepräsident einer Stiftung, ein Seminar besuchen solle, in dem Entscheidungsbildung gelehrt werde. (Er wäre doch nicht Vizepräsident einer Stiftung geworden, wenn er nicht in der Lage sei, Entscheidungen zu treffen!) Das fünftägige Seminar öffnete dem Autor die Augen und machte ihn um eine wichtige Erfahrung reicher[2]. Der Gedanke war ihm nie gekommen, daß es ein rationales Verfahren für das Treffen vernünftiger Entscheidungen gebe, wodurch sich viele *Mängel* in der *Entscheidungsbildung* korrigieren ließen. Über solche Mängel hatte er nie nachgedacht, geschweige denn, sie identifiziert. (Man sollte natürlich unterscheiden zwischen Unentschlossenheit und dem Beschluß, keine Entscheidung zu fällen oder eine Sache nicht weiterzuverfolgen).

2 Seminar Kepner, Tregoe and Associates, Princeton, New Jersey.

Sieben Schritte zur rationalen Entscheidungsbildung[3]

1. Entscheidung oder Problem definieren. (Die Definition ist schon die halbe Lösung).
2. Ziele setzen im Hinblick auf die Entscheidung oder das Problem. (Erst wenn Ziele gesetzt sind, kann man sich für den besten Maßnahmenkurs unter mehreren Alternativen entscheiden).
3. Entscheidende Tatsachen, Daten sammeln und vergleichen. (Keine Zeit mit dem Sammeln irrelevanter, unwichtiger Daten vergeuden!)
4. Solide Alternativen entwickeln und feststellen, wie weit sie der Verwirklichung der einzelnen Ziele dienen.
5. Mögliche negative Folgen der einzelnen Alternativen feststellen und bewerten. (Frage: Was könnte schieflaufen, falls diese Alternative beschlossen wird? Relative Schwere und Wahrscheinlichkeit der einzelnen möglichen Folgen abwägen.)
6. Die optimale Alternative wählen, die mit höchstmöglicher Effektivität und den geringsten negativen Folgen zu den erwünschten Zielen führt.
7. Fortgang überwachen und bei Kursabweichungen rechtzeitig korrigierende Maßnahmen einleiten.

Entscheidungsunfähigkeit kann durch Angst vor Fehlern, Unsicherheit, durch mangelndes Selbstvertrauen und durch viele weitere Faktoren, die mit Selbstsicherheit und den Ich-Bedürfnissen des Menschen zusammenhängen, verursacht werden. Sehr häufig kommt es auch vor, daß uns diese Entscheidungsunfähigkeit einfach nicht bewußt ist. Viele Merkmale der eigenen Persönlichkeit sind uns nicht bewußt. Vielleicht wissen wir gar nicht, daß wir zögern, schwanken und unentschlossen sind, bis jemand, der solche Dinge kennt, uns berät, oder bis uns ein Zeit-Tagebuch diese Tatsachen enthüllt. Vielleicht wissen wir gar nicht, welchen Nutzen gute und schnelle Entscheidungen haben. Durch schnelle Entscheidungen läßt sich dort, wo der Faktor Zeit im Wettbewerb wichtig ist, ein Zeitvorsprung ge-

3 Nach dem „Entscheidungs-Analyse-Prozeß“ von *KTA*.

winnen, der auch noch genügend Spielraum für die Einleitung korrigierender Maßnahmen läßt, wenn sich die ursprüngliche Entscheidung als falsch erweisen sollte.

Entscheidungsfreude und die Bereitschaft, Initiative zu ergreifen, steht fast überall an erster Stelle, wenn gefragt wird, welche Charaktereigenschaften ein effektiver Zeitmanager haben muß.

Aufgaben anfangen und nicht abschließen

Die folgende humorvolle Geschichte zum Problemkreis von nur halb erledigten Aufgaben sollte eigentlich viel öfters erzählt werden. Erstens steckt in einer solchen humorvollen Beschreibung oft die Wahrheit, zweitens trifft sie auf die meisten unter uns zu und wird als Beispiel für den Alltag anerkannt und drittens müssen wir darüber nachdenken.

> Frau X sollte den neuesten Statusbericht zum Fortgang eines Projektes bearbeiten. Sie hat ihn sich gerade vorgenommen, als das Telefon klingelt. Der Anrufer fragt nach der Tagesordnung für eine anstehende Besprechung. Sie findet die Unterlage auf ihrem Schreibtisch und stellt fest, daß die Post schon gekommen ist. Sie blättert die Post durch und ihr Blick fällt auf einen Brief, in dem ein neues Produkt beschrieben wird, das sich zur Verbesserung der Organisationseffektivität eignen könnte. Sie legt die Tagesordnung beiseite, liest den Brief aufmerksam durch und macht sich auf den Weg in die Einkaufsabteilung, um diese Sache zu besprechen. Auf dem Weg dorthin kommt sie an der Kantine vorbei, riecht den Kaffee ... und beschließt, erst einmal Pause zu machen und ein zweites Frühstück zu genießen. Bis zu dem Zeitpunkt hat Frau X noch nicht eine Aufgabe zu Ende gebracht – die erste wartet immer noch auf Erledigung.

Wieso ist Frau X in diese Situation geraten? Arbeitet sie mal hieran, mal daran, weil sie sich keine Ziele, Prioritäten oder Fristen gesetzt hat? Wurde ihr vielleicht eine schwierige Aufgabe übertragen, vor der sie sich gerne drücken würde? Liegt gar so viel Unerledigtes auf ihrem Schreibtisch, daß sie nicht weiß, wo sie anfangen soll? Morgen ist schließlich auch noch ein Tag! Oder gehört sie zu den überaus kontaktfreudigen Menschen, die sich unbewußt mehr zu den Menschen als zu ihrer Arbeit hingezogen fühlen?

Vielleicht hält sie auch nichts davon, sich selbst Erledigungsfristen zu setzen, so daß sie gar nicht das Gefühl hat, daß die Arbeit drängt.

Vielen von uns fehlt einfach die *Selbstdisziplin* oder die *Entschlossenheit,* einmal begonnene Aufgaben auch zu Ende zu bringen. Dr. *John Mee,* ein bekannter amerikanischer Management-Experte spricht in seiner hervorragenden Analyse dieses Problems von „mangelndem Zwang zur Vollendung". Den meisten sind Unterbrechungen willkommen, sie freuen sich über eine kleine Abwechslung in der Alltagsroutine. Da sie diese Unterbrechungen gerne akzeptieren, merken sie nicht, daß sie die einmal unterbrochene Aufgabe wahrscheinlich nicht wieder in Angriff nehmen werden. Sobald die Konzentration gestört und der Arbeitsschwung gebrochen ist, wird wieder einmal eine Aufgabe unerledigt beiseite geschoben.

Das beste Heilmittel gegen dieses Nichtvollenden von Aufgaben ist das Setzen von *Fristen.* Wer sich für alle wichtigen Aufgaben Fristen setzt und sie bekanntgibt, spürt die Verpflichtung und den inneren Zwang, die anstehenden Aufgaben zu Ende zu bringen. Das Gefühl, eine Verpflichtung eingegangen zu sein, wirkt sich entscheidend auf die Vollendung der Aufgabe aus.

Wenn Frauen darüber berichten, wie sie eine Aufgabe erfolgreich zu Ende gebracht haben – was besonders wichtig ist für Frauen, die Haushalt und Beruf bewältigen müssen – hört man oft, daß sie *sich selbst belohnen,* wenn zwar wichtige, aber unangenehme Aufgaben endlich erledigt wurden. Die Belohnungen, von denen solche erfolgreichen Frauen sprechen, reichen von Kleinigkeiten (eine Tasse Kaffee) bis zu größeren Dingen (eine Wochenendreise). Wichtig ist auch, daß man seine Arbeit organisiert und sich an seine Planung hält, damit man sich nicht auf Unterbrechungen einläßt, die man gerne als Entschuldigung für das Umschwenken auf angenehmere Tätigkeiten zum Anlaß nimmt. Unterbrechungen muß man vorbeugen. Dies ist wichtig für die Konzentration, damit man Aufgaben tatsächlich vollständig erledigen kann. Es hilft auch, die Prioritäten ständig sichtbar vor Augen zu haben. Auch das hilft, der ständigen Versuchung zu widerstehen, unangenehme Aufgaben unvollendet liegenzulassen.

Die Unfähigkeit, „nein" zu sagen

„Ich wollte schon immer ein Wort kennenlernen", sagte der Politiker, „das so klingt wie ‚ja', aber mehr oder weniger ‚nein' bedeutet." Die Unfähigkeit, ‚nein' zu sagen, die Unfähigkeit, dieses kleine, vierbuchstabige Wort auszusprechen, verfolgt nicht nur Politiker, sondern Menschen in allen Lebensbereichen. Gerade Frauen neigen dazu, Anerkennung und Akzeptanz durch andere zu suchen und anderen zu gefallen. Hinzu kommt das natürliche menschliche Streben, anderen zu helfen. Frauen haben oft auch Angst, den Hilfesuchenden zu verletzen oder sind sich ihrer Unfähigkeit, nein zu sagen, so lange nicht bewußt, bis ihre Probleme so überhandnehmen, daß eine Selbstbeurteilung unumgänglich wird oder ein Freund oder eine Freundin ein offenes Wort mit ihnen spricht.

Viele Frauen handeln aus *falschem Pflichtgefühl.* Sie gehen häufig davon aus, daß eine von einem anderen ausgesprochene Bitte, wie unvernünftig sie auch erscheinen mag, einen legitimen Grund haben muß, denn sonst würde diese Bitte ja nicht geäußert. Dieses falsche Pflichtgefühl wird unter Umständen von Schuldgefühlen untermauert, weil man früher vielleicht einmal den Eindruck vermittelt hat, wenig hilfsbereit zu sein.

Wer seine *eigenen Prioritäten* aus den Augen verliert oder von Anfang an keine klar formulierten Zielvorstellungen hat, dürfte oft Schwierigkeiten haben, nein zu sagen. Es wird dann sehr schwierig, scheinbar vernünftige Bitten anderer abzulehnen. Ein sehr guter Grund für eine negative Antwort auf unvernünftige Forderungen ist die vorherige Verpflichtung auf die eigenen Prioritäten. Wenn es diese Verpflichtung nicht gibt, gibt es nur schwache Ausflüchte, und schließlich sagt man doch ja, wobei man es letzten Endes anderen überläßt, die eigenen Prioritäten zu bestimmen.

Wer mit schwachen Ausflüchten beginnt und hofft, schließlich nein sagen zu können, kommt nur selten zum Ziel. Es gibt zu allen Ausflüchten ein Gegenargument, und schließlich bleibt nur noch ein „ja" als Antwort übrig.

Wie sagt man also, ohne den anderen zu beleidigen „nein“, wenn man „nein“ sagen müßte? Die folgenden vier Schritte führen fast immer zum Ziel:

1. Zuhören ... Interesse und Verständnis für die Bitte zeigen.
2. Dann sofort „nein“ sagen ... damit keine falschen Hoffnungen entstehen.
3. Gründe angeben ... um die ablehnende Haltung verständlich zu machen.
4. Wenn möglich Alternativen anbieten ... um das erwiesene Vertrauen zu rechtfertigen.

Die Frauen sollten diese vier Imperative auf einer Karteikarte notieren und sie am Telefon anbringen, damit sie sie immer vor Augen haben.

Frau B., Spitzenverkäuferin einer sehr erfolgreichen Versicherungsagentur im Mittelwesten der Vereinigten Staaten hat sich an diese Richtlinien gehalten. Der Agenturleiter zeigte uns ihr Büro am Vorabend eines Mitarbeiterseminars. „Und hier“ sagte er, „ist das Büro unserer Spitzenkraft. Sie geht pünktlich nach Büroschluß. Ihr Schreibtisch ist aufgeräumt, und ich möchte, daß Sie sich das Schild über dem Telefon an der Wand hinter ihrem Schreibtisch anschauen.“ Auf dem Schild stand: „Deine Freunde und alle, die Dich gern haben, wünschen sich, daß Du nein sagst.“ Diese Frau hat die Kunst des Neinsagens beherrscht. Sie machte keine Überstunden, hatte ihre Arbeit gut organisiert, hatte ihre Prioritäten immer vor Augen, ließ sich nicht von Unterbrechungen und weniger wichtigen Ablenkungen stören und gehörte zu den Spitzenkräften des Unternehmens.

Manche Frauen wissen, daß sie nicht immer einen triftigen Grund für die Ablehnung einer Bitte von zweifelhafter Wichtigkeit haben. Sie verschaffen sich Aufschub, indem sie sagen: „Ich werde mir die Sache durch den Kopf gehen lassen. Wenn ich es tun kann, gebe ich Ihnen Bescheid.“

Wir müssen erkennen, daß der Ruf eines Jasagers nur dazu führt, daß immer mehr Bitten an einen herangetragen werden. Die Frau, die weiß, wie man „nein“ sagt und das bei den entsprechenden Gelegenheiten auch tut, wird ein größeres Quantum an richtigen Dingen erledigen und sich die Achtung ihrer Umwelt erwerben.

Robert Updegraff faßte die Quintessenz in seinem klassischen Buch „All the Time You Need“[4] folgendermaßen zusammen:

> Ich habe jahrelang gehört, wie sich die Menschen beklagen, sie hätten nicht genug Zeit für das, was sie eigentlich tun müßten oder wollten, und ich habe festgestellt, daß viele dieser Menschen unter einer ihnen gemeinsamen Schwierigkeit leiden: Sie haben Angst, das wichtigste zeitsparende Wort unserer Sprache auszusprechen, das kleine Wörtchen „nein“.

---

4 *Robert R. Updegraff,* All the Time You Need, Prentice-Hall, Englewood Cliffs, New Jersey, 1958.

4. Management funktioniert – im Büro und zu Hause

„Im Leben gibt es nichts annähernd so Wirkliches
wie die Dinge, die du getan hast", flüsterte sie.
„Ein für allemal, unabänderlich getan."

Margaret Ayer Barnes (1931)

Frauen sehen sich traditionsgemäß nicht als Manager. Das Wort Management löst in ihnen Vorstellungen von Männern mittleren Alters in grauen Flanellanzügen aus, die in großzügigen Büros hinter Mahagoni-Schreibtischen residieren und Telefongespräche führen. Die Zeiten ändern sich jedoch. Frauen nehmen nicht nur immer häufiger Führungspositionen in Wirtschaft und Verwaltung ein, sondern erkennen auch ihre Rolle als Manager im häuslichen und ehrenamtlichen Bereich.

Führungsprinzipien und ihre Anwendung

Larry Appley[1] war wohl Jahrzehnte lang weltweit der bekannteste und effektivste Befürworter des professionellen Management. Er hat in vielen Filmen und in unzähligen Sitzungen mit Führungskräften in der ganzen Welt die Management-Prinzipien Planung, Organisation, Stellenbesetzung, Unterweisung, Steuerung und Kontrolle, Kommunikation und Entscheidungsbildung diskutiert.

Weniger bekannt war jedoch Appleys Überzeugung, daß die Anwendung dieser Prinzipien im *häuslichen Bereich* genauso effektiv sein kann wie im Beruf. Einer der Autoren hat mit Appley zusammen ein

---

1 Früherer Präsident der American Management Association.

Führungsseminar für Unternehmensleiter und ein gleichzeitig stattfindendes Seminar für deren Ehefrauen durchgeführt. Alle Referenten hielten ihre Vorträge vor beiden Gruppen. Dabei fielen ihnen zwei Dinge auf.

Die Referenten staunten zunächst über die Qualität und Intensität der Kreuzverhöre, denen sie von den Ehefrauen unterzogen wurden. Außerdem waren sie der Meinung, daß in den Sitzungen mit den Ehefrauen viel höhere Ansprüche an sie gestellt wurden als in den Sitzungen mit den Unternehmensleitern. Schließlich drückten sie auch noch ihre Verwunderung über die beinahe totale Umsetzung ihrer Präsentationen in das Management des häuslichen Bereichs aus.

In der folgenden Tabelle werden die typischen Anwendungsbereiche der sieben Führungsfunktionen[2] für den häuslichen und den beruflichen Bereich zusammengefaßt.

Häuslicher Bereich	*Beruflicher Bereich*
Planung	
Ein gut geplanter Urlaub wird eher zum Erfolg als ein dem Zufall überlassener.	Ein gut geplantes Programm zur Leistungsbewertung wird eher zum Erfolg als ein nicht geplantes.
Organisation	
Rechnungen, Korrespondenz und wichtige Dokumente gehen nicht so schnell verloren, wenn Schreibtisch und Ablage geordnet sind und das meiste sofort erledigt wird.	Durch Arbeitsbeschreibungen, in denen die erwarteten Resultate für die wichtigsten Ergebnisbereiche genannt werden, wird Verwirklichung der gewünschten Ergebnisse wahrscheinlicher.
Stellenbesetzung	
Wer Haushaltsgeräte auch nach dem Kriterium aussucht, ob ein qualifizierter Kundendienst zur Verfügung steht, wird mehr von seinen Geräten haben.	Die Qualität der Programme zur Selektion, Orientierung und Ausbildung neuer Mitarbeiter wird sich direkt auf die Produktion auswirken.

2 *R. Alec Mackenzie,* „The Management Process in 3 D“ Harvard Business Review, November-Dezember 1969.

Häuslicher Bereich	*Beruflicher Bereich*
Unterweisung	
Delegation. Die Kunst, Aufgaben an aufsässige Kinder zu delegieren, erfordert gute Managementfähigkeiten. Die Delegation wird mehr Erfolg haben, wenn sie professionell durchgeführt wird.	Da „Management“ als die Verwirklichung von Zielen *durch andere* definiert ist, kann ein Mensch, der nicht delegieren kann, definitionsgemäß auch nicht managen.
Motivation. Wer seinem Kind dazu gratuliert, daß es in der Schulmannschaft mitspielen darf, wird es mehr motivieren, als zu fragen, warum es kein Tor geschossen habe.	Denken Sie an den langfristigen Motivationseffekt der von Ihnen gestellten Aufgaben. Denken Sie an die von diesen Aufgaben ausgehende Herausforderung und die daraus resultierende Befriedigung. Geld befriedigt zwar auch, aber nur kurzfristig.
Koordination. Kinder und Eltern nehmen vielerlei schulische und außerschulische Aktivitäten wahr. Damit daraus kein Alptraum wird, muß die Transportfrage im Rahmen der Familie und des Freundeskreises koordiniert werden.	Durch regelmäßige Mitarbeiterbesprechungen lassen sich kritische Aktivitäten koordinieren und so zeitgerecht und mit vereinten Kräften erledigen.
Steuerung und Überwachung	
Aufgaben im Haushalt werden eher rechtzeitig erledigt, wenn die jeweiligen Tages- und Wochenendpflichten unter den Namen der einzelnen Familienmitglieder notiert und an einem für alle sichtbaren Platz aufgehängt werden.	Ein Manager, der sich effektiv abschirmen läßt, (Telefongespräche, unangemeldete Besucher), spart selbst Zeit und erzielt oft auch bessere und schnellere Ergebnisse für die Anrufer oder unangemeldeten Besucher.
Kommunikation	
Führungsexperten sind der Meinung, daß der Durchschnittserwachsene nur zu etwa 25 % wirklich zuhört. Eheberater berichten, daß sich Ehegatten gegenseitig	Zu den größten Problemen effektiver Delegation zählt das Unvermögen, dafür zu sorgen, daß Anweisungen auch klar verstanden werden. Angesichts der sehr niedri-

Häuslicher Bereich	*Beruflicher Bereich*
noch niedriger einstufen. Innerhalb der zwischenmenschlichen Kommunikation kommt dem Zuhören ein sehr viel höherer Anteil zu als den übrigen Kommunikationstätigkeiten (Lesen, Reden und Schreiben).	gen Zuhöreffektivität werden Anweisungen dreimal häufiger falsch als richtig verstanden. Effektive Manager lassen sich wichtige Anweisungen vom Empfänger wiederholen, um sicher zu gehen, daß sie richtig verstanden worden sind.
Entscheidungsbildung	
Im häuslichen Bereich werden viele Entscheidungen herausgezögert, weil keine Fristen gesetzt wurden. Setzen Sie Fristen für wichtige Entscheidungen, die mehr als ein Familienmitglied betreffen.	Delegation nach oben ist ein in jeder Organisation vorkommendes Phänomen. Effektive Manager lehnen es ab, Entscheidungen zu treffen, die von Mitarbeitern getroffen werden sollten.

Bitte beachten Sie, daß fast alle oben genannten Beispiele für den häuslichen und beruflichen Bereich *austauschbar* sind. Sicherlich können spezifische Anwendungsbereiche der Management-Prinzipien und -Funktionen von Büro zu Büro oder von Haushalt zu Haushalt verschieden sein, aber ihre universelle Anwendbarkeit läßt sich nicht bestreiten.

Das ist so, weil ein „Prinzip“ eine Verhaltensregel, eine Norm, eine Leitlinie für die Vorhersage von Ergebnissen in gegebenen Situationen ist, und die Grundregeln bleiben gleich, auch wenn ihre spezifische Bedeutung je nach den Umständen anders ausfallen kann.

Also wird man mit guter Planung sowohl im häuslichen als auch im beruflichen Bereich bessere Ergebnisse erzielen. Wer sich selbst gut *organisiert* und auch an seine Planung hält, wird seine Zeit effektiver nutzen und außerdem weniger Streß erfahren. Es ist wichtig, die *richtigen* Mitarbeiter und die *richtigen* technischen Geräte auszusuchen, da dies enormen Einfluß auf die Leistung hat. Das gilt für den Toaster im Haushalt genauso wie für die Schreibmaschine im Büro. Wer Mitarbeiter oder Familienmitglieder *motiviert* und Aufgaben *effektiv delegiert,* wird bessere Ergebnisse erzielen. Wenn es nicht gelingt, die Tages- und Wochenpläne mit dem Team oder der Familie zu *koordinieren,* bleiben die Ergebnisse dem Zufall überlassen. Es läßt sich mit fast absoluter Sicherheit voraussagen, daß irgendetwas schiefgehen und zu einer Minikrise führen wird.

Larry Appley soll den Ausspruch geprägt haben „Die Menschen erledigen nur das, was kontrolliert wird, und nicht das, was von ihnen erwartet wird." Natürlich kann man die Kontrolle auch *übertreiben.* Zuviel Kontrolle wirkt *demotivierend.* Dennoch hat wohl jeder – ob in Haushalt oder Arbeitswelt – die schreckliche Erfahrung gemacht, zu einem Zeitpunkt, an dem es für korrigierende Maßnahmen schon zu spät war, feststellen zu müssen, daß eine heikle, an einen anderen delegierte Aufgabe nicht erledigt wurde. Man muß Vorkehrungen treffen, damit kritische Aufgaben auch wirklich erledigt werden (Kontrolle), z.B. telefonisch oder per Aktennotiz an die Erledigung erinnern, Termine für die Abgabe von Statusberichten setzen.

Kommunikationsprobleme entstehen zu Hause, im Büro und in praktisch jeder Tätigkeit, an der mehr als eine Person beteiligt ist. Da ist der Streit mit dem Sohn, der sein Zimmer aufräumen soll, ehe er in die Schule geht, da ist der Konflikt in der Ausschußsitzung über die genaue Höhe der Mittel für ein bestimmtes Projekt, oder die Differenzen im Büro dazu, welcher Vorgesetzte befugt ist, die Projekttermine zu setzen. Gute zwischenmenschliche Kommunikation kann zu den erfreulichsten Ergebnissen im Leben zählen, während mangelhafte Kommunikation zur Belastung werden kann.

Schließlich ist noch die *Entscheidungsbildung* zu nennen, über die nur wenige Menschen – ob berufstätig oder nicht – gut Bescheid wissen[3]. Will vielleicht jemand behaupten, daß in einem großen Haushalt weniger Entscheidungen gefällt werden als im Büro, oder daß die Entscheidungen im häuslichen Bereich weniger wichtige Folgen haben? Wie sieht es denn aus, wenn es um Kauf oder Finanzie-

3 Obwohl es viele Artikel und Seminare zu diesem Thema gibt.

rung eines Hauses oder eines Autos geht, oder darum, welcher Chirurg in welchem Krankenhaus eine Operation am offenen Herzen vornehmen soll? Wie rational ist der Entscheidungsbildungsprozeß, wenn man überlegt, ob man eine Stelle aufgrund eines unerwarteten Angebots wechseln oder sich unter den Kandidaten zur engeren Wahl für einen persönlichen Assistenten entscheiden soll? In einem rationalen Entscheidungsbildungsprozeß müssen bestimmte wichtige Schritte eingehalten werden, ehe die Entscheidung für eine von mehreren Alternativmöglichkeiten fällt[4]. Von entscheidender Bedeutung ist die Sammlung *einschlägiger Fakten*. Sie bilden die Voraussetzung für die Beurteilung alternativer Entscheidungsmöglichkeiten in einer gegebenen Situation. Solche ausschlaggebenden Fakten sind beispielsweise Zahl der Schlafzimmer in den in Frage kommenden Häusern oder einschlägige Erfahrungen der Kandidaten für den Assistentenposten, also bei Entscheidungen, denen Hausfrauen (Entscheidung für ein neues Haus) und Führungskräfte (Entscheidung für einen neuen Mitarbeiter) öfters gegenüberstehen.

Managementerfahrungen im Haushalt auf die Arbeitswelt übertragen

Viele Frauen haben verblüfft festgestellt, wie sehr sie aufgrund ihrer Erfahrungen im Haushaltsmanagement für Führungspositionen im Wirtschaftsleben, in gemeinnützigen Organisationen oder sonstigen Tätigkeiten befähigt sind. Als der erste Ansturm der Frauen auf die Arbeitswelt erhebliche Ausmaße annahm, wurden in den USA viele Beratungsstellen eingerichtet, die diesen Frauen bei der Beurteilung ihrer eigenen Fähigkeiten und Chancen helfen sollten. Notwendig wurden solche Beratungsstellen deshalb, weil viele Frauen sich selbst und ihre Erfahrungen und Fähigkeiten als gering einschätzten. Nach einer Bestandsaufnahme ihrer Erfahrungen im Haushalts- und ehrenamtlichen Bereich haben viele Frauen ihr Selbstbild radikal revidiert.

---

4 *Charles Kepner* und *Benjamin B. Tregoe,* The Rational Manager, McGraw-Hill, New York, 1965.

Unserer Meinung nach stellt der Haushalt praktisch dieselben Ansprüche an die Führungsfähigkeiten wie die meisten *Bürotätigkeiten*. In vieler Hinsicht dürfte der Haushalt die Frauen sogar vor *schwierigere Aufgaben* stellen, für die es keine Vorbereitungskurse, keine Managementseminare und keine Wochen- und Monatszeitschriften gibt, in denen Tips veröffentlicht werden, wie diese Probleme managementmäßig zu bewältigen sind.

In den folgenden Kapiteln werden wir auf eine Vielzahl von *Führungsfähigkeiten* eingehen. Sie werden feststellen, daß sie alle von großem Wert sind, gleich wie Ihre besondere Situation aussieht und gleich welchen spezifischen Tätigkeiten Sie nachgehen. Wir werden anhand vieler Beispiele Schritt für Schritt Lösungsmöglichkeiten für scheinbar komplizierte Managementprobleme, u.a. auch dafür, wie man Dinge durch andere erledigt, aufführen. Dabei wird die Allgemeingültigkeit dieser Managementprinzipien und -funktionen deutlich werden. Ob Sie in der Arbeitswelt oder im Haushalt Führungsfunktionen wahrnehmen – die Prinzipien bleiben immer gleich.

5. Am Anfang steht die Planung

> Dies soll mein Abschiedswort sein, wisse, was du tun willst – dann tu's. Verfolge geradlinig dein Ziel und laß den Mut nicht sinken, bis du es erreicht hast.
>
> *Ernestine Schumann-Heink* (1935)

Ob ein Mensch seine Zeit gut nutzt oder nicht, läßt sich fast sicher daran erkennen, ob er sich seiner Ziele sicher ist. Sie haben bestimmt schon manches Mal Menschen beobachtet, die sich in bestimmten Situationen zu lässig gaben und nicht unbedingt darauf aus waren, die anstehenden Aufgaben zu erledigen. Sie haben vielleicht gedacht, „Sie hat wohl nicht viel zu tun“ oder „Ich wünschte, *ich* hätte auch so viel Zeit.“ Wahrscheinlicher aber ist, daß diese Menschen keine bestimmten Ziele haben. Sie wissen nicht, wohin sie gehen.

Sicherlich haben Sie auch schon Menschen erlebt, die der jeweiligen Situation ihre volle Aufmerksamkeit widmeten, Interesse zeigten, Fragen stellten, was als nächstes komme, sich nicht scheuten, nötigenfalls einen Vorschlag zu machen oder eine Initiative anzuregen. Über solche Menschen denken Sie: „Sie sind tatsächlich auf der Höhe“ oder „Sie scheinen zu wissen, in welche Richtung sie gehen wollen.“ Die Wahrscheinlichkeit ist hoch, daß sie es wissen.

Schon von frühester Kindheit an haben Sie sicherlich Sprüche darüber gehört, daß man wissen müsse, wohin man gehe. Es kamen Ermahnungen von den Eltern, sich nicht zu verzetteln. Dazu der Ausspruch eines Weisen: „Wenn du nicht weißt, wohin du gehst, wie willst du dann wissen, wann du dort ankommst?“ Ein Ausspruch mit ähnlichem Inhalt stammt von einem ehemaligen Manager von Texas Instruments, *Charles Hughes*:

„Ob unser Tun absurd ist, können wir erst wissen, wenn wir die Ziele bestimmt haben, nach denen wir streben."

Aus Umfragen unter Managern geht hervor, daß nicht einmal 10 % sich fragen, welches das wichtigste Ziel für den anstehenden Tag ist. Wenn Sie das *wichtigste Ziel für den anstehenden Tag* nicht kennen, wie wollen Sie dann wissen, welche Maßnahmen die wichtigsten sind? Sie können es nicht wissen.

Unterlassungssünde: Ziele werden nicht gesetzt

Was es kostet, wenn keine Ziele gesetzt werden, liegt klar auf der Hand. Wenn Ziel oder Richtung ungewiß sind, kann man nicht wissen, ob das eigene Tun effektiv ist oder eine Zeitverschwendung darstellt, ob eine getroffene Entscheidung richtig oder sinnlos ist. Wenn ein Ziel nicht gesetzt wird, kann man auch nicht wissen, wann man es *erreicht*. Man kann auch nicht abschätzen, ob man *Fortschritte* gemacht hat, ob man dem Ziel näher gekommen ist. Eines aber weiß man mit Bestimmtheit. Wenn man irgendwo ankommt und etwas Nützliches erreicht hat, ist es dem Zufall zu verdanken, aber mit gutem *Management* hat das nichts zu tun.

Wer keine Prioritäten hat, kann auch nicht wissen, wo *Schwerpunkte* anzusiedeln oder Bemühungen zu konzentrieren sind. Am Ende des Tages wissen wir nicht, was wir getan haben und fragen uns warum. Wer selbst keine Prioritäten hat, geht auf zu viele – wichtige und unwichtige – Anliegen anderer ein. Man wird dauernd gestört, man arbeitet mal hieran, mal daran und läßt Vieles unerledigt. Wer sich selbst keine Fristen setzt, wird nie dazu kommen, die wichtigste Priorität in Angriff zu nehmen, denn für *alles* reicht die Zeit *nie*. Wer den Fortgang der wichtigsten Aufgaben nicht kontrolliert, wird feststellen, daß die verbleibende Zeit viel zu knapp ist und eine neue Krise entstanden ist.

Warum wir nicht planen

„Ich habe keine Zeit zum Planen" behaupten viele Frauen. Sie geben zwar zu, daß Planung notwendig ist, meinen aber, sie selbst könnten nicht planen, weil sie viel zu viele Aufgaben bewältigen müßten. Vor diesem Dilemma stehen viele Frauen und Männer. Bei einer Umfrage unter 500 Führungskräften stellte sich überraschenderweise heraus, daß 83 % keine Zeit zum Lesen von Fachliteratur und 72 % (fast 3/4!) keine Zeit zum Nachdenken und Planen hatten. Bei den Befragten handelte es sich um Führungskräfte, von denen 3/4 keine konzeptionelle und planerische Arbeit leisteten. Man muß sich fragen, was sie eigentlich taten. Was sie auch taten, kann sicherlich nicht genauso wichtig gewesen sein wie Denken und Planen. *Denken* und *Planen* aber ist die schwierigste und wichtigste Arbeit nicht nur für Manager, sondern für uns alle.

Als fadenscheinige Begründung für das Nichtplanen wird oft angegeben, durch Planung enge man seine Möglichkeiten ein. Viele meinen, ein Plan lege sie auf eine bestimmte Handlungsweise fest. Sie könnten nicht mehr *spontan* auf sich bietende Chancen reagieren. Wer richtig plant, steckt den besten Weg zur Verwirklichung vorher festgesetzter Ziele ab. Also müßte man doch froh sein, auf den „besten Weg" festgelegt zu sein. Und wer behauptet denn, daß der beste Plan nicht geändert werden darf, wenn sich unvorhergesehene Chancen bieten?

Alltagskrisen gewinnen die Oberhand

Die Betonung der Alltagsaufgaben in der Arbeitswelt oder im Haushalt ist den meisten Managerinnen selbstverständlich. Deswegen wird so häufig nicht geplant. Probleme tauchen auf, und sie wollen sie lösen. Niemand hat etwas dagegen, sich die Lösung eines Problems als Verdienst anrechnen zu lassen. Wenn es sich gar um eine Krise handelt, besteht noch mehr Grund, die Sache zu bewältigen. Es ist so schön, wenn man sich als Heldin feiern lassen kann. (Aus diesem Grund läßt man so manches laufen, damit eine Krise entsteht.) Die Vertiefung in alltägliche Probleme führt außerdem zu unmittelbarer Befriedigung. Auf der anderen Seite scheint die langfristige Planung nicht nur voller Ungewißheiten, sondern fordert auch den Verzicht auf unmittelbare Befriedigung. Unmittelbare Probleme wirken außerdem oft so dringend, daß es schwer fällt, sie zu ignorieren.

Wenn man sie löst, wird man unmittelbar dafür belohnt. Ignoriert man sie, wird man unmittelbar dafür bestraft. Deshalb wird das *Planen vernachlässigt.* Dadurch entstehen allerdings noch mehr Probleme, und man muß noch mehr *Feuerwehr* spielen und *Krisenmanagement* betreiben.

Wo fange ich an?

„Morgen muß ich mich wirklich endlich hinsetzen und meine Arbeit organisieren“ stöhnte die vielbeschäftigte Büroleiterin. Diese Führungskraft hat ausgesprochen, was viele plagt. Ihr war die Arbeit über den Kopf gewachsen. Sie versank in einem Wust von Papieren, Aktennotizen und Nebensächlichkeiten. Eine Teilnehmerin an einem unserer Zeitmanagement-Seminare meinte während der Kaffeepause zu einem der Referenten, sie werde ihren Beruf aufgeben, wenn dieses Seminar ihre Probleme nicht lösen könne. Die Arbeit war ihr zuviel geworden, sie konnte sich kaum noch dazu aufraffen, überhaupt ins Büro zu gehen. Ihr übervoller Schreibtisch klagte sie tagtäglich an, daß sie mit ihrer Arbeit nicht fertig wurde, daß sie sich nicht einmal selbst organisieren konnte.

Vielleicht hat *Winston Churchill* den Grund gefunden, warum es so schwer ist, sich selbst zu organisieren und Ziele zu setzen: „Es ist schwer, weiter in die Zukunft zu schauen, als das eigene Sehvermögen reicht.“ Die Zukunft hängt von vielen Kräften ab, die nur schwer vorhersehbar sind. Je ferner die Zukunft, desto unsicherer wird sie.

Zur *Unsicherheit* gesellt sich außerdem die *Angst,* beurteilt oder verantwortlich gemacht zu werden. Wer sich Ziele setzt, wird auch daran gemessen werden. Wer will schon – gemessen an den Zielen – einen Mißerfolg riskieren, wenn Ziele nicht verlangt werden oder irgendwie umgangen werden können. Das Risiko des Mißerfolgs stellt eine der größten Schwierigkeiten dar, wenn man Menschen dazu bringen will, sich Ziele zu setzen.

Wenn dieser Widerstand überwunden ist und die Menschen sich tatsächlich Ziele setzen, taucht eine neue Schwierigkeit auf. Ziele müssen realistisch und erreichbar, dürfen aber nicht *zu leicht* erreichbar sein. Ein vorsichtiger Mensch setzt seine Ziele gerne zu niedrig an, um mit Sicherheit Erfolg zu haben. Wer Mitarbeiter hat, die ihre Ziele bewußt zu niedrig stecken, braucht viel Geschick, Geduld und eine feste Haltung, um diese Situation effektiv zu bewältigen.

Kriterien für effektive Ziele

Wenn es so wichtig ist, Ziele zu setzen, stellt sich die Frage, wie sich die Chancen für das Erreichen dieser Ziele erhöhen lassen. Spezifische Kriterien müssen erfüllt werden, wenn Ziele effektiv sein sollen: Ziele sollen *spezifisch und meßbar* sein, damit man weiß, wann sie erreicht sind. Nur zu sagen, „mein Ziel besteht darin, mehr zu delegieren“, ist nicht spezifisch genug. Das Wort „mehr“ kann alles bedeuten, was Sie darunter verstehen wollen. Wer das Spitzen von Bleistiften an seine Sekretärin delegiert, kann auch sagen, er habe „mehr“ delegiert. Viel Sinn hat das aber nicht, wenn man im Vergleich dazu an die Delegation wichtigerer Aufgaben denkt.

Ziele müssen *erreichbar* sein – sonst entstehen nur Enttäuschungen. Nichts entmutigt mehr, als innerhalb eines verfügbaren Zeitraums zu viele Aufgaben auf einmal oder die eigenen Fähigkeiten und Kräfte übersteigende Aufgaben bewältigen zu müssen.

Ziele müssen *lohnenswert* sein, damit sie zur Verwirklichung motivieren, damit es sich lohnt, dafür zu arbeiten. Robert Browning hat einmal gesagt, daß Ziele weiter gesteckt sein müssen, als man ohne weiteres erreichen könne. Wer sich anstrengen muß, um seine Ziele zu erreichen, fühlt sich auch belohnt, wenn er sie erreicht.

Ziele müssen *im Einklang* mit dem Vorgesetzten, der Organisation oder der Arbeitsgruppe gesetzt werden. Sie sind das Stützwerk für die Gesamtziele des Teams.

Ziele müssen *schriftlich* festgehalten und von Zeit zu Zeit durchgeschaut werden, damit sie nicht in Vergessenheit geraten. Was man nicht mehr weiß, kann man auch nicht erledigen.

Ziele müssen unter *Beteiligung des Betroffenen* gesetzt werden, damit sich der Betroffene für die Verwirklichung einsetzt. Aufgezwungene Ziele werden zwar vielleicht akzeptiert, aber sicher nicht mit demselben Engagement verfolgt, als wenn die für die Verwirklichung Verantwortlichen auch am Prozeß der Zielsetzung beteiligt wurden! Selbst gesetzte Ziele will schließlich niemand verfehlen.

Schließlich muß festgelegt werden, *bis wann* ein Ziel erreicht sein soll, damit es ernstgenommen wird. Jeder hat so viele Terminarbeiten zu erledigen, daß eine Aufgabe ohne festen Erledigungstermin kaum ernstgenommen wird. Irgendwann, wenn man dazu kommt, wird auch diese Sache erledigt werden. „Dazu zu kommen", ist aber selten so einfach, wie es klingt. Wenn Erledigungsfristen gesetzt sind, wird auch getan, was getan werden muß.

Ziele müssen *flexibel* bleiben, falls sich Dinge ändern, die außerhalb des eigenen Kontrollbereiches liegen. Ziele dürfen allerdings nicht geändert werden, wenn es nur darum geht, sie an die *eigene Leistung* anzupassen. Wenn sich jedoch eine Situation, über die man keine Kontrolle hat, drastisch ändert und dadurch vorher festgelegte Ziele unerreichbar werden, sollte man die *Ziele revidieren* und dem für die Verwirklichung dieses Ziels Verantwortlichen gegenüber fair bleiben.

Nach den Zielen kommen die Prioritäten

Sobald die Ziele bestimmt sind, müssen *Prioritäten gesetzt* werden. Auch bei klar definierten Zielen sind falsche Prioritäten durchaus möglich, weil die Ziele nicht in die richtige Rangfolge gebracht wurden.

Viele unter uns widmen den Prioritäten erstaunlich wenig Aufmerksamkeit. Vielen fehlen die für die Prioritätensetzung notwendigen Fähigkeiten: Wie setzt man Prioritäten? Wie unterscheidet man zwischen verschiedenen Prioritäten? Wie hält man sich daran? Wie löst man Prioritätskonflikte?

Kriterien für das Setzen von Prioritäten

Wie setzt man Prioritäten? Indem man von folgenden Kriterien ausgeht:

1. Bedeutung – langfristig
2. Dringlichkeit – kurzfristig
3. Entwicklungstendenz

Fragen Sie sich, wie wichtig ein bestimmtes Ziel für die *Gesamtpläne* der Organisation, Abteilung oder des Haushalts ist. Fragen Sie sich dann, ob es sich um etwas kurzfristig Dringendes oder langfristig Wichtiges handelt. Wenn es um ein Problem geht – hat es seinen Höhepunkt erreicht? Wie sehen die Entwicklungstendenzen für dieses Problem aus? Lassen Sie es liegen, wenn es sich durch Liegenlassen von alleine löst. Wenn es sich jedoch verschlimmert und auf eine Krise zusteuert, wenn man nicht bald etwas dagegen tut, muß es mit einer relativ höheren Priorität versehen werden.

Die Prioritäten einhalten. Prioritäten zu setzen, ist eins, sie einzuhalten, etwas anderes. Beharrliches Verfolgen von Prioritäten dürfte das meistübersehene Instrument effektiven Managements sein. Wer sich an Prioritäten hält, wird keinerlei Unterbrechungen oder Störungen dulden. Darin besteht der Trick (außer natürlich bei tatsächlichen Notfällen). Viele verschiedene Unterbrechungen lenken unsere Aufmerksamkeit ständig ab. Wir werden uns in Kapitel 9 ausführlich mit den Möglichkeiten zum Abstellen solcher Störungen befassen.

Konzentration auf das Wichtige. Fachleute zitieren häufig das Pareto-Prinzip und zeigen daran, daß sich effektive Zeitmanager auf einige wenige wichtige Handlungen beschränken und damit die besten Ergebnisse erzielen. Der italienische Volkswirt und Soziologe *Vilfredo Pareto* fand heraus, daß 80 % des Reichtums seines Landes in den Händen von 20 % der Bürger konzentriert war. Dasselbe Verhältnis zwischen Taten und Ergebnissen hat man auch in anderen Bereichen des menschlichen Lebens beobachtet. In einer Organisation stammen die meisten Klagen von relativ wenigen Mitarbeitern. Die meisten Organisationen machen den größten Teil ihres Umsatzes mit relativ wenigen Kunden. Aus diesen Beobachtungen hat sich die Schlußfolgerung ergeben, daß „die signifikanten Dinge in einer gegebenen Menge normalerweise einen relativ kleinen Anteil an der Gesamtmenge ausmachen". Dies ist das Pareto-Prinzip.

Wer einmal darüber nachdenkt, wird feststellen, daß die effektivsten Menschen im Bekanntenkreis meistens keine Zeit auf *Belangloses* verschwenden. Sie konzentrieren sich auf Lohnenswertes, Wichtiges, Strategisches. Irgendwie gelingt es ihnen, das weniger Wichtige zu ignorieren oder zu delegieren. Da niemals genügend Zeit vorhanden ist, um alles erledigen zu können, ist es klug, auf diese Weise sicherzustellen, daß es nur die weniger wichtigen Dinge sind, für die die Zeit nicht mehr reicht.

Das Erlebnis von Charles Schwab. Zu seiner Zeit als Präsident von Bethlehem Steel lernte Charles Schwab eine unvergeßliche Lektion über das Pareto-Prinzip und die Vorteile der Planung der Tagesarbeit. Er war unzufrieden, weil es ihm nie gelang, alles zu erledigen, was er sich vornahm. Einen Freund und Berater, *Ivy Lee,* stellte er vor die folgende ungewöhnliche Aufgabe: „Zeigen Sie mir eine Möglichkeit, mit meiner Zeit mehr anzufangen", sagte er, „und ich zahle Ihnen innerhalb vernünftiger Grenzen jegliches Honorar". Lee gab Schwab ein Stück Papier und sagte: „Schreiben Sie die wichtigsten Dinge, die Sie morgen zu erledigen haben, auf, und numerieren Sie sie ihrer Bedeutungsordnung nach. Fangen Sie mit Aufgabe Nr. 1 an, wenn Sie morgen früh ins Büro kommen und bleiben Sie solange daran sitzen, bis sie erledigt ist. Überprüfen Sie Ihre Prioritäten noch einmal und fangen Sie dann mit Nr. 2 an. Wenn Sie für irgendeine Aufgabe den ganzen Tag benötigen, macht nichts, bleiben Sie daran sitzen, solange es sich um die wichtigste handelt. Falls Sie nicht alles erledigen können, würde Ihnen eine andere Methode auch nicht helfen. Wenn Sie aber überhaupt kein System haben, können Sie wahrscheinlich nicht einmal entscheiden, welches die wichtigste Aufgabe ist. Gewöhnen Sie sich diese Methode für jeden Arbeitstag an. Geben Sie das System an Ihre Mitarbeiter weiter, wenn es bei Ihnen funktioniert. Erproben Sie meinen Vorschlag, so lange Sie wollen. Danach dürfen Sie mir einen Scheck schicken und selbst einschätzen, was Ihnen dieser Ratschlag wert ist."

Einige Wochen später erhielt Lee einen Scheck über $ 25.000. Schwab schrieb dazu, daß diese Lektion die ertragreichste sei, die er je gelernt habe. Dieser Plan war dafür verantwortlich, daß die Bethlehem Steel Corporation innerhalb von 5 Jahren zum größten unabhängigen Stahlproduzenten der Welt wurde. Auf die Frage seiner Freunde, warum er ein solch hohes Honorar für eine solche einfache Idee gezahlt habe, antwortete Schwab mit der Gegenfrage, welche Ideen eigentlich nicht im Grunde einfach seien. Er machte sie darauf aufmerksam, daß nicht nur er, sondern alle seine Mitarbeiter zum ersten Mal an erster Stelle stehende Dinge auch zuerst erledigten. Nach reiflicher Überlegung meinte Schwab, daß diese Ausgabe vielleicht die wertvollste Investition darstellte, die Bethlehem Steel während des Geschäftsjahres getätigt hatte.

Welche Pläne werden zuerst festgelegt – die kurzfristigen oder die langfristigen?

Seltsamerweise muß man, wenn man den anstehenden Arbeitstag planen und organisieren will, zunächst erkennen, daß nicht erst hier mit der Planung begonnen werden darf. Den anstehenden Tag zu planen, hat nicht viel Sinn, wenn wir keine Ahnung haben, was im Lauf der Woche erledigt werden muß. Die Planung für die Woche ist nicht

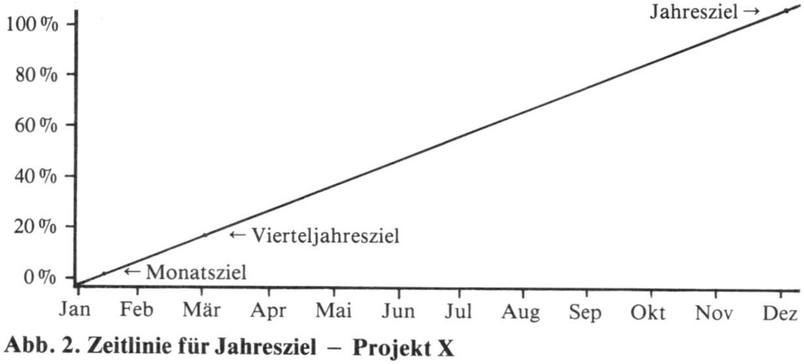

Abb. 2. Zeitlinie für Jahresziel – Projekt X

möglich, wenn die Ziele für den Monat nicht festgelegt sind. Diese Ziele wiederum können nicht feststehen, wenn es keine Jahresziele gibt. Bei der Planung fängt man also mit den Fernzielen an und arbeitet sich zu den Nahzielen durch. Wenn das Jahresziel feststeht, wird eine Zeitlinie vom Zieldatum zurück zur Gegenwart gezogen (siehe Abb. 2). So werden die Ziele für die einzelnen Monate und Wochen automatisch – zumindest annähernd – gesetzt.

Entwicklung einer Zeitlinie

Zeitrahmen für die Planung. Die Planung spielt sich innerhalb eines *bestimmten Zeitrahmens* ab: Wichtige Abschnitte sind das Jahr, der Monat oder das Vierteljahr, die Woche und der Tag. Als *E.B. Osborn* einmal sagte, daß nach der Planung und Organisation des Tages alles andere im Leben eines Managers nur noch Spielerei sei, hagelte es Protest. Weiß denn nicht jeder, daß die Planung umso ungewisser und deswegen umso schwieriger wird, je weiter man vorausplant? Wie läßt sich der Plan für das Heute überhaupt mit den komplizierten Planungsvorgängen für ein ganzes Jahr vergleichen?

Osborn hat sich mit seiner Bemerkung zweifellos darauf bezogen, daß sich ein Jahresziel relativ leicht setzen läßt, wenn genügend Zeit bleibt, dieses Ziel im Verlaufe eines Jahres immer wieder zu revidieren. Wahrscheinlich hat er auch beobachtet, welchen inneren Kampf die Menschen ausfechten, wenn es darum geht, den ersten Schritt zu bestimmen und ihn auch auszuführen. Die Verwirklichung der Vorsätze ist das ausschlaggebende Kriterium. Wir haben schon gesehen, wie viel sich uns bei der Verwirklichung unserer Pläne in den Weg stellt. Nichts tut sich von selbst. Ehe wir dazu kommen, die richtigen Dinge zu verwirklichen, verlangen Korrespondenz, Krisen, Telefongespräche, Besucher, Aktennotizen und Nebensächlichkeiten nach unserer Aufmerksamkeit. Wer nicht überlegt, gibt nach, und die wirklich wichtigen Aufgaben werden wieder einmal bis zum St.-Nimmerleins-Tag aufgeschoben.

Jahresziele. Ein normales Ringbuch ist das ideale Planungsbuch für den Schreibtisch. Ein Teil sollte unter dem Titel „Jahresziele" stehen.

Auf dem Deckblatt können Sie die 8 Kriterien für effektive Ziele notieren (siehe S. 60 f.). In Abbildung 3 zeigen wir ein einfaches Formblatt für die Jahresziele. Bei diesem und den noch folgenden Formularen geht es um die Verfolgung eines Zieles (Projekt X) von der Konzipierung bis zum Tag der Erledigung.

Priorität	A. Jahresziele	Jahr 19____	Termin/ Erledigung bis	Kontrolldaten		
	1. Projekt X 2. 3. 4. 5.		15. April	15.1.	15.2.	15.3.

Abb. 3. Jahresziele

Monatsziele. In Abbildung 4 zeigen wir ein Formblatt für das Eintragen von Monatszielen. In unserem Beispiel wurde Projekt X eingetragen, weil dieses Projekt laut Jahrestabelle bis April erledigt sein muß (Abbildung 3). Für die Monatsziele sollten Sie in Ihrem Ringbuch auf jeden Fall zwölf Tabs vorsehen. Ist ein Monat vorbei, sollten Sie Ihre

Priorität	B. Monatsziele	Monat April	Termin/ Erledigung bis	Kontrolldaten			
	1. Projekt X 2. 3. 4. 5.		15. April	1.4.	8.4.		

Abb. 4. Monatsziele

Planung um einen weiteren Monat ergänzen, damit immer insgesamt 12 Monate in der Vorausplanung sind.

Wochenziele. In Abbildung 5 zeigen wir ein Wochenplanungsblatt. Es ist an das Planungsblatt angelehnt, das E.B. Osborn für die Manager in seiner Organisation entwickelt hat. Auch hier wird Projekt X wieder genannt, weil es in der Beispielwoche laut Monatsplan (Abb. 4) erledigt werden muß.

Woche vom *15. April*

Priorität	Telefongespräche	Konferenzen/Besprechungen
1	*H. B. wegen Förderung Projekt X*	
	Korrespondenz	Verabredungen
	Projekte	Essenseinladungen
1	*Projekt X – Fertigstellung*	

Abb. 5. Wochenplanungsblatt

Tagesplan. In Abbildung 6 zeigen wir den Tagesplan. Hier ist Projekt X eingetragen, da es laut Wochenplan (Abb. 5) an diesem Tag erledigt werden muß. Bitte beachten Sie, daß für die wichtigsten Tagesaufgaben Erledigungsfristen gesetzt sind. So ist nicht nur der Anreiz gegeben, Aufgaben der Reihe nach zu erledigen, ohne mehr Zeit auf sie zu verwenden, als nötig ist, sondern man hat auch triftige Gründe, jegliche Störfaktoren abzuwehren, die wahrscheinlich weniger wichtig sind als das Projekt, an dem Sie gerade arbeiten. Sie können nun Folgendes sagen: „Es tut mir leid, Frau B., ich muß die Sache bis 10.00 Uhr fertig haben. Kann ich Sie später zurückrufen, oder kann Ihnen vielleicht auch Herr N. helfen?“

Datum: *15. April*

Priorität	Ziele	Zu erledigen bis
1	*Projekt X*	*11.00 Uhr*
2	*Preisvorschläge überprüfen*	*12.00 Uhr*
3	*Jahresabsatzplanung*	*15.30 Uhr*

Abb. 6. Schriftlicher Tagesplan

Realistische Ziele für den beruflichen und häuslichen Bereich

Wir wollen uns nun mit einigen spezifischen Zielen unter Berücksichtigung der angeführten Kriterien befassen. Die beiden Beispiele für den beruflichen Bereich sind: 1. Planung eines spezifischen Projektes (Projekt C), das in sechs Monaten startbereit sein soll, 2. bis zum Ende des Jahres ein Leistungsbewertungsprogramm (Programm D) erstellen und in die Praxis umsetzen.
Die beiden Beispiele für den häuslichen Bereich lauten: 1. Umgestaltung der Wohnung soll in 6 Monaten abgeschlossen sein, 2. Planung des nächsten Urlaubs.

Nach einem Blick auf die acht Kriterien wissen wir, daß diese Ziele die Erfordernisse erfüllen. Sie sind spezifisch, meßbar, erreichbar und lohnenswert. Ob sie mit den übrigen Zielen der Organisation oder des Haushaltes im Einklang stehen, läßt sich leicht feststellen. Werden sie schriftlich festgehalten, wird die Wahrscheinlichkeit höher, daß man die Ziele im Auge behält und auch verwirklicht.

Wir wollen um der Analyse willen davon ausgehen, daß diese Ziele nicht mit anderen abgesprochen wurden. Die beiden beruflichen Ziele haben Sie allein beschlossen. Sie haben sie nicht mit Ihren Mitarbeitern oder Kollegen diskutiert. Sie diskutieren erst hinterher. Die Mitarbeiter äußern ihr Befremden und erheben Einsprüche, weil sie andere Verpflichtungen haben, die sie für wichtiger halten. Sie sind plötzlich mit einem der schlimmsten Probleme überhaupt konfrontiert. Sie müssen einen *Prioritätskonflikt* lösen und müssen davon ausgehen, daß – gleich wie das Einigungsergebnis aussieht – die Arbeitsmoral auf jeden Fall leiden wird.

Bei den Zielen für den häuslichen Bereich, in dem Wohnen und Freizeit eng miteinander verknüpft sind, bietet jedes, das Leben aller Familienmitglieder beeinflussende, größere Vorhaben die Möglichkeit, *Teamarbeit* und Korpsgeist zu fördern. Umgekehrt wird jedes größere Vorhaben, das den Familienmitgliedern von einer Seite aufgezwungen wird, nicht ohne weiteres Zustimmung finden, sondern vermutlich sogar erbittert bekämpft werden.

Die Planung von Vorhaben zur Renovierung oder Umgestaltung des Wohn- und Gartenbereiches oder die Planung des Urlaubs kann zu einem positiven und lohnenswerten Erlebnis werden, kann aber auch völlig vergeblich sein.

Beachten Sie bitte, daß für diese Ziele auch Erledigungstermine vorgemerkt sind. Die Termine können natürlich nötigenfalls geändert werden. Wenn *Terminverschiebungen* nötig werden, sollte man sie so früh wie möglich durchführen. Je später ein Problem entdeckt wird, desto schwieriger wird es, sich darauf einzustellen und desto mehr Schwierigkeiten werden sich für die übrigen Betroffenen ergeben.

Setzen Sie Ihre Ziele!

Bitte tragen Sie in Abbildung 6 zwei Ziele ein, eins für den beruflichen, eins für den häuslichen Bereich. Denken Sie über die beiden Ziele nach und prüfen Sie, ob sie den acht Kriterien für effektive Ziele entsprechen. Sorgen Sie dafür, daß jedes Ziel spezifisch und meßbar, erreichbar und lohnenswert ist, im Einklang mit den Gesamtzielen steht, schriftlich festgelegt, – wenn nötig – mit den Betroffenen abgesprochen und mit einem Erledigungstermin versehen ist.

		Erledigungstermin
Ziel im beruflichen Bereich	______________	______________
	______________	______________
Ziel im häuslichen Bereich	______________	______________
	______________	______________

Kriterien für die Ziele: Gehen Sie die Checkliste der 8 Kriterien für effektive Ziele durch und haken Sie die erfüllten Punkte ab. Bei nichtzutreffenden Kriterien tragen Sie bitte einen Strich ein. Bei manchen Zielen läßt sich beispielsweise nicht von vornherein bestimmen, ob Flexibilität vorhanden ist. Wird ein Kriterium nicht erfüllt, müssen Sie sich fragen, ob Sie das Ziel revidieren können, oder welche Maßnahmen zu ergreifen sind, um das Kriterium zu erfüllen. Beispiel: Ein Ziel wurde nicht mit den Betroffenen abgesprochen. Können Sie die Sache mit Ihrem Team erörtern und es an der Absprache beteiligen?

	Ziel für den beruflichen Bereich	Ziel für den häuslichen Bereich
1. Spezifisch und meßbar	______________	______________
2. Erreichbar	______________	______________
3. Lohnenswert	______________	______________
4. Im Einklang mit Gesamtzielen	______________	______________
5. Schriftlich festgehalten	______________	______________
6. Mit Betroffenen abgesprochen	______________	______________
7. Termin gesetzt*	______________	______________
8. Flexibel		

* Ergeben sich die Termine im häuslichen Bereich meist automatisch?

Abb. 7. Ihre Ziele

Der eigentliche Anfang zum Zeitmanagement ist gemacht, wenn man seine *Ziele gesteckt* und seine Pläne zu ihrer *Verwirklichung* gemacht hat. Damit legt man im Vorhinein fest, wohin man gehen und wie man zum Ziel gelangen will. Wer das nicht getan hat, kann nie sicher sein, seine Zeit gut zu nutzen. Um mit dem römischen Philosophen Seneca zu sprechen: „Für ein Schiff ohne Hafen ist kein Wind der richtige". Dasselbe gilt für Sie. Ohne Ziel und ohne Pläne zur Verwirklichung dieser Ziele bleiben Ihre Entscheidungen dem Zufall überlassen. Es gibt aber keine Frau, die ihre Zeit und ihr Leben freiwillig dem Zufall überläßt.

6. Krisensituationen bewältigen

„... in einer Krise zu stecken und entsprechend zu handeln, ist eins, einer Dauerkrise ausgesetzt zu sein, etwas anderes."

Barbara Grizzuti Harrison (1975)

Krisen sind so alltäglich, daß viele Frauen sie mit Humor nehmen und zu Hause oder im Büro mit witzigen Postern unterstreichen. Zwei Sprüche sind international bekannt geworden, der erste stammt wohl schon aus dem Zweiten Weltkrieg: „Wer in diesem Durcheinander noch seinen Kopf behält, versteht die Lage nicht." Der zweite Spruch stammt aus neuerer Zeit, Quelle unbekannt: „Ich bekomme noch einen Nervenzusammenbruch! Ich habe dafür gearbeitet ... ich habe ihn mir verdient ... und niemand wird ihn mir nehmen."

Management durch Krisenerzeugung steht unter den *Zeitverschwendern* weltweit an zweiter Stelle. Das Nichtsetzen von Zielen und Prioritäten sowie mangelnde Planung erscheinen erst an dritter Stelle. Überraschend ist dies nicht, da beide Arten von Zeitvergeudung häufig gemeinsam auftreten und in den Zeitverschwendungsprofilen der meisten Organisationen die Spitze bilden. Beide Faktoren bedingen sich gegenseitig. Wer nicht plant, muß mit Krisen rechnen. Umgekehrt gilt auch: Wer den ganzen Tag Feuerwehr spielen und Krisen bewältigen muß, hat keine Zeit zu planen. Hier gilt das Wort: „Wenn Du bis zum Hals im Sumpf steckst und von lauter Alligatoren umgeben bist, ist es Dir egal, daß Du ursprünglich vorhattest, den Sumpf trockenzulegen."

Definition der Krise

Winston Churchill ist für seine beißenden Bemerkungen bekannt. Zum Krisenmanagement hat er sich einmal recht provozierend geäußert. Er legte sich jeden Tag zum Mittagsschlaf hin und gab folgende Anweisung: „Ich bin nur im Falle einer Krise zu wecken. Unter Krise verstehe ich die bewaffnete Invasion der britischen Inseln."

Der Begriff Krise wird so oft in den Mund genommen, daß wir genau definieren müssen, was wir darunter verstehen. In diesem Buch definieren wir den Begriff „Krise" als plötzliche Störung großer Tragweite, die den normalen Ablauf der Ereignisse unterbricht und sofortiges Reagieren erfordert. Krisenmanagement heißt für uns Reaktion auf Probleme, wenn sie entstehen. Krisenmanagement heißt nicht, Problemen zuvorzukommen oder Schritte zur Verhütung von Krisen oder zur Begrenzung ihrer Folgen einzuleiten. Obwohl Krisenmanagement unter den Zeitverschwendern weltweit die zweite Stelle einnimmt, nehmen sich nur wenige die Zeit, einmal zu überlegen, warum Krisen entstehen oder wie man ihnen vorbeugen kann.

Die Gründe für Krisen

Was ständig wieder auftauchende Krisen an Kosten verursachen, braucht wohl nicht noch einmal ausdrücklich erklärt zu werden. Sie wissen, daß Sie unter Druck schnell handeln müssen. Sie können nicht lange nachdenken. Sie haben keine Chance, *bessere Alternativen* zu erkunden. „Je eiliger ich es habe, desto mehr gerate ich ins Hintertreffen". Dieser Ausspruch zeigt, wie sehr man der Tyrannei des Dringenden unterliegt, so daß keine Zeit bleibt, sich auf die wirklich wichtigen Angelegenheiten zu konzentrieren, die mehr Aufmerksamkeit verdienen würden.

Murphys drei Gesetze beziehen sich auf das Krisenmanagement und sind ernstzunehmen. Das erste Gesetz lautet: „Nichts ist so einfach, wie es aussieht", weil der Mensch dazu neigt, den Schwierigkeitsgrad der anstehenden Aufgaben zu unterschätzen. Dies führt zum zweiten Gesetz: „Alles braucht länger, als man glaubt." Weil der Schwierigkeitsgrad der Aufgaben unterschätzt wird, wird auch die zur Erledigung notwendige Zeit unterschätzt. Deswegen werden Termine unrealistisch gesetzt. Die Folge wird im dritten Gesetz beschrieben: „Wenn etwas schiefgehen kann, wird es auch schiefgehen." Wir sollten Murphys Gesetze als Chronologie einer Krise bezeichnen, weil in ihnen das zusammengefaßt wird, was in unserem krisenerfüllten Leben schiefläuft.

Natürlich gibt es auch noch andere Gründe für Krisen. Unter den primären Gründen sind *mangelnde Planung* und *zu wenig Kontrolle* zwischendurch. Der Fortgang der Arbeiten wird nicht geprüft, so daß sich korrigierende Maßnahmen nicht rechtzeitig einleiten lassen. Wie oft merken wir zu spät, daß sich ein wichtiger Termin nicht einhalten läßt. Wie oft geben wir anderen die Schuld daran, obwohl der Fehler eher bei uns liegt, weil wir nicht vorgebeugt oder nichts unternommen haben, um das Problem abzuwenden.

Mangelnde Vorbeugung ist wohl der erste Grund für das Entstehen einer Krise. Es scheint in der Natur des Menschen zu liegen, daß er glaubt, sobald ein Plan erstellt sei, werde auch alles – ohne Zwischenfälle – nach Plan erledigt. In Murphys Gesetz steht jedoch genau das Gegenteil: „Wenn etwas schiefgehen kann, wird es auch schiefgehen." Sie wissen, wie ein schlechter Tag verlaufen kann. Alles war so schön geplant. Die Abendeinladung war lange vorausgeplant. Sie hatten Listen aufgestellt, sich der Unterstützung Ihres Ehemannes versichert und die Betreuung der Kinder für den Abend organisiert – aber am Abend der Party kommt alles anders. Das Kindermädchen ruft an und sagt ab. Der Ehemann muß unerwarteterweise länger im Büro bleiben, und Sie können eine der zur Lieblingstischdecke passenden Servietten nicht finden. Wenn etwas schiefgehen kann, wird es auch schiefgehen.

Wir denken gar nicht daran, daß solche Probleme auftauchen könnten. Wir denken auch nicht daran zu kontrollieren, ob alles nach Plan verläuft. Wir denken nicht daran, Statusberichte zu verlangen, damit die Kontrolle einfacher wird. Können Sie sich vorstellen, wie sich die Planer im Pentagon und Weißen Haus nach dem mißlungenen Versuch zur Rettung der amerikanischen Geiseln im Iran den Kopf zermartert haben? Sie haben sich sicherlich gefragt: „Was hätten wir getan, wenn wir die Möglichkeit eines Sandsturms und technische Mängel bei den Hubschraubern in Betracht gezogen hätten? Wieviel zusätzliche Hubschrauber hätten wir dann eingesetzt?"

Viele Krisen entstehen dadurch, daß wir *erfreuliche Dinge* zuerst erledigen und weniger Erfreuliches aufschieben. Die allzu menschliche Tendenz zum Trödeln dürfte die zweitgrößte Krisenursache sein. Es ist ganz natürlich, daß man in höchst ungewissen und risikohaften Situationen vieles aufschiebt. Das Aufschieben kann aber sehr gefährlich werden, wenn es auf die Zeit ankommt.

Im Berufsleben werden die Prioritäten häufig durch Vorgesetzte oder die Unternehmensleitung umgestoßen, wodurch Krisen auf den unteren Ebenen entstehen. Darunter leidet die Arbeitsmoral derjenigen, die nie eine Aufgabe ungestört erledigen dürfen, sondern zwischendurch immer zuerst etwas noch Dringenderes erledigen müssen. Welche Krisen im häuslichen Bereich entstehen, wenn ein Familienmitglied plötzlich andere Prioritäten setzt, die Betroffenen aber nicht informiert, brauchen wir sicherlich nicht zu beschreiben.

Informationen werden blockiert, Daten ungenau übermittelt, die Technik versagt, der Mensch versagt – damit wird die lange Liste möglicher Ursachen, die zeitraubendes Krisenmanagement erfordern, abgerundet.

Lösungen

Um Krisenmanagement zu vermeiden, muß man überlegt und diszipliniert handeln. Schauen Sie sich einmal die auf der Hand liegenden Lösungen an. Steht das Ziel fest, müssen Sie die zur Zielerreichung notwendigen Aufgaben *zeitlich terminieren.* Sorgen Sie für realistische Termine. Bauen Sie ein *Polster* ein. Wer sein Material bis zum 14. eines Monats braucht, um den eigenen Fertigstellungstermin einhalten zu können, sollte dem Lieferanten den 10. als Termin setzen. Verlangen Sie Statusberichte. Fragen Sie am 8. nach, ob das Material auch kommt. Messen Sie Ihre eigenen Fortschritte regelmäßig, um sicherzustellen, daß Probleme rechtzeitig genug für eine Korrektur entdeckt werden. Halten Sie *Eventualpläne* für die Krisenfälle bereit, die den größten Schaden für Ihr Projekt verursachen könnten. Überlegen Sie, wie Sie den Schaden begrenzen können, falls solche Krisen eintreten.

Schnelle Entdeckung und schnelle Reaktion sind zwei kritische Punkte. Die hochempfindlichen Radarnetze im hohen Norden der USA an der Grenze zu Kanada und in Alaska bilden ein Frühwarnsystem, mit dessen Hilfe alle hereinfliegenden Raketen oder Flugzeuge rechtzeitig entdeckt, unsere Verteidigungskräfte sofort alarmiert und effektive Gegenmaßnahmen eingeleitet werden können. Vermeiden Sie *jegliche Überreaktion.* Es gehört schließlich nicht viel dazu, ein Problem zu einer Krise hochzuschaukeln. Die meisten unter uns haben dies – wissentlich oder unwissentlich – schon mehr als einmal getan. Ignorieren Sie Probleme, die von selbst verschwinden. Wenn sich ein Problem von selbst erledigt – lassen Sie es dabei bewenden. Delegieren Sie, wenn jemand anders das Problem lösen kann. Reagieren Sie nur der Schwere des Problems entsprechend. Beschränken Sie Ihre Reaktion, um weder Zeit noch Kräfte zu vergeuden, damit keine *zusätzlichen Krisen* entstehen und damit Sie sich weiter Ihren vorrangigen Aufgaben widmen können.

Auch Sie können das Krisenmanagement so weit wie möglich umgehen. *Valerie Jeglum,* Leiterin der Datenverarbeitung in einer Washingtoner Bank, meinte dazu: „Ich hätte nicht geglaubt, daß ich so in Hochstimmung sein kann, weil ich endlich weiß, daß ich genug Zeit habe, um das zu erledigen, was ich für wichtig halte. Früher war ich davon überzeugt, daß ich nicht das Recht habe, das Wichtige vor die Alltagskrisen zu setzen. Ich bin noch weit von meinem Ideal entfernt, aber ich bin auf dem richtigen Wege, und ich glaube, daß ich diesmal genügend *Selbstdisziplin* habe, um auch auf diesem Weg zu bleiben."

Krisenverhinderung im häuslichen Bereich

Auch im häuslichen Bereich läßt sich manches tun, um Krisen vorzubeugen. Polizei- und Feuerwehrnotruf sollten in der Nähe des Telefons oder auf der Wählscheibe notiert sein. Feuerlöscher müssen griffbereit sein, und alle Haushaltsmitglieder müssen wissen, wie damit umzugehen ist. Eltern wissen: Je mehr Kleinkinder im Haus sind, desto größer die Gefahren. Mögliche Gefahrenquellen wie Scheren und scharfe Messer werden außer Reichweite von Kindern aufbewahrt. Rauchmelder und Alarmanlagen sind Werkzeuge zur Krisenverhinderung; sie bilden das Frühwarnsystem bei Feuerausbruch oder Einbruch. Weibliche Führungskräfte, die Kinder großgezogen haben, bringen in bezug auf Krisensituationen und ihre Ursachen zweifellos mehr Erfahrungen mit als Männer.

Jerrie Hurd ist hier ein ausgezeichneter Beispielsfall. Sie beschreibt, wie sie entdeckte, daß es zu Hause auch ohne Dauerkrise geht[1]. Sie bezeichnet sich selbst als mittelamerikanische Hausfrau und ist Mutter von zwei Kindern. Sie denkt an den Tag zurück, an dem ihr Mann um fünf Uhr abends nach Hause kam und sie völlig erschöpft vorfand. In der Spüle stapelte sich das schmutzige Geschirr, mit der Vorbereitung des Abendessens hatte sie noch nicht einmal angefangen, das Baby schrie. Ihr Mann zitierte einen Führungsexperten, der einmal gesagt hatte, daß in vielen Organisationen 80 – 90 % der Zeit auf Dinge verwandt wird, die nur 10 – 20 % des Gesamtgewinns erbringen (Pareto-Prinzip).

Da das Abendessen trotz profunder Gedanken nicht warten konnte, beschloß sie, ihre Situation am nächsten Morgen zu überdenken. Sie fragte sich, ob sie wirklich fast 90 % ihrer Zeit für nur 10 % Nutzbringendes brauchte. Sie schrieb ihre verschiedenen Tätigkeiten auf und sah schnell ein, daß sie in einer Dauerkrise lebte und unverhältnismäßig großen Anteil ihrer Zeit für Tätigkeiten aufwandte, die ihr keinen Spaß machten. Ihr Krisenleben ergab sich hauptsächlich aus ihrem Versäumnis, das meiste *rechtzeitig* zu erledigen. Die Wäsche wurde erst gewaschen, wenn für die Kinder keine saubere Wäsche mehr da war. Dann mußte sie waschen, ob es ihr gerade paßte oder nicht, und sehr oft paßte es ihr nicht. Einige Aufgaben ließen sich weder vorplanen noch aufschieben. War das Baby naß, mußte die Win-

---

1 *Jerrie W. Hurd*, „Ceasefire on Crisis Living“, The Ensign, August 1976.

del gewechselt werden. Die meisten Aufgaben ließen sich aber so organisieren, daß sie ihre Zeit besser nutzen konnte. Eine saubere und ordentliche Wohnung machte Spaß, war aber nicht 90 % ihrer Zeit wert. Sie kam zu dem Schluß, daß es sich nicht lohnte, bügelarme Kleidungsstücke zu bügeln, obwohl Gebügeltes besser aussah. Sie organisierte die Vorratshaltung so, daß sie größere Mengen auf einmal einkaufte, und folglich weniger häufig zum Einkaufen fahren mußte. Weniger wichtige und unangenehme Aufgaben wurden *gestrichen* oder auf das *Nötigste reduziert.* Dadurch gewann sie Zeit für Wichtigeres und Schöneres, das sie schon immer hatte tun wollen. Sie bezieht sich auf das nicht zu widerlegende Gesetz, daß Hausarbeit die zur Verfügung stehende Zeit voll ausfüllt und begegnete diesem Gesetz, indem sie sich eine bestimmte Zeit für die Erledigung dieser Aufgaben setzte. Was in der Zeit nicht erledigt wurde, mußte warten.

Zu ihrem Erstaunen funktioniert das Prioritätensystem. Sie beginnt mit Aufgabe 1 und arbeitet daran, bis die gesetzte Zeit abgelaufen ist. Wenn sie mehrere Tage nicht zum Bügeln kommt, wird das Bügeln bald zur vorrangigen Aufgabe und wird dann auch erledigt. Manchmal braucht sie zwar den ganzen Tag, um alles wieder aufzuarbeiten, aber die *Gesamtzeit,* die sie für Dinge aufwendet, die zwar getan werden müssen, aber relativ unwichtig sind, hat sich drastisch verringert. Die Familie ist dabei keineswegs zu kurz gekommen, und sie ist glücklicher und zufriedener im Umgang mit ihrer Familie.

Krisenmanagement ist definiert als Reaktion auf Probleme, wenn sie auftauchen. Besser aber ist, Probleme oder Krisen durch *Vorausdenken* zu unterbinden, ihnen vorzubeugen oder ihre Folgen zu begrenzen. Die drei kritischen Schritte sind also: Vorausdenken, vorbeugen und begrenzen. Wir wissen, daß das Glück den begünstigt, der vorbereitet ist. Seien Sie also vorbereitet. *Victor Hugo* sagte: „Wo kein Plan ist, wo die Verwendung der Zeit dem bloßen Zufall überlassen bleibt, regiert bald das Chaos." Sie brauchen Ihre Zeit und Ihr Leben nicht dem Zufall, dem Chaos oder dem Krisenmanagement zu überlassen. Die in diesem Kapitel aufgeführten Schritte werden es Ihnen ermöglichen, Ihre Zeitnutzung selbst zu steuern, anstatt sich von der Zeit steuern zu lassen.

7. Organisation und Ordnung am Arbeitsplatz

„Ordnung ist etwas Herrliches!
Sie besiegt die Unordnung und macht alles einfacher."

Anna Hampstead Branch (1910)

Organisation und *Ordnung* am Arbeitsplatz sind mitentscheidend für den Erfolg. Schlamperei und Unordnung am Arbeitsplatz führen oft dazu, daß Aufgaben vergessen oder nicht vollständig erledigt werden. Akten gehen verloren, Versprechen und Termine werden nicht eingehalten. All dies kommt häufig vor. Manche Frauen behaupten, je unordentlicher ein Büro aussehe, desto beschäftigter und produktiver sei der Büroinhaber. Gehören ein bißchen Unordnung und Kreativität nicht zusammen? Frauen stellen jedoch schnell fest, daß es sich bei dieser Aussage um einen Mythos handelt, sobald sie tatsächlich an die Organisation ihres Arbeitsplatzes und ihres Haushaltes herangehen, um maximale Effizienz zu erreichen. Ordnung fördert sowohl die Effizienz als auch die Effektivität. *Peter Drucker* gab dazu folgende Definition: Effizienz ist, wenn man eine Arbeit richtig tut; Effektivität ist, wenn man die richtige Arbeit richtig tut." Aus Effektivität ergibt sich erhöhte Produktivität, mehr Zufriedenheit, weniger Streß und Angst und mehr Zeit für einen selbst.

Unordnung im Büro entsteht hauptsächlich daraus, daß der Büroinhaber seine wichtigsten Ergebnisbereiche oder seine Zuständigkeiten und seinen Verantwortungsbereich nicht kennt. Welchen Umfang hat Ihr Tätigkeitsbereich? Dazu sind verschiedene Faktoren zu bedenken: 1. Der Gesamtverantwortungsbereich, 2. die eigene Fähigkeit zum Planen, Delegieren, Steuern und Überwachen, 3. die Aufgaben eventueller Mitarbeiter, 4. Erfahrungen und Fähigkeiten des Teams und 5. die materiellen Gegebenheiten.

Das funktionale Büro

Wer sein Büro ordnet und organisiert, wird *produktiver* und *schneller arbeiten.* Es lohnt sich, Zeit und Mühe auf sich zu nehmen und ein paar Stunden oder ein oder zwei Tage auf die Organisation des eigenen Arbeitsbereiches zu verwenden.

Es macht schon viel aus, wenn man sich an einige Grundregeln hält. Sie sollten Materialien und Geräte, die Sie tagtäglich und häufig brauchen, in direkter Nähe griffbereit haben. Wenn Sie häufig an der Schreibmaschine arbeiten müssen, sollten Sie sie so plazieren, daß Sie sich entweder nur auf Ihrem Stuhl umzudrehen brauchen oder die Schreibmaschine zu sich heranziehen können. Sie darf nicht an einem weiter entfernten Platz stehen.

Eine Telefongabel als Hilfsmittel erleichtert das Telefonieren. Sie können gleichzeitig Notizen machen, ohne sich den Hals zu verrenken (oder mit dem Ohrring zu kollidieren). Wer sein Telefon selbst wählen darf, sollte sich für ein Tastentelefon entscheiden, da sich damit der gewünschte Telefonpartner schneller anwählen läßt. Es gibt heute schon Telefoncomputer, die automatisch neu wählen, wenn eine Leitung besetzt ist und mit dem sich Telefonnummern speichern lassen, so daß zum Anwählen schon der Druck auf einen einzigen Knopf genügt. Mit einem auf Zimmerlautsprecher umschaltbaren Telefon kann man den anderen hören, ohne selbst einen Hörer in die Hand nehmen zu müssen. Dadurch bleiben während des Gesprächs beide Hände für die Unterlagen frei.

Wichtig ist auch, daß *hochqualitative Geräte* und *Materialien* verwendet werden. Eine Schreibmaschine, die zweimal pro Woche den Kundendienst braucht, Briefpapier, das nicht nur schlabberig aussieht, sondern auch noch abfärbt, oder Aktenschränke, die sich nur schwer öffnen lassen oder beinahe umfallen, wenn man an der Tür zieht, tragen weder zur Effizienz noch zu einer positiven Geisteshaltung bei.

Auch *körperliches Wohlbefinden* und eine *schöne Umgebung* sind wichtig. Wie oft hat Sie schon beim Betreten des Büros die Unlust befallen, weil entweder Riesenstöße von Papier auf Ihrem Schreibtisch liegen und Sie an zu viel Unerledigtes erinnern, oder weil das Büro selbst dunkel und trübe aussieht. Es ist erstaunlich, was man mit einer fröhlichen Umgebung erreicht, wenn die Wände hell gestrichen, die Fenster geputzt, einige preiswerte Bilder oder Drucke aufgehängt und attraktive Kissen und Pflanzen und vielleicht auch eine Lampe geschmackvoll arrangiert sind. Manche Grünpflanzen gedeihen auch in künstlichem Licht sehr gut.

Körperliches Wohlbefinden wirkt sich direkt auf die eigene *Kreativität* und *Produktivität* aus. Gute Lichtverhältnisse beugen Ermüdungserscheinungen der Augen und Kopfschmerzen vor. Man ist wacher, kann klarer denken und hat mehr Energie. Ein weiteres Muß ist eine *komfortable Sitzgelegenheit.* Ein in der Höhe verstellbarer Stuhl mit richtiger Unterstützung für den Rücken ist die beste Vorsorge gegen Schmerzen im Rücken, den Beinen oder den Füßen.

Wie steht es mit dem Schreibtisch selbst? Hier gibt es eine Reihe von Alternativen. Es kommt nur darauf an, daß Sie die für Sie beste Lösung finden. Eine Alternative ist überhaupt kein Schreibtisch. In manchen Berufen und in einigen spezifischen Positionen ist ein Schreibtisch unnötig. Man braucht aber vielleicht einen Konferenztisch und Stühle.

Wählen Sie das aus, was *Ihren Bedürfnissen* am besten entspricht.

Wenn Sie einen Schreibtisch brauchen, müssen Sie dafür sorgen, daß er auch Ihren Bedürfnissen entspricht. Nutzen Sie die Schubladen so, daß Sie die täglich benötigten Materialien griffbereit plaziert haben. Schreibgeräte, Heftklammern, Schere und Papier sollten nicht weiter als eine Armlänge von Ihnen entfernt liegen. Leisten Sie sich ein gutes Organisationsmittel für die Dinge, die Sie auf Ihrem Schreibtisch haben müssen. Wer oft mit Bauzeichnungen oder großformatigen

Drucken zu tun hat, sollte sein Büro vielleicht folgendermaßen einrichten: Den Schreibtisch an die Wand rücken, davor einen Drehstuhl und parallel zum Schreibtisch einen Tisch mit großer Ablagefläche, so daß Sie sich auf Ihrem Stuhl nur umzudrehen brauchen. Wenn der Platz reicht, richten viele Manager noch eine Sitzgruppe für weniger formelle Gespräche ein.

Der überhäufte Schreibtisch: All das Papier, was soll ich nur tun?

Sitzen Sie immer vor einem überhäuften Schreibtisch? Sind Papiere und Dokumente überall in Ihrem Büro verstreut? Werden sie verlegt, gehen sie verloren? *Stephanie Winston* meint dazu, „Mit einem Stück Papier läßt sich nur dreierlei anfangen: wegschmeißen, bearbeiten oder auf Wiedervorlage legen“[1].

Häufig sammeln wir Stapel von Papieren auf dem Schreibtisch an, weil wir auf keinen Fall etwas vergessen wollen. Ein deutscher Manager meinte dazu:

„Die Dinge, an die wir denken wollen, legen wir oben auf unseren Schreibtisch, wo wir sie sehen können. Das Problem liegt darin, daß das auch funktioniert. Jedesmal, wenn unser Blick über den Schreibtisch wandert, werden wir daran erinnert, und der gerade gefaßte Gedanke ist weg. Der Papierstoß wird immer größer. Irgendwann wissen wir nicht mehr, was zuunterst liegt. Dann fangen wir an, den Stoß nach benötigten Vorgängen zu durchsuchen. So verliert man Zeit bei der Suche und weil wir immer wieder unterbrochen werden, wenn der Blick auf das fällt, was wir nicht vergessen wollten“[2].

Vieles bleibt auf dem Schreibtisch liegen, weil wir „es vielleicht irgendwann einmal brauchen“. In vielen Fällen entwickeln wir sogar einen emotionalen Bezug, ob es sich dabei um einen Zeitungsaus-

---

1 *Stephanie Winston,* Getting Organized: The Easy Way to Put Your Life in Order. New York: Norton, 1978.

2 *R. Alec Mackenzie,* Die Zeitfalle, 6. Aufl., I.H. Sauer-Verlag GmbH, Heidelberg 1984, S. 85.

schnitt über einen alten Freund, den ersten Entwurf eines Lieblingsprojektes oder eine Aktennotiz über den langfristigen Planungsprozeß einer anderen Abteilung handelt. Wer an viel Papier hängt, sollte sich fragen: „Was ist, wenn ich dies jetzt wegwerfe? Was tue ich, falls ich es später noch einmal brauchen sollte? Auf welche Quellen kann ich zurückgreifen, um eine Kopie oder einen Großteil der Informationen wieder zu bekommen, falls ich sie brauche – Zentralablage, Freunde, Rechtsanwalt, Branchenverzeichnis usw.?" In den meisten Fällen gibt es Möglichkeiten, dieselbe oder ähnliche Informationen *wiederzuerlangen*.

Mit folgenden spezifischen Schritten läßt sich die Überhäufung des Schreibtisches vermeiden: 1. Bestimmen Sie immer Ihre Prioritäten, wenn Sie sich an den Schreibtisch setzen. Was müssen Sie erledigen und in welcher Reihenfolge? 2. Auf Ihrem Schreibtisch dürfen nur die Unterlagen liegen, an denen Sie gerade arbeiten. 3. Legen Sie alle übrigen Unterlagen in Ihre Schreibtischmappe oder in verschiedenfarbige Plastikmappen. 4. Arbeiten Sie so lange an diesem einen Projekt, bis sämtliche zur Zeit möglichen Maßnahmen getroffen sind. 5. Nach Erledigung des ersten Projektes überprüfen Sie Ihre Prioritäten und beginnen mit der nächst wichtigsten Aufgabe. 6. Bitten Sie Ihre Sekretärin oder Mitarbeiterin – falls vorhanden – darum, alle für Sie interessanten Unterlagen in einen Eingangskorb zu legen und nicht irgendwo auf Ihrem Schreibtisch zu deponieren. Lassen Sie sich von dieser Person auch in anderer Hinsicht unterstützen, damit Ihr Schreibtisch immer ordentlich ist.

Die obigen Anregungen werden einigen Leserinnen sicherlich zu restriktiv erscheinen. Natürlich muß man auch hier *flexibel* bleiben. Allerdings berichten selbst die Frauen, die immer stolz auf ihren vollen Schreibtisch waren, daß sie sehr viel mehr in weniger Zeit schaffen konnten, als sie einige der beschriebenen Organisationstechniken praktizierten, und sie gewannen eine viel positivere Einstellung zu ihrer Arbeit und zu sich selbst.

Auch ein Taschen- oder Schreibtischkalender kann beim Ordnunghalten helfen. Besorgen Sie sich einen Kalender, der in die Hand-

oder Aktentasche paßt. Alles, was Ihnen zum Stichwort „Zu erledigen“ einfällt, – ob beim Zubettgehen, im Auto oder im Supermarkt – läßt sich ganz schnell in solch einen Kalender eintragen. Danach brauchen Sie Ihr Gedächtnis nicht weiter damit zu belasten. Die Ideen kommen ja wieder, wenn Sie in Ihren Kalender oder Ihr Notizbuch schauen. Wer außerdem täglich die Termine für Konferenzen, Besprechungen und auch gesellschaftliche Verpflichtungen einträgt und abhakt, was schon erledigt ist, wird seine Zeit immer richtig einteilen können. Ohne *Notizensystem* hat man nicht nur den Kopf voller Ideen und Dinge, an die man unbedingt denken muß, sondern es gehen auch gute Ideen verloren, manchmal für immer.

Papierkorbexperte werden

Anhänger des Zeitmanagement sind davon überzeugt, daß die Kunst der *Papierkorbpolitik* eine der wichtigsten Fähigkeiten beim Management der eigenen Arbeit darstellt. Die Entwicklung einer inneren Festigkeit, nur die Unterlagen zu behalten, die sachdienlich sind und bei denen auch die Chance besteht, daß man sie in der Zukunft tatsächlich noch braucht und den Rest wegzuwerfen, ist ein sehr wichtiges Instrument des Selbstmanagement. Überhäufte Schreibtische und überquellende Aktenordner kosten Zeit und Platz.

Auren Uris meint, man solle immer einen großen Papierkorb in der Nähe haben und die Kunst entwickeln, das meiste in den Papierkorb zu werfen. Wer eine Sekretärin oder eine Assistentin hat, sollte schon von ihr die eingehenden Unterlagen sortieren lassen, damit Sie selbst nur noch das sehen, was notwendig und von Belang ist.

Post zügig bearbeiten

An der Art, wie ein Mensch seine Post bearbeitet, läßt sich einiges von seiner Persönlichkeit erkennen. Aus einer Untersuchung des *Dartnell Institute for Business Research* in Chicago geht hervor, daß der normale Manager täglich 2 – 3 Stunden mit dem Lesen und Bearbeiten seiner Post verbringt. Innerhalb eines Jahres summiert sich dieser enorme Zeitaufwand auf etwa 4 Monate der Jahresarbeitszeit, – nur für die Bearbeitung von Korrespondenz. Wieso eigentlich?

Die Menschen halten aus einer Vielzahl von Gründen an ihrer Korrespondenz fest: 1. Sie wissen nicht, wie man delegiert. 2. Sie haben nicht genug Vertrauen in den Mitarbeiter, an den sie die Beantwortung der Post delegieren könnten. 3. Sie sind neugierig und möchten genau wissen, was überall vorgeht. 4. Sie sind diszipliniertes Arbeiten nicht gewöhnt. Diese Faktoren können auch Sie daran hindern, Ihre Post effektiver zu bearbeiten.

Mit der Beherzigung einiger einfacher Ratschläge läßt sich die Last der Korrespondenz erheblich vermindern. Wer eine Sekretärin hat, kann sich von ihr für das Ende des Arbeitstages die nicht unmittelbar wichtige Post zusammenstellen lassen und sie entweder mit nach Hause nehmen oder sich als erstes am nächsten Morgen damit befassen.

Eine wichtige Regel sollte man dabei immer beherzigen: Beantworten Sie Ihre Korrespondenz so *schnell wie möglich* und fassen sie die Antwort so *kurz wie möglich.* Je länger Sie aufschieben, desto langatmiger wird die Antwort ausfallen. Lange Antwortbriefe müssen nicht sein. Der Empfänger wird sich freuen, weil eine kurze Antwort auch ihm Zeit erspart. In weniger offiziellen Situationen kann man auch die *Kurzantwort* auf den *Originalbrief* schreiben lassen. Auch das spart Zeit. Machen Sie sich eine Kopie für Ihre Akten oder notieren Sie kurz Datum und Inhalt der Antwort.

Nicht alle Korrespondenz muß im Büro erledigt werden. Ein Großteil dieser Arbeit läßt sich *auf Reisen* erledigen, wenn man irgendwo *warten* muß und sogar beim Friseur. Sie können ein kleines Diktiergerät benutzen oder Ihre Notizen und Entwürfe handschriftlich machen. Wenn Sie diese „Zwischendurch"-Zeiten ausnutzen, werden Sie feststellen, daß Sie Ihre Arbeit schneller erledigen und schließlich auch noch Zeit für sich selbst finden.

Mary Kay Ash, Leiterin von Mary Kay Cosmetics, ein Unternehmen mit mehreren Millionen Dollar Umsatz, weiß, daß sie mit ihrem System der Postbearbeitung viel Zeit spart: „Meine Sekretärin liest und sortiert die Post für mich. Die dringendsten Briefe kommen in rote Kunststoffmappen mit den Aufschriften ‚Zu beantworten‘, ‚Sofort zu beachten‘ und ‚Zu unterschreiben‘. Weniger dringende Unterlagen werden in einfache Mappen mit den Aufschriften ‚Verschiedenes‘, ‚Werbung‘ usw. sortiert.

Ich befasse mich mit jedem Vorgang nur *einmal*. Ich beantworte den zuoberst liegenden Brief, ehe ich überhaupt den nächsten zur Hand nehme. Dadurch brauche ich nicht dieselbe Unterlage bis zu einem halben Dutzend Mal in die Hand zu nehmen und immer wieder von neuem zu versuchen, eine Entscheidung zu treffen.“

Ihr Ablagesystem – Pluspunkt oder Krankheit?

„Oh nein, Sie wollen wirklich über die Ablage schreiben? Ich habe das Ganze zu organisieren versucht, und es ist hoffnungslos. Ich kann einfach keine Ordnung in meine Ablage bringen!“ Bitte befassen Sie sich mit den folgenden Alternativen, ehe Sie das Handtuch werfen. 1. Wahrscheinlich müssen Sie das System gar nicht selbst entwickeln. Wenn überhaupt möglich, sollten Sie die Verantwortung für die Organisation eines Ablagesystems an einen anderen delegieren. Sie überprüfen den Ablageplan, ehe er in die Praxis umgesetzt wird. Auf diese Weise haben Sie die Möglichkeit, *eigene Ideen* einzugeben, müssen aber nicht bei Null anfangen. Fordern Sie weiterhin den mit der Aufgabe betrauten Mitarbeiter auf, eine einfache Anweisung für die Ablage zu erstellen, damit sich auch andere damit zurechtfinden können, wenn der zuständige Mitarbeiter nicht da ist.

Bedenken Sie bitte immer, daß die Ablage ein *laufendes Arbeitsinstrument* ist und daß sie gewissermaßen immer wieder verfeinert und erweitert wird. Beim Aufbau eines Ablagesystems wird sehr oft der Fehler gemacht, daß *zuviel Unterteilungen* vorgenommen werden. Dies geht manchmal so weit, daß man für jedes einzelne Blatt eine gesonderte Akte einrichtet. Es ist sehr viel besser, mit weniger Unterteilungen anzufangen. Wenn sich dann eine bestimmte Akte füllt und man mehr und mehr Zeit mit der Suche nach einzelnen Unterlagen verbringt, kann man sie immer noch weiter unterteilen. Lassen Sie Ihr Ablagesystem natürlich wachsen. Allerdings müssen Sie es genau wie Blumen *zurückschneiden*. Die Ablage sollte alle 6 Monate oder alle Jahre einmal *durchgeforstet* werden. Veraltete Papiere sollten ausgesondert werden. Eventuell sind Unterteilungen einzurichten.

Wie lange sollten Unterlagen in der Ablage aufbewahrt werden? Die Meinungen dazu sind verschieden. Viele Experten vertreten die Ansicht, daß 80 – 95 % aller Unterlagen, die in die Ablage wandern, niemals wieder gebraucht werden. Unterlagen über laufende Vorgänge brauchen nicht länger als ein Jahr aufbewahrt zu werden, wohingegen Unterlagen über Rechtsangelegenheiten und sonstige Papiere mit längerfristiger Gültigkeit gesondert abgelegt werden sollten.

Diktieren oder nicht diktieren?

Warum haben wir soviel Scheu vor Diktiergeräten? Bei vielen Frauen ist es die Angst, nicht richtig damit umgehen zu können. Als weiterer Faktor kommt unter Umständen die Nichtbereitschaft hinzu, sich Zeit zu nehmen und zu lernen, wie man mit solchen Geräten umgeht. Auch Sekretärinnen haben häufig ihre Einwände gegen Diktiergeräte, weil sie mit ihrer Kurzschrift in Übung bleiben wollen.

Wer jedoch ein Diktiergerät benutzt, weiß, wieviel Zeit er dadurch sparen kann. Aus einer *Daniel Howard-Umfrage* ergibt sich, daß 40 % aller Führungskräfte Briefe und Aktennotizen handschriftlich aufsetzen und ihrer Sekretärin dann zur Abschrift vorlegen. Wer überlegt, wie lange es dauert, etwas per Hand niederzuschreiben (20 – 30 Worte pro Minute bestenfalls) und dies mit der Geschwindigkeit des gesprochenen Wortes (150 Worte pro Minute) vergleicht, wird schnell einsehen, welche Vorteile ein Diktiergerät bietet. Ein Mensch kann zweimal so schnell in ein Diktiergerät diktieren, wie eine Sekretärin kurzschriftlich aufnehmen kann. Deswegen ist das Diktiergerät sowohl dem handschriftlichen Entwurf als auch dem Diktat ins Stenogramm der Sekretärin bei weitem überlegen.

Ein Taschendiktiergerät oder Kassettenrecorder läßt sich auch außerhalb des Büros benutzen, – im Auto oder im Flugzeug. *Alexandra*

Armstrong, Mitglied der Führungsspitze eines Finanzierungsunternehmens, hat ihr Diktiergerät immer bei sich:

„Wenn ich auf Reisen bin, diktiere ich auf Band und schicke die Kassetten dann per Post an meine Sekretärin. Ich habe das Diktiergerät selbst neben meinem Bett stehen." Sie können Ihre Ideen diktieren, solange sie *frisch* sind. Sind sie einmal auf Kassette aufgenommen, brauchen Sie Ihr Gedächtnis nicht mehr damit zu belasten.

Aktennotizmanie

Die gesamte Wirtschaftswelt leidet unter Aktennotizmanie, und diese Manie kostet viel Zeit. Jede Aktennotiz besteht aus mehreren Schritten: Die beabsichtigte Botschaft durchdenken, diktieren, tippen lassen und abschicken. Der Empfänger muß sie lesen und schließlich ablegen.

Eric Webster meint, daß es durchaus triftige Gründe für Aktennotizen gibt, meint aber mit ein wenig Humor, daß sie oft aus den falschen Gründen abgefaßt werden, z.B.:

1. Die zum Arbeitsaufschub bestimmte Aktennotiz. Ein Vermerk, in dem es heißt, daß Sie die notwendigen Schritte einleiten werden, ermöglicht es Ihnen, etwas länger guten Gewissens nichts zu tun.

2. Die Aktennotiz zum Beweis der eigenen Effizienz (nicht Effektivität) – „in bezug auf meine Aktennotiz vom 1. letzten Monats ..." (wobei die eigentliche Nachricht lautet: „Ich weiß, was drinsteht, wir wollen doch mal sehen, ob Sie sie wiederfinden.")

3. Die militante Aktennotiz – ein streng gefaßter Vermerk: „Herr B., diese Situation ist nicht mehr zu tolerieren, es muß sofort etwas unternommen werden." (Solche Aktennotizen werden oft von schüchternen oder unsicheren Führungskräften verfaßt, die Angst haben, einem anderen im direkten Gespräch gegenüberzutreten).

4. Die anklagende Aktennotiz, die „für die Akten" geschrieben wird. Hier lautet der Ansatz: „Der Fehler liegt bei Ihnen". Wenn der Empfänger auf diese Aktennotiz reagiert (was Stunden dauern

wird), kann der Absender die Antwort anfechten, und wenn der Empfänger nicht reagiert, ist die Sache zumindest ein für allemal in den Akten festgehalten.

5. Die Status-Aktennotiz: „Büro Direktor Soundso ...“ Es wäre geschmackvoller, wenn nur der Name in attraktiven Lettern im Briefkopf genannt wird. Büros verschicken keine Aktennotizen.“

6. Die Aktennotiz „Sehen Sie, wie schwer ich arbeite“ wird von unsicheren Mitarbeitern verfaßt, die ihren Wert dadurch beweisen wollen, daß sie ihren Chef mit Papier überhäufen. Natürlich geht die Zeit, die man auf das Verfassen von Aktennotizen verwendet, für die eigentliche Arbeit verloren.

7. Die Aktennotiz für den „großen Unbekannten“. Sie wird zwar an einen bestimmten Empfänger geschrieben, zielt aber auf im Verteiler nicht namentlich genannte andere Empfänger[3].

Kritische Beobachter sind sich in der Auffassung einig, daß man nicht allzu viele Aktennotizen verfassen sollte. Allerdings haben sie gelegentlich auch ihre Vorteile, wenn sie zur Erinnerung, Klärung, Bestätigung oder zum Festhalten wichtiger Dinge für die Akten dienen. Bei Aktennotizen ist die Kommunikation jedoch immer einseitig. Wer auf das Zwiegespräch Wert legt, erreicht sein Ziel schneller, leichter und effektiver, indem er zum Telefonhörer greift oder ein Thema im persönlichen Gespräch bewältigt. Überprüfen Sie Ihre Haltung zu Aktennotizen. Schauen Sie sich den letzten Monat an. Wieviele Aktennotizen waren unnötig oder zu lange? Wer seine Aktennotizen ständig unter Kontrolle hat, kann sicherstellen, daß sie nur verfaßt werden, wenn eine effektive Zeitnutzung sie erforderlich macht.

Verbesserung der Lesegewohnheiten

Manche Frauen schätzen, daß sie etwa 30 % ihrer Arbeitszeit für das Lesen aufwenden. Wenn dem so ist, verbringen Sie von den nächsten

3 *Eric Webster,* „Memo Mania“, Management Review, September 1967.

drei Jahren fast ein ganzes Jahr mit Lesen. Sicherlich ist das Lesen von *Fachliteratur* notwendig. Die meisten unter uns lesen aber mehr als notwendig und haben infolge dessen weniger Zeit für die Erledigung ihrer sonstigen Aufgaben.

Wie kann man effektiver lesen? Es lohnt sich durchaus, Lesen an andere zu *delegieren*. Sie leiten die entsprechenden Unterlagen umgehend an die entsprechenden Mitarbeiter weiter und bitten um ihren *Kurzbericht*. Das *Feedback* ist für Sie nicht nur wichtig, sondern bringt Ihnen Zeitersparnis und gleichzeitig sind Ihre Mitarbeiter gut informiert.

Sehr viel Zeit läßt sich sparen, wenn man *Schnellesen* lernt. Dafür gibt es spezielle Kurse und Bücher. Vielbeschäftigte Frauen haben uns berichtet, daß das Erlernen dieser Fähigkeit von unermeßlichem Wert für die Steigerung ihrer Produktivität und Effizienz gewesen sei. Das ist kein Wunder, denn der durchschnittliche Schnelleser hat seine Lesegeschwindigkeit meistens mehr als verdoppelt und gleichzeitig auch sein *Leseverständnis gesteigert*. Wenn jemand, der ein Drittel seiner Arbeitszeit auf das Lesen verwenden muß, seine Lesegeschwindigkeit verdoppelt, gewinnt er mehr als eine Stunde pro Tag und erhöht gleichzeitig sein Leseverständnis.

Weitere Zeit läßt sich einsparen, wenn man *selektiert* liest. Fragen Sie sich bitte selbst: „Wie stehen die Chancen, daß ich die Information aus diesem Artikel oder Buch jemals brauche?" „Wenn ich die Information jemals brauche, könnte ich sie auch auf andere Weise schnell erlangen?" Diese Fragen werden Ihnen dabei helfen, viel unnötigen Lesestoff beiseitezulegen.

Auch wenn Sie eine Zeitschrift oder ein Buch unbedingt lesen wollen, können Sie immer noch Zeit sparen. Schauen Sie sich das *Inhaltsverzeichnis* an, damit Sie einen Überblick bekommen, und lesen Sie dann nur die Abschnitte oder Kapitel, an denen Sie *tatsächlich interessiert* sind.

Neue Alternativen im Büro

Flexible Arbeitszeit: Vorteile für Arbeitnehmer und Arbeitgeber

Die flexible Arbeitszeit, die in den 60er Jahren zuerst in Westdeutschland eingeführt wurde, hat so große meßbare Vorteile für die Wirtschaft in Amerika gezeitigt, daß der Trend zur Einführung der flexiblen Arbeitszeit mit erstaunlicher Geschwindigkeit wächst. Diese Möglichkeit ist für Frauen besonders attraktiv. Für die Arbeitnehmer werden die Arbeitsbedingungen besser, und die Arbeitgeber profitieren von erhöhter Produktivität.

Jourdan Houston erläutert das Konzept: „Bei einer flexiblen Arbeitszeit wird der Tag in zwei Segmente unterteilt – Pflichtstunden oder Kernzeit, während der alle Mitarbeiter anwesend sein müssen, und flexible Arbeitsstunden auf beiden Seiten der Kernzeit."[4] Die Mitarbeiter können ihre Arbeitszeit flexibel gestalten, solange sie während der Kernzeit anwesend sind und die wöchentlich oder monatlich vereinbarte Stundenzahl ableisten. „Wenn die Kernzeit von 9.30 bis 12.00 und von 13.30 bis 16.00 Uhr besteht, kann ein Mitarbeiter an einem Tag z.B. schon um 7.00 Uhr morgens kommen oder auch bis 18.30 Uhr abends bleiben." Die an einem Tag zu wenig oder zu viel geleisteten Stunden werden in den nächsten Tagen ausgeglichen.

Natürlich ist bei einem solchen System *Kontrolle* vonnöten. Große Unternehmen kommen nicht ohne *Stechuhren* aus. *J. Carroll Swart* beschreibt in seinem Artikel ‚A Flexible Approach to Working Hours' die Vorteile und Nachteile der flexiblen Arbeitszeit und gibt Tips zur Einführung. Je kleiner die Organisation, desto einfacher kann das System sein. Die Vorteile haben sich sogar in Büros mit 3 – 4 Mitarbeitern gezeigt.

Gabor Weiner, ein in Ungarn geborener und in Belgien lebender Experte zur flexiblen Arbeitszeit hat in der Sommer-Ausgabe der ITT-Zeitschrift ‚Profile' fertige Systeme beschrieben, die man ordern

---

4 *J. Houston,* Kiwanis Magazine, März 1978.

oder auch für bis zu 1.000 Mitarbeitern adaptieren kann. Es kostet sicherlich einiges an Manager-Zeit, um dieses System in die Praxis umzusetzen. In einer großen Organisation dürfte die Einführung einiges an Kosten verursachen. Aber selbst die Zeit, die man auf die Einführung eines solchen Systems verwendet, kann zu guten Ergebnissen führen, weil die Mitarbeiter in der Lage sein müssen, füreinander einzuspringen, sich in das jeweilige Arbeitsfeld des anderen einzuarbeiten und mehr Verantwortung zu übernehmen. In Krankheitsfällen oder bei sonstigen Ausfällen kann sich dies zu einem großen zusätzlichen Vorteil entwickeln.

Die *American Management Association* hat in einer Umfrage festgestellt, daß von 196 Unternehmungen, die die flexible Arbeitszeit versuchsweise eingeführt hatten, 92 % endgültig dabei blieben. Eine Firma stellte fest, daß das Problem des zu späten Erscheinens am Arbeitsplatz oder das Warten auf das Ende der Arbeitszeit am Tagesende nicht mehr vorkam. Die Mitarbeiterfluktuation sank um 75 %, die Produktivität stieg. Da der Arbeitstag mit der Ankunft am Arbeitsplatz anfängt, kamen Verspätungen und Krankmeldungen praktisch nicht mehr vor. Das allgemeine langsame Angehen des Arbeitstages und lethargisches Verhalten nach der Mittagspause ging zurück. Die befragten Arbeitgeber berichteten allgemein von effizienterer und schnellerer Arbeit ihrer Mitarbeiter.

Daß die flexible Arbeitszeit ein Segen für die berufstätige Frau ist, die versucht, mit ihrer Doppelbelastung fertigzuwerden (Haushalt *und* Beruf *und* Kinder) liegt auf der Hand. Zu den begeisterten Befürwortern dieses Systems gehören auch *Männer,* die sich Zeit für ihre Familie, für Sport und Hobbies, für die termingerechte Fertigstellung eines Auftrags wünschen oder ihre Zeit nicht in Verkehrsstoßzeiten verschwenden wollen.

Auf der Suche nach einer Verbesserung der Arbeitsumwelt ist die flexible Arbeitszeit oder die Gleitzeit, wie sie manchmal auch genannt wird, zu einem beliebten Konzept geworden. Die meisten Anhänger sind davon überzeugt, daß die Vorteile alle Nachteile bei weitem überwiegen.

Ein zweiter Blick auf Großraumbüros

Die einst so hochgelobten Vorzüge von Großraumbüros werden heutzutage in Frage gestellt. Als Großraumbüros eingeführt wurden, sollten sie ursprünglich das Arbeitsumfeld von unteren Führungskräften und Sachbearbeitern verbessern, die in offenen, nicht unterteilten Räumen arbeiteten. Durch die Einführung niedriger, attraktiv gestalteter, beweglicher Trennwände wurde es möglich, die einzelnen Arbeitsplätze relativ abgeschlossen zu gestalten und gleichzeitig das Erscheinungsbild der Umgebung zu verbessern.

Diesem Ansatz war sofort Erfolg beschieden. Beispiel dafür ist ein großes Unternehmen in Schweden. Dort arbeiteten einst mehr als 100 Mitarbeiter in einem riesigen Raum ohne jedwede Unterteilungen. Schreibmaschinen und Rechenmaschinen ratterten den ganzen Tag und machten einen Höllenlärm. Nach der Umgestaltung war der Raum attraktiv in lärmdämpfende Bereiche aufgeteilt. Alle schienen weit genug voneinander entfernt. Alle waren offensichtlich erfreut über eine *größere Privatsphäre,* einen reduzierten Lärmpegel und die attraktive Umgebung. Der unmittelbare Erfolg dieser Idee für die unteren Führungsebenen führte jedoch unglücklicherweise zu einer vorhersagbaren Übertragung dieser Idee auch auf die höheren Führungsebenen. Bei dieser Übertragung wurde natürlich ein anderer Nutzen betont, da die höheren Führungskräfte alle schon ihre eigenen Büros hatten, deren Türen sie schließen konnten, wenn sie nicht unterbrochen werden wollten. Da man aber mehr Führungskräfte auf kleinerem Raum zusammensperren konnte, und da die beweglichen Trennwände ein wichtiges Element der Flexibilität für eine wachsende oder sich ändernde Organisation darstellten, wurden Wirtschaftlichkeit und Flexibilität zu den Hauptvorteilen erklärt.

Was aber von den Befürwortern des Konzeptes nicht diskutiert wurde, war, was sie damit den Führungskräften antaten, die nun ihre individuellen Büros um „solcher fünfseitigen Würfel“ willen aufgeben mußten.

Ihre Würfel waren meistens sehr viel kleiner als ihre vorherigen Büros (Wirtschaftlichkeit), die Trennwände waren niedrig, jeder hochgewachsene Mitarbeiter konnte über den Rand schauen (aufgrund der Klimaanlage konnte man keine höheren Trennwände stellen) und hatten erstaunlicherweise keine Türen (Wirtschaftlichkeit und leichter Zugang). Das Nichtvorhandensein von Türen werde die Kommunikation fördern, so wurde den Managern gesagt. Unglücklicherweise war dem auch so – aber mit dem falschen Ergebnis, da dadurch zufällige Besuche und Unterhaltungen gefördert wurden (zwei der Spitzenzeitverschwender für Führungskräfte weltweit). Außerdem ließen sich Telefongespräche von jedem auf der anderen Seite der fünf Trennwände mithören. Die Kommunikation wurde tatsächlich gefördert, aber die *falsche Kommunikation,* nämlich die Art von Kommunikation, die kontrolliert werden muß, aber nicht gefördert werden darf.

Die Befürworter des Systems meinten, daß für diejenigen, die Ruhe brauchten, Konferenzräume bereitgestellt würden.

Es waren aber zu wenig Konferenzräume vorhanden und es war lästig, sich dorthin zurückziehen zu müssen. So blieb vom angeblichen Nutzen nicht mehr viel übrig. Die meisten Manager, denen ihre Einzelbüros genommen wurden, meinten, wenn genügend Konferenzräume bereitstehen sollten, müßte pro Führungskraft *ein Besprechungszimmer* vorhanden sein. Das Unternehmen hätte mehr davon gehabt, wenn es bei der ursprünglichen Büroeinteilung geblieben wäre.

Wir selbst haben verschiedene Erfahrungen mit Großraumbüros gemacht. Als erstes ist das positive Erlebnis in Schweden zu nennen: Großraumbüros für Führungskräfte der unteren Ebenen. Zweitens haben wir unzählige Manager in unseren Seminaren erlebt, die dem Konzept fast alle ablehnend gegenüberstanden, weil es ihnen die Möglichkeit nehme, allein und ungestört durch andere konzentriert zu arbeiten.

Das dritte Erlebnis war vielleicht das interessanteste überhaupt. Während eines eintägigen Zeitmanagement-Seminars für das Führungsteam eines der weltgrößten Produzenten von Gestaltungseinheiten für Großraumbüros wurde das Thema während einer Sitzung angeschnitten, in der Lösungen für die Zeitfallen „unangemeldete Besucher“ und „Plauderei“ erarbeitet werden sollten. Es wurde sehr schnell deutlich, daß die große Mehrheit dieser Manager darin übereinstimmte, daß die traditionellen Büros *die* Lösung darstellen.

Das Großraumbüro ist den Führungskräften viel zu sehr angedient worden und hat zu viele Vorschußlorbeeren erhalten. Für die unteren Führungsebenen ist die Unterteilung eines großen Raums durch Stellwände durchaus von Vorteil, weil der Lärmpegel sinkt. Bei Führungskräften der höheren Ebenen aber leiden Effektivität und Motivation gleichermaßen. Wenn Wirtschaftlichkeit und Flexibilität von allergrößter Bedeutung sind, mag das Großraumbüro vielleicht gerechtfertigt sein. Wenn aber die Fähigkeit eines Managementteams zur effektiven Arbeit an erster Stelle steht – und so sollte es sein – sind die vordergründigen Vorteile auf lange Sicht viel zu kostspielig. Viele Organisationen, die solche offenen Büros eingeführt haben, gehen jetzt wieder den umgekehrten Weg. Eine Organisation gab fast $ 750.000 für die Einrichtung von Großraumbüros aus und stand dann vor einer Revolte des gesamten Führungsteams. Das Großraumbüro wurde wieder rückgängig gemacht.

Falls Ihre Organisation an die Einführung dieses Konzepts denkt, sollten Sie ausführlich mit Managern darüber sprechen, die schon ihre Erfahrungen damit gemacht haben. Sie dürfen nicht nur die Finanzleute fragen, denen an allererster Stelle an Einsparungen liegt. Schauen Sie sich dann einmal an, in wie vielen Büros Aktenschränke so versetzt worden sind, daß sie offene Gänge teilweise blockieren. Schauen Sie sich an, wo Kartons so aufeinandergestapelt wurden, daß höhere Trenn„wände“ entstanden sind oder wo Schreibtische mit der Rückseite zu offenen Türen stehen. Ziehen sie Ihre Schlüsse selbst. Dies sind Versuche, die verlorene Abgeschiedenheit zurückzugewinnen. Überlegen Sie nur, wie schwer es würde, eine „stille Stunde“ einzuhalten, wenn Sie jeden sehen müssen, der an Ihre Türe kommt, auch wenn Ihre Sekretärin oder Assistentin versucht, Sie vor Unterbrechungen abzuschirmen.

Hinzu kommt, daß einige Manager oder Gruppenleiter und Ingenieure, Architekten und Konstrukteure Wand- und auch Tischplatz brauchen, um Entwürfe oder Zeichnungen ausbreiten zu können. All diese Faktoren müssen vom Arbeitgeber berücksichtigt werden, wenn er eine Büroneugestaltung oder -umgestaltung erwägt.

Ob als Sekretärin, Personalleiterin oder Vorstandsmitglied – wir alle haben das psychologische Bedürfnis nach einem gewissen Grad von Abgeschiedenheit. Wir alle wollen den entsprechenden Platz und die entsprechenden Geräte, um den Anforderungen unserer jeweiligen Positionen mit *möglichst wenig Streß* gerecht zu werden. Für das eigene Büro mit einer Tür, die man nach eigenem Ermessen offen lassen oder schließen kann, entscheiden sich eindeutig alle, die erkennen, daß Mitarbeiter unser wichtigstes Kapital sind und daß dem Management von Zeit und Arbeitsmoral dieselbe Mühe gelten muß wie dem sparsamen Umgang mit Sachmitteln.

8. Delegation ... so heißt das Spiel

> „... auf dem laufenden sein und auf dem laufenden bleiben durch die Arbeit anderer. Die dafür übliche Bezeichnung ist Delegation. Sie ist das Rückgrat der modernen Geschäftswelt, sie ist von Vorteil für den kleinen Geschäftsmann und den Einzelnen."
>
> *Donald und Eleanor Laird*[1]

Was ist den folgenden drei Situationen gemeinsam?

1. Ein Mitglied Ihres Teams fragt Sie, welche Maßnahmen sie in einem bestimmten Fall einleiten solle. Sie erklären ihr alles, und dann fällt Ihnen ein, daß Sie ihr vor gar nicht langer Zeit ein ähnliches Problem schon einmal erklärt haben.

2. Sie merken, daß eine gerade an einen Mitarbeiter delegierte Aufgabe für Ihren Vorgesetzten besonders wichtig ist. Sie haben Angst, daß die Aufgabe nicht perfekt erledigt wird. Daraufhin bitten Sie Ihren Mitarbeiter, Sie zu informieren, ehe er Maßnahmen ergreift.

3. Sie haben beschlossen, alle Telefongespräche und alle Besucher zuerst über Ihre sehr effektive Sekretärin leiten zu lassen, die aussieben und abschirmen soll. Sie wissen, daß die Sekretärin für diese Aufgabe genügend Erfahrung mitbringt und mit Anrufern und Besuchern umgehen kann. Um Zeit zu sparen und um sofort von dieser Maßnahme zu profitieren, sagen Sie ihr, daß dieses Prinzip ab sofort gilt. Weiterhin sagen Sie ihr, daß Sie die notwendigen Erklä-

---

1 *Donald A. und Eleanor C. Laird*, The Techniques of Delegating, McGraw-Hill, New York, 1957.

rungen abgeben werden, wenn sich jemand über diese Maßnahme wundere oder ärgere.

Diese drei Beispiele hängen zwar nicht direkt zusammen, aber es durchzieht sie ein gemeinsamer Faden. In allen drei Fällen geht es um *Fehler beim Delegieren*.

Im ersten Fall werden Sie Opfer einer *Rückdelegation*. Da Sie mit Ihrem Mitarbeiter schon ein ähnliches Gespräch geführt haben und ihm auch eine ähnliche Meinung mitgeteilt haben, ist es an der Zeit, daß dieser Mitarbeiter sich nicht mehr um Antworten an Sie wendet. Der Fehler kann durchaus bei Ihnen liegen, weil Sie diese übermäßige Abhängigkeit fördern, indem Sie immer antworten, anstatt den Mitarbeiter nach seiner Auffassung zu fragen und ihn an die vorangegangene Diskussion zu erinnern.

Der zweite Fall ist typisch für *zuviel Kontrolle*. Ist die Aufgabe delegiert, sollten Sie die Methode der Ausführung dem anderen überlassen (der durchaus eine Methode entwickeln kann, die der Ihren überlegen ist). Wer von einem Mitarbeiter verlangt, sich zuerst mit dem Vorgesetzten abzusprechen, ehe er bestimmte Maßnahmen einleitet, nimmt dem Mitarbeiter die Befugnis, Maßnahmen selbst zu veranlassen, und verletzt damit das Prinzip der „Übertragung angemessener Befugnisse“ (Befugnisse müssen – um optimaler Ergebnisse willen – im richtigen Verhältnis zur jeweiligen Verantwortung übertragen werden.)

Im dritten Fall geht es um eine subtile Form der Delegation von Verantwortung ohne gleichzeitige Übertragung der *entsprechenden Befugnisse*. Daß die Sekretärin entscheidet, ob ein Telefongespräch durchgestellt oder ein Besucher vorgelassen wird, wird von niemandem erwartet. So mancher Anrufer oder Besucher wird sich wundern oder ärgern. Er zweifelt, ob die Sekretärin überhaupt zu diesem Verhalten befugt ist. Ihre Befugnis darf jedoch nicht angezweifelt werden und würde auch akzeptiert, wenn Sie wichtige Kunden oder Mitarbeiter von dieser neuen Gepflogenheit im voraus informieren würden.

Dann wird klar, daß Ihre Sekretärin so handelt, weil Sie sie darum gebeten haben. Das Ganze geschieht also auf Ihre Weisung hin, nicht auf die der Sekretärin.

Diese drei häufig vorkommenden Fälle sind nur Beispiele für die vielen verschiedenen Aspekte der Delegation. Die Delegation gehört sicherlich zu den heikelsten, kompliziertesten und am wenigsten begriffenen Zeitsparmethoden. Management heißt per definitionem auch Delegieren. Wer Management als die Verwirklichung von Zielen durch andere definiert, weiß, daß mangelhafte Delegation Versagen beim Führen bedeutet. Sie können nichts durch andere erledigen lassen, wenn Sie nicht delegieren können.

Vorzüge der Delegation

Delegieren gehört zu den wichtigsten Zeitsparmethoden. Wer dies begreifen will, braucht sich nur mit den Vorteilen der Delegation zu befassen.

1. Die Effektivitätsspanne wird größer. Sie umfaßt nicht mehr nur das, was man selbst tun kann, sondern auch das, was man durch andere erledigen lassen kann.

2. Durch Delegation wird Zeit für wichtigere Arbeiten frei.

3. Entscheidungen fallen auf der niedrigstmöglichen Ebene, und zwar dort, wo die notwendigen Informationen und die notwendigen Urteilsfähigkeiten vorhanden sind.

4. Durch Delegation werden Initiativen, Fähigkeiten, Wissen, Kompetenz und Arbeitszufriedenheit der Mitarbeiter gefördert.

Wahrscheinlich ergibt sich aus keiner anderen Führungsfunktion so viel Nutzen wie aus der Delegation. Wieviel bessere Delegationsfähigkeiten wert sind, bezeugt *Mona Carmack*, Leiterin der Stadtbücherei in Ames, Iowa: „Ich habe so gut delegieren gelernt, daß ich, wenn ich nach ein paar Tagen Dienstreise wieder an meinen Schreibtisch zurückkehre, nur ein paar Notizen und einige wenige Briefe vorfinde.“ Mit ein wenig Humor fügt sie hinzu: „Ich muß ein Namensschild tragen, damit meine Mitarbeiter wissen, daß ich immer noch die Direktorin bin."

Warum aber ist richtiges Delegieren trotz der vielen Vorzüge so selten? Dafür gibt es zweifellos viele komplizierte Gründe.

Gründe für ineffektive Delegation

Unsicherheit, Versagensangst und *zu wenig Vertrauen* in andere hält viele Frauen vom Delegieren ab. Dieses Phänomen tritt seltsamerweise auch bei solchen Menschen auf, deren Fähigkeiten und Fertigkeiten denen der Mitarbeiter, an die sie die Aufgabe hätten delegieren können, nicht gleichkommt. Gerade Frauen meinen oft: „Was ich selbst tue, wird richtig getan, und ich weiß, daß die Sache richtig erledigt ist." Man braucht sich keine Gedanken um eventuelle Fehler eines anderen zu machen, man braucht sich nicht zu sorgen, daß die Sache weniger effektiv erledigt wird, als man wollte, oder gar zu spät erledigt wird. Wir alle fallen von Zeit zu Zeit diesem „Do-it-yourself"-Syndrom zum Opfer. Vielleicht handelt es sich hier um eine spezifisch weibliche Schwäche. Im Haushalt ist es nämlich meistens die Frau, die schließlich doch alles selber erledigt, um sich den Umstand zu ersparen, jemand anders dazu bringen zu müssen, etwas zu tun.

Ein weiterer Grund für mangelnde Delegationsfähigkeit liegt darin, daß die meisten Frauen sich wohler fühlen, wenn sie etwas tun, sie wollen lieber ausführen als führen. Weibliche Führungskräfte neigen ganz besonders dazu, weil ihnen im Vergleich zu den Männern meistens die Führungserfahrung fehlt. Seit Jahrhunderten herrscht das Bild vor, daß Frauen die Anweisungen oder Ideen von Männern ausführen, nicht aber selbst Anweisungen geben.

Auch überragende Qualifikationen, Ich-Betontheit und Ehrgeiz können dem richtigen Delegieren im Wege stehen. Jeder will Erfolg haben. Folglich tun wir alle lieber das, was wir gut können. So ein perfektionistischer Ansatz kann leicht zu solch hohen Normen führen, daß wir schließlich vieles selbst tun müssen, weil sonst niemand unsere übermäßig hohen Erwartungen erfüllen kann.

Viele Frauen wissen nicht, wann und wie kontrolliert werden muß. Sie haben Angst, die Kontrolle zu verlieren, falls sie delegieren. Diese Angst verstärkt sich noch, wenn sie zu wenig Vertrauen in ihre Mitarbeiter haben und eigenes Versagen fürchten. Viele Frauen sind praktisch gelähmt, wenn sie etwas an andere delegieren sollen.

Wenn keine regelmäßigen *Zwischenberichte* verlangt werden, werden viele delegierte Aufgaben nicht richtig erledigt, und Fehler werden erst dann entdeckt, wenn es für Korrekturmaßnahmen schon zu spät ist. Auf der anderen Seite wirken zu viel Kontrollen und zu viel Detailfragen demotivierend. Die Mitarbeiter haben kein Interesse mehr an effektiver Erledigung der ihnen übertragenen Aufgaben. Häufig wird beim Delegieren auch der Fehler begangen, daß zwar die Verantwortung, nicht aber auch die entsprechenden *Befugnisse* delegiert werden. Allerdings fällt dieser Fehler häufig nicht einmal auf. Die Sekretärin, die von ihrem Chef gebeten wird, ihn vor Telefongesprächen abzuschirmen, und der Chef, der die Betroffenen von dieser Absicht nicht unterrichtet, sind nur ein Beispiel aus Dutzenden. Die Verantwortung wurde zwar übertragen, nicht aber auch die zur Ausführung notwendigen Befugnisse, da der Vorgesetzte die Betroffenen nicht informiert hatte, was auf sie zukam.

Der wohl interessanteste Delegationsfehler tritt auf, wenn Delegation nach oben oder die Rückdelegation unwillkürlich von Führungskräften gefördert wird. Die zuständige Vorgesetzte erwartet häufig, daß ihre Mitarbeiter mit allen Fragen zu ihr kommen. Je mehr sie darauf besteht, desto abhängiger werden die Mitarbeiter, so daß sie schließlich Angst haben, Entscheidungen selbst zu treffen und lieber den sehr viel bequemeren Weg gehen und alle Probleme zur zuständigen Vorgesetzten tragen. Auch eine gegenüber den Mitarbeitern ausgesprochene Meinung wird als Entscheidung genommen oder hat eine entscheidungsähnliche Wirkung, weil sie mit ihrer Meinung einen übermäßigen Einfluß auf die Entscheidungen ihrer Mitarbeiter ausübt.

Das wohl am schwierigsten zu lösende Delegationsproblem in einer Organisation tritt auf, wenn der Unternehmensleiter von seinen direkten Mitarbeitern verlangt, über *alle Details* Bescheid zu wissen. Autokratisch führende Vorgesetzte sind für diese fordernde und unvernünftige Erwartung bekannt. Wer die Erwartung seines Vorgesetzten erfüllen muß, jederzeit alle Fragen genau zu beantworten, kann es kaum riskieren, überhaupt etwas zu delegieren. Ähnlich verhält es sich mit folgendem Fehler solcher Vorgesetzten: Sie verlangen, daß ihre Mitarbeiter alle Telefongespräche selbst annehmen, obwohl es vernünftiger wäre, sich vor Anrufen durch eine kompetente Sekretärin oder Assistentin (was die meisten effektiven Manager tun) abschirmen zu lassen.

Wer zu wenig oder fachlich nicht kompetente Mitarbeiter hat, wird leiden, weil er nicht genügend delegieren kann.

Auch Unsicherheit in bezug auf die Aufgaben und die Unfähigkeit, die entsprechenden Arbeiten zu erklären, gehören zu den Ursachen ineffektiver Delegation. Kein Wunder, daß eine Führungskraft in solchen Situationen zögert, ehe sie delegiert. Wenn Anweisungen nicht klar formuliert werden, entstehen Mißverständnisse. Häufig wird es versäumt, *Rückmeldung* zu verlangen. So kommt es, daß viele Aufgaben, die ursprünglich mit der Erwartung zuverlässiger Ausführung delegiert wurden, nur unzulänglich erledigt werden.

Ein seltener Grund für die mangelnde Delegationsfähigkeit, gleichzeitig aber ein Grund, der ganz besonders Frauen betrifft, ist die Furcht davor, eine gute Mitarbeiterin zu sehr zu fördern, so daß sie zur *Konkurrenz* zu werden droht. Das liegt teilweise daran, daß relativ wenige Frauen auf die höheren Führungsebenen befördert werden, wobei manche höhere Positionen erlangen, als ihren Qualifikationen entspricht. Diese Frauen fühlen sich oft durch ihre eigenen Mitarbeiter bedroht. Weil dieses Gefährdungsgefühl besteht, kommt es vor, daß weibliche Führungskräfte nicht delegieren oder ihre Mitarbeiter nicht fördern.

Ein weiterer Faktor, der die erfolgreiche Delegation behindert, ist die Unfähigkeit überlasteter Mitarbeiter, einen Teil ihrer Arbeit abzugeben, was umgekehrt heißt, daß sie keine weitere Führungsverantwortung übernehmen können. Ein Mensch, der ohnehin schon 12 bis 14 Stunden täglich arbeitet, ist sicherlich kein Kandidat für die Übernahme zusätzlicher Führungsverantwortung. In Wohlfahrtsorganisationen kommt es häufig vor, daß Angestellte und ehrenamtliche Mitarbeiter zu viel Verantwortung tragen müssen. Die Effektivität sinkt, weil die Arbeitsmoral abnimmt, weil alle versuchen, zu viel auf einmal zu erledigen und weil dauerndes Krisenmanagement nötig wird.

Die angegebenen Gründe für ineffektive Delegation sollten selbst den skeptischsten Menschen davon überzeugen, daß die Delegation tatsächlich zu den heikelsten, kompliziertesten und am wenigsten begriffenen Managementfunktionen gehört. *Charles Percy*, der bekannte US-Senator, war vor seiner Wahl in den Senat Präsident von Bell & Howell. Er wurde zum Opfer seiner mangelhaften Delegationsfähigkeiten. „Ich war so mit Aufgaben beschäftigt, die ich eigentlich hätte delegieren sollen, daß mir keine Zeit für das eigentliche Management blieb“[2].

Schritte auf dem Weg zu erfolgreicher Delegation

Die Delegation ist so grundlegend für effektives Management im häuslichen und beruflichen Bereich, daß es nicht überrascht, wenn für die erfolgreiche Delegation ähnliche Regeln gelten wie für effektives Management. Wir fassen zusammen:

1. Ziele klären und mit Prioritäten versehen, damit die Arbeit in die richtige Richtung geht.
2. Entscheiden, welche dieser Ziele von anderen verfolgt werden können, um Zeit für die Prioritäten zu gewinnen, die Sie selbst erledigen müssen.
3. Die besten Mitarbeiter auswählen; dafür sorgen, daß die Mitarbeiter entsprechend ihren Fähigkeiten den jeweiligen Aufgabenanforderungen gewachsen sind.

---

2 Zitiert in: *Joseph Cooper*, How to Get More Done in Less Time, rev.ed., Garden City; Doubleday, 1971.

4. Die zur Delegation anstehenden Aufgaben organisieren, koordinieren und Delegation ausführen.

5. Klare Anweisungen geben und Rückmeldung verlangen, damit Verständnis und Motivation gesichert sind.

6. Termine setzen und regelmäßig Zwischenberichte vorlegen lassen, damit – falls nötig – Korrekturmaßnahmen rechtzeitig eingeleitet werden können.

In Kapitel 5 haben wir die Notwendigkeit klarer Ziele und Prioritäten erörtert. Ohne sie sind zielgerechte Bemühungen unmöglich. Wer keine Zielrichtung hat, verschwendet Zeit und Mühe. Außerdem bleibt ungewiß, was wirklich wichtig ist, was wirklich unbedingt erledigt werden muß und was folglich delegiert werden müßte. Praktisch alle Führungsfunktionen sind auch Delegationsfunktionen. Man braucht nicht nur klare Ziele und Pläne, ehe man entscheidet, was zu delegieren ist, sondern muß auch die zu delegierenden Aufgaben organisieren, – z.B. Mitarbeiter, Arbeitsmittel, Arbeitsplatz, Finanzierung. Anschließend müssen die geeigneten *Delegationsempfänger* ausgewählt werden (Stellenbesetzung), danach ist die Aufgabe mit Hilfe klar formulierter Anweisungen zu übertragen. Der Fortgang der Arbeit ist zu steuern und zu überwachen. Man muß vorher festlegen, zu welchen Terminen Zwischenberichte vorzulegen sind. Voraussetzung für alle Einzelschritte sind rationale Entscheidungen.

Dieser Prozeß funktioniert im häuslichen Bereich genauso wie in der Arbeitswelt. Auch im häuslichen Bereich muß die Arbeitseinteilung organisiert werden. Man muß planen, welche Materialien für die Gartenpflege benötigt werden und muß das Benötigte rechtzeitig besorgen. Es ist festzustellen, *welches Familienmitglied* sich für die Erledigung *welcher Aufgabe* eignet. Die Anweisungen müssen *spezifisch* sein (der Sohn einer der beiden Autoren, damals 9 Jahre alt, hätte beinahe eine Fichte umgebracht, weil er die Ermahnung seines Vaters zu ernst genommen hatte: „Fritz, der Baum muß beschnitten werden, tu's“. Der Baum wurde nicht nur beschnitten, sondern auf etwa die Hälfte seiner ursprünglichen Größe zurückgeschnitten). Das

Projekt Gartenpflege muß von Zeit zu Zeit in bezug auf den Arbeitsfortgang überprüft werden. Außerdem muß man rational entscheiden, wie z.B. der Rasen gedüngt oder wann er gemäht und gesprengt werden soll.

Eine für Seminarentwicklung zuständige Führungskraft faßte für uns zusammen, wie sie delegiert: „Für mich heißt Delegation feststellen, wer für welche Aufgaben die nötigen Fähigkeiten hat, klare Anweisungen geben (und vielleicht auch unterweisen – wenn nötig) und genaue Vorstellungen zum Projektablauf und zur Projekterledigung entwickeln.“ Führen ist immer ein Prozeß, ist immer eine Folge von miteinander zusammenhängenden Tätigkeiten, und unter diesen verschiedenen Tätigkeiten ist die Delegation eine der anspruchvollsten und lohnendsten überhaupt.

9. Störungen ausschalten

„Zeit ist ein Schneider, der sich auf Änderungen spezialisiert hat."

Faith Baldwin

Störungen kosten Zeit

In drei verschiedenen Untersuchungen zur Zeitnutzung wird bestätigt, daß Führungskräfte im Laufe eines Arbeitstages durchschnittlich alle 8 Minuten einmal gestört werden[1]. Die meisten Manager wissen zwar, daß diese Störungen ein Problem darstellen, erleiden aber dennoch einen Schock, wenn sie nach Führen eines Zeit-Tagebuches feststellen, wie sehr ihr normaler Arbeitstag in unzählige Bruchstücke zerrissen wird.

In unseren Untersuchungen zu den verschiedenen Zeitfallen haben wir festgestellt, daß die Mehrheit der Zeitfallen in Form von *Störungen* auftritt. In der folgenden Aufstellung der weltweit meist genannten Zeitfallen haben wir die augenfälligen Störungen mit einem Sternchen und die impliziten Störungen mit zwei Sternchen versehen:

* Störungen durch das Telefon
* Krisen
Fehlende Ziele, Prioritäten, Planung
* Unangemeldete Besucher
** Ineffektive Delegation
** Versuch, zu viel auf einmal zu tun

---

1 *Sune Carlson*, Executive Behavior: A Study of the Workload and Working Methods of Managing Directors, Strombergs, Stockholm, 1951; *Stewart, Rosemary*, Managers and Their Jobs, Pan Books Limited, 1967; *Luijk, D.H.*, Waar Blijft de Tijd van de Directeur?, N. Samson n.v. – uitgeyer – Alhpen aan den Rijn.

* Besprechungen
* Mangelnde persönliche Organisation, überhäufter Schreibtisch.

In den vorhergehenden Kapiteln haben wir schon erörtert, daß sehr viel Zeit verschwendet wird, wenn man seine eigenen Ziele und Prioritäten nicht klar erkennt oder wenn man sich selbst nicht organisiert. Fast genauso viel Zeit wird durch Störungen unnötig vertan, es sei denn, man findet Mittel und Wege, um sie unter Kontrolle zu bringen.

Störungsursachen

Oberflächliche Korrekturen nützen nicht viel, man muß schon die *wahren Ursachen* finden. Mit einer Schnellösung lassen sich zwar die vordergründigen Ursachen ausschalten, aber die tieferliegenden, entscheidenden Faktoren bleiben bestehen oder werden sogar noch schlimmer. Ein Beispiel: Nur ein unprofessioneller Manager wird bei angeordneten Sparmaßnahmen die Gelder für alle Projekte um einen einheitlichen Prozentsatz kürzen, d.h. die besten Programme werden genauso behandelt wie die schlechtesten. Ein effektiver Manager hätte die schlechtesten Programme ganz gestrichen und die Gelder für die aussichtsreichsten Programme erhöht.

Bei näherer Überprüfung zeigt sich, daß die verschiedenen Störfaktoren in zwei Gruppen eingeteilt werden können. Wenn wir von Störungen sprechen, denken wir häufig zuerst und ausschließlich an *extern erzeugte* Unterbrechungen. Darunter fallen z.B. Telefongespräche, die eine Konferenz oder die Konzentration stören, der zufällige Besucher aus dem Büro nebenan, der sich die Zeit ein wenig vertreiben will, die unerwartete Krise, weil andere etwas übersehen haben, die plötzlich angesetzte Besprechung usw.

Wir werden uns später noch damit befassen, wie solche externen Störungen auch durch das eigene Verhalten gefördert werden können (wenn man seine Tür beispielsweise immer offenstehen läßt). Im Augenblick soll es uns um Störungen gehen, die durch das Tun anderer entstehen, Ereignisse, die auf den ersten Blick außerhalb des eigenen Kontrollbereiches liegen oder extern erzeugt werden.

Eine weitere Gruppe von Störungen wird vom Betroffenen *selbst veranlaßt*. Der Vielbeschäftigte stört sich selbst in seiner Arbeit, wenn es liegengebliebene Arbeit gibt, wenn er nicht ‚nein' sagen kann, wenn er sich nicht entschließen kann, was zu tun ist oder wenn ihm Ordnung und Selbstdisziplin fehlen. All diese selbst verursachten Faktoren wirken sich störend auf die Arbeit aus.

Bei der Suche nach spezifischen Ursachen für diese Störfaktoren stellen wir wiederum fest, daß manche von außen und manche von innen kommen.

Unter den Ursachen für extern veranlaßte Störungen ist die Arbeit in einem besonders *krisenanfälligen Umfeld* oder ein zu neugieriger, zu viel kontrollierender oder unsicherer Vorgesetzter zu nennen. Häufig gestört wird auch, wer keine Sekretärin oder Assistentin hat, mit unselbständigen oder unqualifizierten Mitarbeitern oder einer unzulänglichen Telefonanlage auskommen muß. Mit externen Störungen muß auch rechnen, wer seinen Arbeitsplatz in der Nähe von Eingängen, von Getränkeautomaten oder in der Nähe der Toiletten hat.

Zu den wichtigen intern veranlaßten Störungsursachen zählen die Ich-Bezogenheit (nur *ich* kann die Fragen meiner Mitarbeiter beantworten), Angst davor, jemanden zu verletzen (wenn ich mich beispielsweise nicht selbst am Telefon melde), der Anspruch, immer da zu sein (rufen Sie mich an, Sie können jederzeit bei mir vorbeikommen) und die eigene Neigung, sich gerne unterbrechen zu lassen, weil man keine große Aufmerksamkeitsspanne hat, unsicher ist oder seine Arbeit nicht mag.

Die Bedeutung von Prinzipien

Wer als Frau Unterbrechungen unter Kontrolle bringen will, muß nicht nur wissen, was zu tun ist, sondern muß auch die Gründe dafür kennen. Wenn sich die *Umstände* ändern, wird sie auch in der Lage sein, ihre *Maßnahmen* zu revidieren oder an die neue Situation anzupassen. Wer die Grundprinzipien kennt, wird immer Erfolg haben und für andere Probleme andere Lösungen entwickeln.

Das Prinzip der geplanten Unerreichbarkeit

Dieses Prinzip wurde speziell zur Bewältigung von Unterbrechungen entwickelt. Wer Zahl, Dauer und Auswirkung von Störungen verringern kann, wird auch seine Leistung verbessern. Mit folgenden Techniken lassen sich eine Reihe von Störungen unter Kontrolle bringen. Telefongespräche und Besucher abblocken, Aufgaben zu Ende führen, ehe man sich unterbrechen läßt, prüfen, ob Störungen berechtigt sind, indem man fragt, „Kann das warten?“ oder „Kann das vielleicht jemand anders erledigen?“ und Zeitblöcke planen, in denen man für niemanden erreichbar ist, z.B. durch Einführung einer „stillen Stunde“ oder indem man sich in ein abgelegenes Büro zurückzieht.

Frauen müssen sich bestimmte *Zeitblöcke* reservieren, in denen sie sich ungestört *konzentrieren* können. Wer fälschlicherweise meint, immer erreichbar sein zu müssen, öffnet Mißbräuchen Tür und Tor. Wer seine Tür ständig offenstehen läßt, lädt damit jeden Vorbeikommenden ein, kurz hereinzuschauen – im Büro sind es die Kollegen – zu Hause die Mitglieder der Familie und Nachbarn – egal ob ihr Anliegen wichtig oder unwichtig ist.

Das Prinzip der Tyrannei des Dringenden

Die meisten Frauen leben in ständiger Spannung zwischen dem *Dringenden* und dem *Wichtigen*. Dringendes muß sofort bewältigt werden, und dabei wird das Wichtige vergessen. Sie fühlen sich durch lauter dringende Sachen tyrannisiert, reagieren unwillkürlich auf den augenblicklichen Druck und vergessen dabei die langfristigen Folgen wichtiger, wenn auch nicht so dringender Aufgaben, die dadurch erunerledigt bleiben.

Das Prinzip der Unentschlossenheit

Wenn der Punkt erreicht ist, an dem eine Entscheidung getroffen werden muß, werden viele Frauen (ohne ersichtlichen Grund) plötzlich unsicher, schieben die Entscheidung hinaus oder lehnen es rundweg ab, zu entscheiden. Unentschlossenheit ist die Entscheidung, nicht zu entscheiden. Damit wird jedoch wie bei der Trödelei die endgültige Entscheidung nur aufgeschoben, die nächste Unterbrechung ist schon vorprogrammiert, wenn der Entscheidungspunkt wieder erreicht worden ist. Wir müssen unbedingt erkennen, daß es für uns *lebenswichtig* ist, zu einer *Entscheidung* zu kommen. Das ist nämlich die Gegenmaßnahme gegen Zögern, Schwanken und Trödelei. Auf der anderen Seite wissen wir aber auch, daß Entscheidungen nicht hastig, impulsiv oder unüberlegt getroffen werden dürfen, denn auch dies führt später zu Unterbrechungen, wenn *Korrekturmaßnahmen* eingeleitet werden müssen. Gewöhnen Sie sich so viel Disziplin an, daß Sie die entscheidenden Faktoren sammeln und dann ohne weitere Verzögerung entscheiden.

Denken Sie bitte auch daran, daß Entscheidungen immer auf der *niedrigstmöglichen Ebene* getroffen werden müssen, nämlich dort, wo die entsprechenden Informationen und das entsprechende Urteilsvermögen vorhanden sind. Auch so läßt sich Führungszeit einsparen. Diese Theorie gilt auch für die Familie.

Man sollte den Kindern so viele Entscheidungen wie möglich überlassen, sofern sie auf ihrer Ebene die entsprechende Information und das entsprechende *Urteilsvermögen* besitzen.

Das Prinzip der Verzögerungstaktik

Entscheidungen zu verzögern, aufzuschieben oder sich ganz davor zu drücken, kann zu einer *kostspieligen Angewohnheit* werden. Man verliert damit Zeit, läßt Chancen ungenutzt vorübergehen, vergrößert den Termindruck und erzeugt Krisen. Wie die Unentschlossenheit führt auch die Trödelei früher oder später wieder zu einer Unterbrechung, wenn nämlich die Entscheidung getroffen oder die Maßnahme ergriffen werden muß. Sie müssen sich also soviel Disziplin angewöhnen, daß Sie umgehend Maßnahmen ergreifen oder Entscheidungen treffen.

Wer die entsprechenden Führungsprinzipien begriffen hat, weiß dann auch, daß er sich nicht nur für die augenfällige, sondern auch für die *richtige* Lösung eines Problems entschieden hat. Welche Geschäftsfrau, welche Hausfrau hat nicht schon einmal gedacht, wie schön es wäre, wenn sie ihre Tür schließen könnte, so daß sie ihre Arbeit ohne dauernde Unterbrechungen erledigen könnte. Wer das Prinzip kennt, daß Störungen ausgeschaltet werden müssen, weiß auch, daß es richtig ist, bei Telefongesprächen und unangemeldeten Besuchern eine Grenze zu ziehen und hegt wegen der Anwendung dieses Prinzips auch keine Schuldgefühle. Das Prinzip der „offenen Tür" soll doch nur ein Zeichen sein, daß der Zugang möglich ist. Es steht nirgendwo, daß die Tür auch tatsächlich immer offen sein muß. Die Politik der offenen Tür läßt sich durchaus je nach Situation flexibel gestalten.

Acht Schritte zur Überwindung von Unterbrechungen

Manche Lösungen für das Problem Unterbrechungen sind so eng mit weiteren Aspekten des Zeitmanagement verknüpft, daß wir uns in eigenen Kapiteln damit befassen. Zur Verstärkung wollen wir hier aber die wichtigsten nennen:

1. *Führen Sie für jeden Arbeitstag eine ‚stille Stunde' ein.* Wer seine Tür ständig offenstehen läßt, lädt damit die Kollegen ein, ihn besuchen zu kommen. So gewinnt man Geltung als kooperationswilliges, reaktionsfreudiges Mitglied des Teams... Vielleicht wäre es aber besser, die Tür auch einmal zu schließen, damit Sie Ruhe haben, um Ihre Arbeit zu erledigen? Müssen Sie zu Hause ständig jedem zur Verfügung stehen?

Noch vor einigen Jahren herrschte die Überzeugung, daß Frauen immer auf Anforderung zur Verfügung stehen müßten, und viele Organisationen haben die Politik der offenen Tür sowohl für ihre männlichen als auch für ihre weiblichen Führungskräfte eingeführt. Wer Teammitglied war, war auch immer verfügbar.

Leider ist es ein Mythos, daß die Politik der offenen Tür bessere Führungsfähigkeiten hervorbringt oder die Effektivität steigert. Sie kann sie im Gegenteil sogar zerstören, wenn sie willkürlich angewandt wird. Aus Experimenten geht hervor, wie schwierig es für einen Menschen ist, an der offenen Tür eines Freundes oder Kollegen vorbeizugehen, ohne zu grüßen. Der Durchschnittsmensch freut sich über *sozialen Kontakt*. Der Durchschnittsmensch ist *neugierig* auf die letzten Neuigkeiten, hat Angst davor, andere zu verletzen oder will bei anderen beliebt sein – damit wird die offene Tür im Grunde zu einer Bedrohung für effektives Management. *Mark Dundon*, früherer Verwaltungschef des St. Charles Hospital in Toledo, hat die Auswirkung der Politik der offenen Tür auf seine Verwaltungsmitarbeiter untersucht. Aus einer Bewertung ihrer Zeittagebücher ging hervor, daß aufgrund von ungeplanten Unterbrechungen, die sich aus dieser Politik der offenen Tür ergaben, jeder Mitarbeiter durchschnittlich eineinhalb Stunden pro Tag an Zeit verschwendete. Eine Abänderung dieser Politik und eine *Vorausplanung* der Besprechungen brachte jedem Mitarbeiter täglich mehr als eine Stunde Zeitgewinn, weil endlich unnötige Störungen ausgeschaltet waren.

Die Experten sind sich darin einig, daß man – wenn irgend möglich – eine bestimmte Zeit des Tages für sich allein haben muß. Suchen Sie sich einen Zeitraum aus, den Sie zur *‚stillen Stunde'* oder zur *‚Stunde der geschlossenen Tür'* erklären. Damit gewinnen Sie ein Stück ungestörte Zeit, während der Sie nachdenken, planen oder eine Aufgabe von höchster Priorität erledigen können. Teilen Sie Ihren Kollegen und Mitarbeitern mit, daß Sie während dieses Zeitraums unter keinen Umständen gestört werden dürfen, es sei denn, es handelt sich um einen *Notfall*. Wenn Mitarbeiter und Kollegen diese Information haben, kann im Grunde genommen alles, was mit ihnen besprochen werden muß, vor oder nach dieser ‚stillen Stunde' erledigt werden. Wer eine Sekretärin hat, kann sie anweisen, Telefongespräche nur entgegenzunehmen und dem Anrufer mitzuteilen: „Ja, sie ist im Haus, aber zur Zeit nicht erreichbar. Kann ich etwas für Sie tun, oder kann sie sie wieder zurückrufen?" Einige Manager haben uns berichtet, daß sie durch diese tägliche ‚stille Stunde' so viel erreicht haben, daß sie sogar eine zweite ‚stille Stunde' eingeführt haben.

Sekretärinnen, die das Glück haben, sich mit einer Kollegin absprechen zu können, haben uns erzählt, daß sie praktisch Wunder vollbracht haben, indem sie sich gegenseitig eine ‚stille Stunde' ermöglichten. Die eine nimmt alle Telefongespräche an und fängt alle Störungen ab, so daß die andere während dieser Zeit aufarbeiten oder dringende Terminarbeiten für ihren Chef erledigen kann. Hausfrauen können ihre Freunde bitten, zu bestimmten Tageszeiten nicht anzurufen (wir kennen eine Hausfrau, die ihren Freunden gesagt hat, vor 12.00 Uhr mittags habe sie keine Zeit für einen Plausch am Telefon).

Es gibt auch Mütter, die ihren Kindern beigebracht haben, daß sie zu bestimmten Tageszeiten nicht stören dürfen. Diese Zeit habe sich Mutter für sich selbst reserviert.

Bei Einführung einer ‚stillen Stunde' kann man Arbeiten, auf die man sonst drei Stunden verwendet, in einer einzigen erledigen, sofern man sie *gut organisiert* hat. Im Verhältnis zur investierten Zeit gibt es keine Technik, die die Effektivität einer Frau noch mehr erhöht. Die tägliche Zeitersparnis beträgt bis zu zwei Stunden.

2. *Einen Filter gegen Störungen durch Telefongespräche und Besucher einschalten*. Schalten Sie Ihre Sekretärin als Filter ein. Sie nimmt Telefongespräche entgegen und empfängt Besucher. Häufig kann sie die gesuchten Antworten schneller vermitteln und gleichzeitig ihrem Vorgesetzten Zeit einsparen. Bei Notfällen und bei sehr wichtigen Besuchern gelten natürlich andere Regeln, aber bei Routineanrufen oder -besuchern sollte die Sekretärin oder ein Mitarbeiter ausreichend qualifiziert sein, um die Fragen selbst beantworten zu können oder sich um die Beantwortung zu bemühen und anschließend zurückzurufen. Eine fähige Sekretärin wird die Antwort normalerweise sehr viel schneller weitergeben; wer auf die persönliche Antwort des Chefs wert legt, muß länger warten. Diese Maßnahme bringt vielen Führungskräften ein bis zwei Stunden Zeitersparnis pro Tag, ohne daß sie damit jemanden *verletzen*. Natürlich muß man seinen Kollegen oder Kunden mitteilen, daß die Sekretärin die *Vollmacht* hat, ihre Fragen zu beantworten und daß sie entsprechend qualifiziert

ist. Die Sekretärin oder Empfangsdame sollte in der Nähe des eigenen Büros sitzen, damit sie zufällig vorbeikommende Besucher abfangen kann: „Guten Tag, Herr Braun, was kann ich für Sie tun?“ ist ein hervorragender Eröffnungssatz, denn damit kommt sie sofort und höflich zur Sache. Die Sekretärin wird zweifellos in der Lage sein, viele Fragen des hartnäckigen Zufallsbesuchers zu beantworten.

Wenn dann für Sie Zeit und Stunde gekommen sind, Ihre Rückrufe zu erledigen, dürfen Sie sich auch in dieser Tätigkeit nicht unterbrechen lassen. Sie sollten dann alle ihre Telefongespräche erledigen, damit Sie ein Erfolgserlebnis haben (Mary Kay Ash hat eine kleine Drei-Minuten-Sanduhr in der Nähe ihres Telefons stehen. „Ich schreibe auch genau auf, welche Punkte ich in einem Telefongespräch erledigen will,“ sagt sie uns).

3. *Lernen ‚nein‘ zu sagen, ohne beleidigend zu wirken*. Diese Technik gilt für fast alle Störungen. Die endlosen Bitten anderer um Hilfestellung oder Information zu Projekten, auf die eine Frau nicht immer sofort reagieren kann, erfordern eine Art von Abwehrmechanismus, der aber nicht beleidigend wirken darf. Schauen Sie sich noch einmal die drei Schritte beim Neinsagen (aus Kapitel 3) an. Wer diese Schritte beherzigt, wird sicherlich niemanden verletzen oder beleidigen:

a) *Zuhören*, um sicherzustellen, daß Sie die Bitte auch verstanden haben und dem anderen Sympathie entgegenbringen.

b) *Sofort nein sagen*, um Zweifel und Schuldgefühl von vornherein auszuschalten.

c) *Gründe angeben*, so daß die Antwort akzeptiert werden kann.

d) *Alternativen nennen*, um den guten Willen zu beweisen. Beispiel: Herr A., ich verstehe durchaus, warum Sie mich bei der Besprechung um 16.00 Uhr dabei haben wollen. Es tut mir leid, aber ich kann unter keinen Umständen anwesend sein. Ich muß bis heute nachmittag ein Projekt fertigstellen. Wenn Sie möchten, sage ich Ihnen meine Meinung zu den Vorschlägen jetzt, dann kennen Sie meine Position.“ Wenn Sie gerade an einer wichtigen Aufgabe sitzen, können Sie auch einen Besprechungstermin für den nächsten Tag ausmachen.

4. *Delegieren.* Viele Unterbrechungen ergeben sich aus der Unfähigkeit, effektiv zu delegieren. Unklare Anweisungen führen beispielsweise später zu Störungen, weil Klärungen oder Korrekturmaßnahmen erforderlich sind. Wer an inkompetente oder unqualifizierte Mitarbeiter delegiert, steht vor demselben Dilemma. Bei einem Delegationsversagen wird auch derjenige, der als Filter eingeschaltet und für das Abwehren von Störungen verantwortlich ist, nicht in der Lage sein, den Fragesteller an andere zu verweisen.

5. *Sie müssen sich nicht um alles kümmern!*

a) *Konferenzen und Besprechungen.* Nehmen Sie nur teil, wenn Ihre Anwesenheit unbedingt erforderlich ist und auch dann bitte nur so lang wie unbedingt nötig (s. Kapitel 10). Durch Nichtteilnahme an einer unnötigen Besprechung schalten Sie eine unnötige Störung aus ... die sehr viel länger dauern kann, als vorauszusehen ist.

b) *Krisen.* Nicht unmäßig reagieren. Nicht jedes Problem ist eine Krise. Ignorieren Sie die Krisen, die ihren Höhepunkt überschritten haben. Zu viel Aufmerksamkeit zum falschen Zeitpunkt heißt Öl in die Flammen gießen. Delegieren Sie, wenn andere die Krise bewältigen können. Mischen Sie sich nur dann ein, wenn Ihre Anwesenheit unbedingt erforderlich ist, und auch dann nur im notwendigen Ausmaß.

c) *Routine und Details.* Nichts selber tun, was delegiert werden kann. Lassen Sie sich nicht in Routineangelegenheiten und Detailfragen verwickeln.

d) *Schon delegierte Aufgaben.* Wer eine Aufgabe einmal delegiert hat, darf sie nicht zurücknehmen oder sich doch noch selbst darum kümmern, es sei denn, es wird unbedingt notwendig. Lassen Sie keine Rückdelegation zu.

6. *Angefangene Aufgaben zu Ende bringen.* Wer eine Aufgabe beiseite schiebt und etwas anderes anfängt, hat sich selbst unterbrochen.

Legen Sie möglichst keine Aufgabe unerledigt beiseite. Zum Wiedereinarbeiten brauchen Sie mehr Zeit. Besser ist es, ein Projekt im ersten Anlauf so schnell wie möglich zu erledigen. Widerstehen Sie der Versuchung, Aufgaben unerledigt liegenzulassen.

7. *Vorgänge nur einmal in die Hand nehmen.* Was sich sofort erledigen läßt, sollte auch sofort erledigt werden. Schieben Sie die Vorgänge nicht auf dem Schreibtisch hin und her.

80 % der Ihnen zu Gesicht kommenden Unterlagen lassen sich schon beim ersten Mal erledigen. Die Durchschnittsfrau erledigt aber nur 20 % der auf sie zukommenden Unterlagen gleich beim ersten Mal. So werden Unentschlossenheit und Trödelei ermuntert. Der Schreibtisch wird immer voller. Briefe und Aktennotizen werden von einem Stoß auf den anderen gelegt. Man nimmt den ganzen Papierkram in seiner Aktentasche mit nach Hause und bringt die Aktentasche ungeöffnet wieder zurück. Unterlagen gehen verloren. Durch die Suche nach Unterlagen verliert man mehr und mehr Zeit.

8. *Den Schreibtisch leer halten.* Die kostspieligste Zeitfalle besteht wohl aus all den Dingen, die man auf dem Schreibtisch läßt, damit man sie nicht vergißt. Jedesmal, wenn der Blick auf sie fällt, denkt man wieder daran. Wie wir schon in Kapitel 7 erwähnt haben, wird die Konzentration gestört, die Kontinuität geht verloren. Die Frustration wird immer größer, weil die Stöße mit unerledigter Arbeit wachsen und wachsen. Sie kontrollieren nicht mehr Ihre Arbeit, sondern Ihre Arbeit kontrolliert Sie. Wer 80 % aller Unterlagen schon beim ersten Ansehen erledigen könnte, tatsächlich aber nur 20 % dieser Unterlagen bearbeitet, ist nur zu 25 % effektiv.

Zu wenig Zeit oder zu viele Störungen?

Sie haben alle Zeit, die es überhaupt gibt. Warum planen Sie dann nicht so, daß diese Zeit auch reicht? Sorgen Sie dafür, daß die Ihnen zur Verfügung stehende Zeit genügt, um die wichtigen Dinge, die tatsächlichen Prioritäten, erledigen zu können. Sie müssen erkennen, welche Macht von Störungen ausgeht, die Ihnen die Zeit stehlen. Wer

Störungen unter *Kontrolle* bringt, kann bis zu zwei Stunden pro Tag einsparen. Dadurch können Sie das zu Ende bringen, was wirklich erledigt werden muß, und Sie können Dinge tun, für die bis jetzt die Zeit nie reichte, die Sie aber gerne tun würden, wenn Sie könnten.

10. Konferenzen und Besprechungen effektiver gestalten

„... niemand ist derselben Meinung, niemand meint mit dem, was er sagt, dasselbe wie das, was der andere meint, und nur derjenige, der spricht, glaubt, er meint, was er sagt, obwohl er genau weiß, daß das nicht das ist, was er sagt."

Gertrude Stein

Es werden viele Fortbildungsseminare speziell für Frauen durchgeführt, aber das Thema „Leitung von Konferenzen und Besprechungen" ist den meisten Autoren und Referenten bis vor kurzem entgangen. Inzwischen gibt es auch eine ganze Reihe von Büchern, Artikeln und Seminaren mit Tips und Hinweisen für die Entwicklung dieser Fähigkeiten. Wer Erfolg haben will, kann dieses Thema nicht mehr ignorieren.

Für Frauen kann die Konferenzleitung oder -teilnahme *spezielle Probleme* aufwerfen. Je nach Situation reichen diese Probleme von *übermäßiger Schüchternheit* als Teilnehmerin bis zu *verstecktem* oder *offenem Widerstand* der Teilnehmer, wenn eine Frau die Leitung übernommen hat.

In diesem Kapitel werden wir uns mit Zeitproblemen befassen, die von Konferenzen im allgemeinen ausgehen, und mit Problemen, die besonders Frauen Schwierigkeiten machen.

Potentielle Zeitfallen in Konferenzen und Besprechungen

1. Ziel und Zweck: Unklar, nicht von jedem begriffen.

2. Ablaufplanung/Tagesordnung: Wird oft ignoriert – Ergebnis: enorme Zeitverschwendung.

3. Teilnehmer: Viele brauchen oder sollten nicht teilnehmen, manche sollten teilnehmen, kommen aber nicht.

4. Konferenzort, Konferenzräume: Unzulänglich oder bieten zu viel Ablenkung.

5. Zeitrahmen: Die meisten Konferenzen fangen zu spät an und hören zu spät auf.

6. Konferenzatmosphäre: Jede Konferenz hat eine bestimmte Atmosphäre. Ist sie positiv, ist alles in Ordnung. Ist die Atmosphäre schlecht, muß der Konferenzleiter alle Fähigkeiten daransetzen, eine gespannte, vielleicht sogar feindselig geladene Atmosphäre so schnell wie möglich in ein kooperatives Klima umzuwandeln.

7. Konferenzleitung: Die Fähigkeit, eine Konferenz effektiv zu leiten, ist für fast alle unter uns lebenswichtig. Man kann sie erlernen.

8. Konferenzergebnisse: Nachfassen ist grundlegend, damit Entscheidungen in die Tat umgesetzt werden. Sind Ziel und Zweck einer Konferenz erreicht, wenn keinerlei Beschlüsse gefaßt werden?

9. Kosten: Die meisten Konferenzen kosten Geld – Geräte und Materialien, Logistik, Konferenzräume. Alle Konferenzen kosten auch Zeit. Die Teilnehmer beziehen ihr Gehalt weiter, wenn sie an Konferenzen teilnehmen. Noch mehr Zeit und Geld gehen bei unnötigen oder schlecht geplanten Konferenzen verloren[1].

Bei einer Umfrage unter den Führungskräften, die in den letzten zehn Jahren unsere Zeitmanagementseminare besucht haben, meinten 9 von 10 Managern, daß mindestens die Hälfte ihrer in Konferenzen und Besprechungen verbrachten Zeit *verschwendet* gewesen sei. Man schätzt, daß Führungskräfte durchschnittlich 2 Stunden pro Tag in

---

1 *Eva Schindler Rainmann* und *Ronald Lippitt*, Taking Your Meetings Out of the Doldrums, APD, Columbus, Ohio, 1975, S. 27 ff.

Konferenzen und Besprechungen verbringen. Das bedeutet, daß durchschnittlich eine Stunde pro Tag von den meisten als Zeitvergeudung betrachtet wird.

Was kann man tun, um diesen in Konferenzen und Besprechungen entstehenden Zeitverlust zu vermindern?

Sinn und Zweck

Eine Konferenz oder Besprechung sollte nur einberufen werden, wenn es einen *triftigen Grund* dafür gibt. Natürlich haben viele Besprechungen ihren Sinn: Tätigkeiten koordinieren, dringende Informationen weitergeben, zu einem Konsens oder zu einer Entscheidung gelangen, ein Problem lösen, Arbeitsmoral aufbauen usw. Es gibt jedoch auch Besprechungen, die eigentlich überhaupt nicht stattfinden sollten. Darunter fallen beispielsweise Besprechungen, die von einem Projektleiter oder Abteilungsleiter einberufen werden, weil er eine *risikoreiche Entscheidung* nicht allein fällen und sich der Unterstützung der Teammitglieder versichern will (oder um die Schuld auf mehrere Schultern zu verteilen, falls sich das Ergebnis zum Schlechten wenden sollte). Andere Führungskräfte setzen Besprechungen an, um für den Fall, daß der Vorgesetzte nachfragt, über *alles informiert* zu sein, oder um ihre Ich-Bedürfnisse zu befriedigen und allen zu zeigen, wer hier die Leitung hat. Dann gibt es noch die *unsichere* Führungskraft, die immer alle Mitarbeiter zu Besprechungen beordert. Die Einladung ergeht an alle ohne Rücksicht auf die Mitarbeiterprioritäten und ohne Überlegung, ob die Teilnahme aller tatsächlich notwendig ist. Das nächste Beispiel ist die Führungskraft, die ein Problem mit einem Mitarbeiter hat, aber die direkte Konfrontation vermeiden will. Sie nimmt die Zeit anderer in Anspruch, um sich *psychologischen Beistand* zu verschaffen. In Krisensituationen reiht sich Konferenz an Konferenz. Hier sollen Probleme gelöst werden, die gar nicht hätten entstehen dürfen oder die man auch ohne Konferenz lösen könnte.

Manche meinen, alles und jedes mit anderen besprechen zu müssen. Sie organisieren Konferenzen *um der Konferenzen willen*. Diese Konferenzmanie hat die Arbeitsmoral einer großen Sparte eines internationalen Lebensmittelkonzerns ausgehöhlt. Eine Führungskraft zeigte uns ihren Terminkalender. Viele Tage und Halbtage waren für Abteilungsleiterbesprechungen mit dem Vorgesetzten blockiert. In einem einzigen Monat verbrachte sie 40 % ihrer Arbeitszeit in Besprechungen, die von einem unsicheren Vorgesetzten einberufen wurden. Er bombardierte seine Mitarbeiter mit Fragen, um für Konferenzen mit seinen Vorgesetzten immer gut gerüstet zu sein. Er hatte immer Angst, dort vor Fragen gestellt zu werden, die er nicht beantworten könnte.

Die unnötigsten Besprechungen überhaupt sind wohl die meist viel zu häufig stattfindenden *regelmäßigen Mitarbeiterbesprechungen*. Der Präsident einer internationalen Fluglinie konferierte täglich über eine Stunde mit seinen engsten Mitarbeitern. Allerdings gab es keine Tagesordnung. Nach einem Zeitmanagementseminar wurden diese Besprechungen gestrichen und auf eine Stunde wöchentlich mit einer vorher festgelegten Tagesordnung komprimiert. Dadurch sparten die Mitglieder des Leitungsteams in dieser 5.000 Mitarbeiter umfassenden Organisation täglich fast eine Stunde an Arbeitszeit ein.

Teilnehmen oder nicht teilnehmen? Wenn Sinn und Zweck einer Besprechung unklar sind, ist es durchaus legitim, die *Teilnahme abzulehnen*. Wer einen Grund für die Nichtteilnahme an einer solchen Besprechung sucht, sollte seine eigenen Prioritäten und Termine als Grund angeben. Sie können beispielsweise sagen, „Herr X., informieren Sie mich bitte, wenn feststeht, weshalb die Besprechung stattfinden soll. Wenn ich gebraucht werde, werde ich auf jeden Fall versuchen, anwesend zu sein. Ansonsten habe ich Aufgaben mit *höherer Priorität* zu erledigen.“

Wenn Sie gebeten werden, an einer Besprechung teilzunehmen, die in keinem direkten Bezug zu Ihrer Arbeit steht, verzichten Sie auf die persönliche Teilnahme und bitten statt dessen um ein Exemplar des *Protokolls*, eine *schriftliche Zusammenfassung* oder entsenden einen *Vertreter*. Wenn Sie an der Sitzung teilnehmen, sollten Sie nur den Teil besuchen, der für Sie wichtig ist. Wenn Sie einen Bericht vortragen müssen, fragen Sie, zu welchem Zeitpunkt Sie an der Reihe sein werden und lassen sich vorher die Genehmigung geben, gleich nach dem Vortrag wieder gehen zu dürfen. Eine weitere Möglichkeit ist die Entsendung eines Mitarbeiters mit dem Auftrag, später Bericht zu erstatten. Damit gewinnt Ihr Team an Erfahrung, und Sie gewinnen Zeit.

Eine Besprechung ansetzen oder nicht ansetzen? Wie kann eine Frau feststellen, ob eine geplante Besprechung notwendig ist? Sie sollte überlegen, welchem Ziel und Zweck die Besprechung dienen soll und sich dann fragen, ob sie dasselbe Ziel: 1. durch Delegation oder eigene Maßnahmen, 2. durch schriftliche Mitteilung an eine oder mehrere Personen, 3. durch ein oder mehrere Telefongespräche oder 4. durch eine Telefonkonferenz erreichen könnte (siehe Anhang, Checkliste für Telefonkonferenzen).

Wenn sie von einem Kollegen gebeten wird, eine Besprechung anzusetzen, kann sie ihn bitten, die anstehende Entscheidung *allein* zu treffen, ohne auch noch die Zeit anderer in einer Besprechung zu verschwenden. Sie kann außerdem ihre Mitarbeiter dazu anhalten, ihre Probleme selbst zu lösen, indem sie sie schriftlich festhalten und eigene Lösungsmöglichkeiten vorschlagen, ehe sie um Hilfe bitten.

Durch die Einberufung von Besprechungen können Konflikte mit männlichen und weiblichen Mitarbeitern entstehen, die die Autorität ihrer Vorgesetzten nicht anerkennen. Die plötzliche Aufforderung, zu einer Besprechung zu kommen – besonders wenn nur wenig oder keine Vorlaufzeit vorhanden ist – kann sämtliche Pläne und Prioritäten der Herbeizitierten durchkreuzen. Dieser Widerstand läßt sich brechen, wenn man Sinn und Zweck der Besprechung *genau erklärt* und die Teilnehmer erkennen, daß es um etwas von *höchster Priorität* geht. Weiterhin wird damit auch klar, welche Entschuldigungsgründe anerkannt werden. Eine effektive Führungskraft wird immer triftige Gründe angeben können, warum die persönliche Teilnahme erforderlich ist, und sie wird eine Besprechung zeitig genug ankündigen, so daß Terminkonflikte keinesfalls als Entschuldigung gelten können.

Einberufung einer Besprechung. Wie lautet das Ziel? Was brauchen wir? Eine Entscheidung, einen Konsens, Förderung der Arbeitsmoral, Informationsaustausch? Informationen wozu? Sorgen Sie dafür, daß Sinn und Zweck deutlich und spezifisch genannt werden. Geht es um die Umstrukturierung der Abteilung oder um die Ziele für das kommende Jahr? Dann müssen Sie spezifischer werden. Sie dürfen beispielsweise nicht nur sagen, daß Sie sich über die Finanzen für das kommende Jahr unterhalten wollen. Drücken Sie sich spezifischer aus: „Aufteilung des Gesamtetats von DM 50.000 auf die Einzelentwicklungsposten." Danach können Sie die Tagesordnung erstellen, entscheiden, wer an der Sitzung teilnehmen soll, und die Verantwortung für die Sitzungsvorbereitung delegieren.

Ablaufplanung/Tagesordnung

Der schon erwähnte Präsident der Fluggesellschaft wußte nicht einmal, wieviel Zeit in seinen Besprechungen vergeudet wurde, weil es nie eine Tagesordnung gab. Nach Aussage der Teilnehmer wurde in der ersten Hälfte der täglichen Sitzung diskutiert, ob Dinge anstanden, die besprochen werden sollten. In der restlichen Zeit waren sie sich entweder uneinig oder teilten einander ihr Nichtwissen mit, da sich niemand hatte vorbereiten können.

Diese Art von Zeitverschwendung läßt sich am besten vermeiden, wenn derjenige, der die Sitzung einberuft, in einer Tagesordnung genau festlegt, *welche Dinge* erörtert werden müssen. Auch hier sollten Sie *Prioritäten* festlegen. Überprüfen Sie dann, ob alle Punkte für alle wichtig sind. Vielleicht läßt sich einiges auch an einen Ausschuß zur Entscheidung verweisen, weil nur wenige betroffen sind. Setzen Sie nicht zu viel auf die Tagesordnung. Sorgen Sie dafür, daß jeder Punkt genügend Aufmerksamkeit in der zur Verfügung stehenden Zeit bekommt.

Die entscheidenden Informationen müssen zur Verfügung stehen, die Tagesordnung muß vorab erstellt und verteilt werden. Schicken Sie die Tagesordnung unter Umständen auch an solche Mitarbeiter, die nicht unbedingt teilnehmen müssen, aber wissen müssen, was von wem erörtert wird. Die Entscheidung zur Teilnahme oder Stellungnahme bleibt ihnen selbst überlassen. Abbildung 8 zeigt ein Tagesordnungsformular, das für alle Teilnehmer hilfreich sein wird.

Setzen Sie einen *Zeitrahmen*. In einem mit einem Zeitrahmen versehenen Besprechungsprogramm wird den verschiedenen Themen je nach Priorität mehr oder weniger Zeit eingeräumt. Zum Beispiel: 30 Minuten für Thema A, 20 Minuten für Thema B und 10 Minuten für Thema C. So erfahren Vielbeschäftigte, die nicht während der ganzen

Datum:__________ Zeit:__________ Ort:__________

Teilnehmer: Zuständig für:

1.
2.
3.
4.

Ungefähre Zeit	Thema	Entscheidung	Verantwortl. Mitarbeiter	Termin/ Frist
	1. __________ Zu bedenkende Unterpunkte a) b) c)			
	2. __________ Zu bedenkende Unterpunkte a) b) c)			
	3. __________ Zu bedenkende Unterpunkte a) b) c)			

Abb. 8. Tagesordnungsformular.

Sitzung gebraucht werden, genau, wann und wie lange die sie betreffenden Themen behandelt werden. Sie können also ihre Zeit einteilen und nur den Teil der Sitzung besuchen, der für sie von Interesse ist. Auf diese Weise lassen sich auch *Zeitüberziehungen* bei den ersten Themen auf Kosten der späteren *vermeiden*. Ein Teilnehmer kann jetzt aufstehen und sagen: „Die für dieses Thema zur Verfügung stehende Zeit ist abgelaufen. Können wir uns dem nächsten Thema zuwenden?"

Mit dieser Technik sorgt man dafür, daß sich die Zeiteinteilung nach den Prioritäten richtet. Wer dies beherzigt, kann Parkinsons weniger bekanntes zweites Gesetz vergessen: Die in Konferenzen auf bestimmte Themen verwandte Zeit steht meistens im umgekehrten Verhältnis zu ihrer Wichtigkeit.

Anhand zweier Beispiele wollen wir zeigen, welche Probleme sich ergeben, wenn die *zeitliche Ablaufplanung fehlt:* Der Vorstand einer Kirchengemeinde in einem Vorort von Chicago traf sich zur endgültigen Entscheidung über ein $ 350.000-Budget.

Ein Teilnehmer sprach die Qualität der Papierhandtücher in Toiletten an. Die dazu geführte Diskussion dauerte etwa 35 Minuten, bis eine Teilnehmerin ankündigte, daß sie in spätestens 15 Minuten gehen müsse. Der Vorstand diskutierte daraufhin 15 Minuten lang über das eigentliche Budget (selbstverständlich war es schon vorher ausführlich besprochen worden), das daraufhin endgültig verabschiedet wurde. Der Pastor zitierte diese Begebenheit als Beispiel für die Verzerrung von Prioritäten – 35 Minuten für Papierhandtücher und 15 Minuten für das Jahresbudget.

Ähnlich ging es 20 vielbeschäftigten Ärzten im Aufsichtsrat eines großen medizinischen Versorgungszentrums. Sie kamen dreimal zusammen, um darüber zu entscheiden, ob ein großer Baum, der während eines Sturms halb entwurzelt worden war und nun eine Gefahr für das Gebäude darstellte, gefällt oder durch Seile gestützt werden sollte. Bis sie schließlich einsahen, daß keiner von ihnen genug dazu wisse und beschlossen, einen Fachmann zu Rate zu ziehen, hatten die

Sitzungen umgerechnet auf die Gehälter der Ärzte sehr viel mehr gekostet als das Fällen des Baumes.

Wenn in beiden Fällen die Zeit schon auf der Tagesordnung begrenzt gewesen wäre, hätte ein *wachsamer Konferenzleiter* eine solche Zeitverschwendung abwenden können.

Anfangs- und *Endzeiten festlegen.* Geben Sie genau an, wann Ihre Besprechungen anfangen und wann sie enden sollen, damit die Teilnehmer für den restlichen Teil des Tages eigene Pläne verfolgen können. Wenn nicht alle Tagesordnungspunkte abgehandelt werden können, weiß man, daß es die weniger wichtigen waren, die man auch ein anderes Mal wieder aufgreifen kann. Für den Fall, daß noch Zeit übrig bleiben sollte, sollten Sie sich auf einige *zusätzliche Themen* vorbereitet haben, die irgendwann einmal auf die Tagesordnung hätten gesetzt werden müssen. Entscheiden Sie dann, ob Sie die zur Verfügung stehende Restzeit mit der Diskussion zusätzlicher Themen ausfüllen oder, was meistens besser ist, die Sitzung frühzeitig zu schließen, so daß alle zusätzliche Zeit für wichtigere individuelle Prioritäten gewinnen.

Teilnehmer

Es sollten nur diejenigen eingeladen werden, deren Teilnahme *tatsächlich erforderlich* ist. Manche werden aus Gründen der Höflichkeit eingeladen, andere, weil sie eine Einladung erwarten. Wieder andere werden „für alle Fälle“ eingeladen. Es könnten ja Vorgänge angesprochen werden, über die sie informiert sind oder informiert werden müßten. (Man könnte sie auch anrufen, wenn sie tatsächlich gebraucht werden, man kann ihnen eine der Klärung oder Bestätigung bedürftige Frage auch später übermitteln.)

Manche Besprechungen, in denen es um Information, Motivation oder Konsensbildung geht, erfordern die Teilnahme aller Mitarbeiter im Team. Für viele Konferenzen, in denen es um die Lösung eines Problems, die Setzung von Prioritäten oder die Definition langfristiger Ziele geht, sollten jedoch nur die für eine Entscheidung direkt Verantwortlichen von ihrer eigentlichen Arbeit abgezogen werden.

Je mehr Teilnehmer an einer Besprechung teilnehmen, desto schwieriger wird es werden, einen Konsens zu erzielen. Dazu schreibt *Hensleigh Wedgwood:*

„Je größer die Gruppe, desto größer sind die Schwierigkeiten bei der Kommunikation unter den einzelnen Mitgliedern. In einer Zweiergruppe ist die Kommunikation relativ einfach, weil nur zwei Kommunikationskanäle existieren. Fügt man dieser Gruppe jedoch eine dritte Person hinzu, beträgt die Zahl der Kanäle schon 6. Bei Erweiterung der Gruppe um einen vierten sind es schon 12 und bei 8 Mitgliedern sind es 56 voneinander zu unterscheidende Kanäle usw.

Daraus folgt: Je größer die Gruppe, desto geringer ist die Wahrscheinlichkeit, daß die Ressourcen aller individuellen Mitglieder voll ausgenutzt werden, und desto weniger Kontrolle wird der Vorsitzende ausüben können, um die Teilnehmer zu einem Konsens oder zu einer Lösung der Probleme zu bringen, mit denen man sich befassen wollte“[2].

Teilnehmer, die man nicht braucht, sollten sogar davon abgehalten werden, zu einer Besprechung zu kommen. Wenn man sie für einen *einzelnen Beitrag* braucht, kann man den Ablauf so planen, daß sie die Konferenz *nach ihrem Beitrag* wieder verlassen und an die eigene Arbeit zurückkehren können. Vieles läßt sich genauso gut durch Entsendung eines Mitarbeiters oder durch eine *schriftliche Vorlage* erledigen. Manchmal genügt auch ein *Telefongespräch*.

Bedenken Sie bitte immer, daß jeder nicht unbedingt notwendige Teilnehmer seine eigene Zeit und natürlich auch Geld verschwendet und zwar für jede Minute, die er unnötig in einer Sitzung verbringt und die ihn so von wichtigerer Arbeit abhält.

Die *Nuancen* der *Macht*. Auch subtile Machtunterschiede können eine Rolle spielen, wenn es um die Entscheidung geht, wer an Besprechungen teilnehmen soll. Die effektive Führungskraft wird solche

---

2 *Hensleigh Wedgwood*, „Fewer Camels, More Horses“, Personnel, Juli-August 1967.

Nuancen spüren und wissen, wie sie auf die übrigen Mitglieder ihres Teams wirken. Steht sie vor dem Problem, daß ihre Autorität nicht anerkannt wird, wird sie bald feststellen, wie sehr es sich lohnt, alle Mitarbeiter *gerecht* und *gleich* zu behandeln und in ihrer Haltung fest und entschlossen zu bleiben.

Wer unsicher ist (ob Frau oder Mann), sieht die Teilnahme an Besprechungen unter Umständen fälschlicherweise als Aushängeschild für Erfolg. Andererseits, wenn es beispielsweise um die Entsendung zu Fortbildungsseminaren geht, kann auch der Eindruck entstehen, daß der Betroffene „es wohl nötig hat".

Frauen mit Image-Problemen meinen häufig, an jeder Sitzung teilnehmen zu müssen, weil sie *unsicher* sind. Sie haben Angst, etwas zu *verpassen*, sie fürchten sich davor, keine Einladung zu erhalten, sie haben Angst, daß man sie nicht für *wichtig genug* hält. Eine in ihrer Persönlichkeit gefestigte Fachfrau und Managerin erkennt diese Fallen und umgeht sie. Es reicht, um die Zusendung des *Protokolls* zu bitten, wenn das Ergebnis einer Konferenz für die eigene Arbeit wichtig ist.

Es ist viel darüber geschrieben worden, wo sich Frauen ihren Sitzplatz suchen und wie sie sich als Teilnehmerinnen an Konferenzen verhalten sollen. Wir warnen davor, sich über so etwas zu viele Gedanken zu machen. Der *gesunde Menschenverstand* ist immer noch das beste Kriterium.

Keine Zeit verschwenden, wenn die Teilnahme an *irrelevanten Besprechungen* verlangt wird. Eine weibliche Führungskraft aus Toronto mußte an Besprechungen teilnehmen, in denen nichts für sie Wichtiges besprochen wurde. Sie hörte einfach nicht mehr zu und nützte die bis dahin immer verschwendete Zeit anders aus. Anstatt sich hoffnungslos zu langweilen, dachte sie Probleme durch, organisierte ihren Arbeitstag und plante die nächsten Maßnahmen, während sie scheinbar aufmerksam zuhörte. Eine prominente Regierungsbeamtin stellte ihre gesamte Geschenkliste für Weihnachten in einer besonders langweiligen offiziellen Sitzung zusammen.

Ort und Raum

Wenn der Konferenzraum *unzulänglich* (und manchmal sogar unmöglich) ist und außerdem nicht vorher überprüft wurde, was an *Materialien* und *Geräten* benötigt wird, kann eine Konferenz kaum reibungslos verlaufen. Glücklich die Frau, die sich noch nicht in einem solchen Dilemma befunden hat.

Ist ein Konferenzraum für die Bedürfnisse einer Gruppe zu laut, schlecht gelüftet oder zu klein, wird der Organisator vieles zu hören bekommen: „Wer hat diesen Raum eigentlich ausgesucht?" „Hätten Sie nicht etwas Besseres finden können?", „Nun, wenn Sie ein paar Stufen höher geklettert sind, werden Sie das auch noch lernen." So klingen die Vorwürfe hinterher. Noch schlimmer ist es, wenn ein besserer Raum nur deshalb nicht zur Verfügung steht, weil die Verantwortliche die Reservierung vergessen hatte und andere ihr zuvorgekommen sind. Dann wird man ihr wahrscheinlich weniger subtil zu verstehen geben, daß so etwas nicht passiert wäre, wenn sie etwas mehr *Durchsetzungsvermögen* hätte.

Sorgen Sie für *gute Lichtverhältnisse* und *adäquate Sitzgelegenheiten*. Haben alle am Tisch genügend Platz, um mitschreiben zu können? Gibt es genügend Steckdosen, um alle benötigten technischen Geräte anschließen zu können? Ist der Raum für den Einsatz *visueller Hilfsmittel* groß genug? Wenn man den Konferenzraum nicht kennt, sollte man sich ihn unbedingt *vorher anschauen* und festlegen, wie Tische und Stühle zu stellen sind: Sollen die Teilnehmer eng zusammen sitzen oder reichlich Platz haben? Wie groß soll die Entfernung zum Referenten sein? Wie bequem sollen die Stühle sein. Sind die Stühle unbequem, werden die Teilnehmer mürrisch und unruhig, sind sie zu bequem, schweifen sie mit ihren Gedanken ab und dösen vielleicht sogar vor sich hin. Von einem wohlbekannten Unternehmen heißt es, daß beschlossen wurde, übermäßige Zeitverschwendung in Sitzungen nicht mehr zu dulden. Die Vorderbeine der Stühle im Konferenzraum wurden um 4 cm gekürzt, damit das Sitzen unbequemer wurde. Die Besprechungen wurden merklich kürzer.

Wer visuelle Hilfsmittel einsetzen will, muß die Geräte vor Konferenzbeginn aufbauen. Prüfen Sie, ob das Gerät *funktioniert* und sorgen Sie dafür, daß derjenige, der das Gerät bedient (ganz besonders, wenn Sie selbst es sind) damit *vertraut ist*. Für Frauen ist dies besonders wichtig, weil es für eine Frau doppelt peinlich ist, wenn Projektor oder Tonbandgerät nicht ordnungsgemäß funktionieren. Damit werden die altbekannten Sprüche noch verstärkt: „Typisch Frau – kann nicht einmal ein einfaches Gerät bedienen" oder „Wenn sie nicht einmal dieses Gerät bedienen kann, wie soll sie dann diese neue Aufgabe bewältigen können?"

Manchmal werden Sie auch größere Konferenzen organisieren müssen, zu denen auch *externe Teilnehmer* oder *Berater* hinzugezogen werden. Setzen Sie sich frühzeitig mit ihnen in Verbindung, um sicherzustellen, daß sie zu dem gewünschten Zeitpunkt frei sind und besprechen Sie mit ihnen, *welche Rolle* und *welche Beiträge* erwartet werden. Es ist immer ratsam, *Terminabsprachen* mit vielbeschäftigten Teilnehmern einen Tag vor Konferenzbeginn noch einmal zu *bestätigen*. Sprechen Sie endgültig den Einsatz von technischen Geräten ab, z.B. Videorecorder, Tonbandgerät, Monitoren, wenn die Sitzung nicht nur schriftlich protokolliert werden, sondern auch in Ton und/oder Bild festgehalten werden soll.

Wer wichtige Besucher, Beobachter oder Medienvertreter erwartet, sollte einen Mitarbeiter für die *Betreuung* abstellen und ihm die entsprechenden Anweisungen geben. Bitte vergessen Sie auch die *Namensschilder* nicht.

Konferenzen an einem anderen Ort. Wenn eine größere Konferenz nicht in firmeneigenen Räumen, sondern außerhalb oder in einer anderen Stadt stattfinden soll, muß die Verantwortliche außer den schon erwähnten noch einige zusätzliche Punkte beachten. Sie müssen rechtzeitig feststellen, welche Hotels oder Institutionen die von Ihnen benötigten *Konferenzmöglichkeiten* besitzen und nachprüfen, ob die *Verkehrslage* günstig ist. Können alle von Ihnen benötigten Dienstleistungen abgedeckt werden? Sind Übernachtungs- und Essensmöglichkeiten vorhanden? Können alle Hilfsmittel und Geräte vom Konferenzzentrum gestellt werden? Nehmen Sie alle Reservierungen frühzeitig vor.

Wenn man sich für einen Konferenzraum schon entscheiden muß, ehe feststeht, wieviele Teilnehmer kommen werden, wählt man besser einen *zu großen* als einen zu kleinen Raum. Auch wir Autoren haben als vielbeschäftigte Referenten eine ganze Reihe von schwierigen Situationen erlebt, weil wir ja die Orte, an denen wir auftreten, nicht selber bestimmen können. In Hongkong erschienen beispielsweise 125 Topmanager in einem Konferenzraum, der für 75 ausgelegt war. Glücklicherweise handelte es sich um junge, aufstrebende Manager, die sich mit der Situation abfanden, sich in die Ecken drängten, sich auf den Boden in die Gänge und sogar vor die Türe setzten, um alles hören zu können. Es gibt auch Konferenzräume mit Säulen in der Mitte, die die Sicht behindern, Konferenzräume, bei denen die Schalldichte zu wünschen übrigläßt, audiovisuelle Geräte, die nicht funktionieren, oder Leinwände, die zusammenfallen.

Im Konferenzraum nebenan wird ein Film gezeigt, und der Ton ist so laut, daß die eigenen Zuhörer abgelenkt werden, oder, und das ist auch schon vorgekommen, im nächsten Konferenzraum findet ein Verkäuferkongreß statt, und 25 Preisträger eines Verkaufswettbewerbs werden einzeln mit Tusch auf die Bühne gebeten.

Für alle Eventualfälle sollte man eine *ständige Checkliste* haben, in der Sitzordnungen, Bühnenanordnung, Geräte und selbst die Art der Erfrischungen verzeichnet sind, die in der eigenen Organisation bei größeren Konferenzen üblich sind. Glücklich die Frau, die im Notfall eine Ersatzlampe oder eine Verlängerungsschnur für den Projektor aus ihrem Hut zaubern kann. Denken Sie immer an Murphys drittes Gesetz: „Wenn etwas schiefgehen kann, wird es auch schiefgehen." Versuchen Sie, *mögliche Katastrophen abzubiegen*, noch ehe sie entstehen.

Zeitrahmen

Wieviel Zeit werden Sie für Ihre Besprechung brauchen? Wenn es sich nicht gerade um eine große Konferenz handelt, ist sicherlich nur selten mehr als eine Stunde vonnöten. Wenn eine halbe Stunde genügt, sollten Sie eine halbe Stunde einplanen und sich bemühen, auch innerhalb dieses Zeitrahmens abzuschließen. Wie sieht es mit einem Stehkonvent aus? *Charles E. Wilson*, berühmt für seine Mobilisierung der amerikanischen Industrie im Ersten Weltkrieg, war auch dafür bekannt, seine Sitzungen innerhalb von zehn Minuten abzuhalten. Er fing pünktlich an, kam sofort zum Thema, traf eine Entscheidung und schloß die Besprechung. Wer von seinen Führungskräften zu spät kam, fand sich mehr als einmal für eine Aufgabe verantwortlich, deren Details er nicht mitbekommen hatte. Wenn Wilson in der Halle angehalten wurde und ein Mitarbeiter meinte, er müsse gelegentlich etwas mit ihm besprechen, antwortete Wilson häufig: „Wir stehen ja schon zusammen. Wir entscheiden sofort."

Den *richtigen Zeitpunkt* wählen. Es ist ein Zeichen für mangelnde Urteilskraft, wenn man eine Besprechung zu einem Termin ansetzt, den wichtige Personen nicht wahrnehmen können oder an dem kritische Informationen nicht zur Verfügung stehen. Besprechungen, die für die letzte halbe Stunde vor der Mittagspause oder vor Arbeitsschluß angesetzt werden, werden meistens schnell durchgezogen. Alle haben die Augen auf der Uhr, konzentrieren sich und lassen sich nicht auf unwichtige, wenn auch interessante Abschweifungen ein.

Einladungen rechtzeitig verschicken. Teilen Sie den Teilnehmern rechtzeitig und genau mit, welchen Zweck die Besprechung hat und was von ihnen erwartet wird, damit sie sich entsprechend vorbereiten können. Wir zeigen Ihnen in Abbildung 9 ein Beispiel für die Einberufung einer Besprechung. Legen Sie die *Anfangs-* und *Endzeit* fest.

Pünktlich beginnen und *pünktlich aufhören.* Damit die angesetzte Zeit nicht überzogen wird, sollten Sie pünktlich beginnen, sofort zum Thema kommen und dabei bleiben, den vorherbestimmten Zeitrahmen für die einzelnen Punkte der Tagesordnung einhalten, Ihr Ziel erreichen und pünktlich aufhören. Denken Sie bitte immer daran, daß es zu diesen Regeln keine Alternativen gibt, wenn Ihre Besprechungen erfolgreich verlaufen sollen.

Gruppe: ______________________________

Thema/Tagesordnung: ______________________________

Datum: ______________________________

Ort: ______________________________

Beginn: ______________________________

Ende: ______________________________

Vorher zu lesen: ______________________________

____

Mitzubringen: ______________________________

____

Abb. 9. Einberufung einer Besprechung.

Konferenzatmosphäre verbessern

Allzu häufig kommt es vor, daß der Leiter einer Besprechung sich zu wenig Zeit nimmt, um darüber nachzudenken, wie sich für die *gewünschte Atmosphäre* sorgen läßt. Eine giftige Atmosphäre entsteht schnell, wenn man nicht genau weiß, was die Besprechung soll, wenn die Konferenz nicht ordnungsgemäß einberufen wurde, wenn Teilnahme befohlen wird, obwohl man eigentlich nicht gebraucht wird und wenn aufgrund zufälliger Bemerkungen oder eingebildeter Beleidigungen persönliche Differenzen zwischen Leitung und Teilnehmern entstanden sind.

Im allgemeinen haben Frauen für die für den Erfolg einer Besprechung notwendigen Faktoren *mehr Gespür* als Männer. Frauen sind auch häufig geschickter, wenn es darum geht, *spannungsgeladene Situationen* in kooperativere und produktivere Bahnen zu lenken. Ein wenig Humor, eine freundlich gestellte Frage, eine leichte ablenkende Bemerkung oder der Übergang zu einem anderen Thema – mehr braucht es meistens nicht. Wenn *persönliche Fehden* einem gewünschten Projekt im Wege stehen, sollte man ein freundschaftliches Gespräch mit dem Gegner suchen, in einer Kaffeepause, am Telefon oder bei einem Abendessen, um seine Kooperation noch vor der Besprechung zu gewinnen oder zumindest die persönlichen Unstimmigkeiten auszuräumen. Durch solche diplomatischen Schachzüge kann man bei vielen Besprechungen Zeit einsparen und Streitereien vermeiden.

Frauen, die häufiger Konferenzen und Besprechungen leiten müssen, werden bei *Wedgwood*[3] einige Tips finden, wenn sie sich mit den von ihm beschriebenen gruppenbremsenden und gruppenaufbauenden Rollen beschäftigen.

Mit Hilfe dieser Informationen werden auch sie die entsprechenden Fähigkeiten zur Meisterung schwieriger Situationen gewinnen und die Konferenz straff führen können.

Konferenzleitung

Fangen Sie *pünktlich an!* Wer auf zu spät kommende Teilnehmer wartet, bestraft diejenigen, die rechtzeitig da waren und belohnt diejenigen, die zu spät kommen. Es wird nicht lange dauern, bis alle zu spät kommen.

„Wie aber bringe ich alle dazu, pünktlich zu sein?“ Die Antwort: „Indem Sie *pünktlich anfangen*“. Solange der Leiter einen verspäteten Beginn zuläßt, wird eine Konferenz nie pünktlich beginnen. Die Autoren haben eine Besprechung erlebt, die pünktlich anfing und 15 Minuten später schon zu Ende war. Während dieser Besprechung waren einige wichtige Entscheidungen gefallen, die in den Verantwortungsbereich von säumigen Teilnehmern fielen. Von da an waren diese Zuspätkommer auch pünktlich.

Zum *Thema kommen* und *dabei bleiben*. Bei vielen Sitzungen dauert es reichlich lange, bis man zum eigentlichen Thema kommt. Das liegt natürlich an der Sitzungsleitung. Die Tagesordnung muß jedem vor-

3 *Hensleigh Wedgwood*, „Fewer Camels, More Horses“, Personnel, Juli-August 1967.

liegen. Die Sitzungsleiterin, die Abweichungen von der Tagesordnung gestattet, die einem Teilnehmer erlaubt, das Thema zu wechseln oder – noch schlimmer – selbst die Diskussion auf falsche Pfade lenkt, tut allen einen schlechten Dienst.

Manche Frauen haben sicherlich mehr Schwierigkeiten mit diesem Problem als Männer, weil sie ihre Führungsposition gegenüber Männern nur sehr ungern ausspielen. Es gibt jedoch entsprechende Möglichkeiten, die Diskussion wieder zum Thema zurückzuführen, z.B.: „Das ist eine sehr interessante Beobachtung, Herr X, haben Sie noch weitere Bemerkungen zur Sache, ehe wir zum nächsten Punkt übergehen?“ Intelligente, aufmerksame und zielorientierte Führung wird von den Frauen praktiziert, die Besprechungen mit gemischten Gruppen erfolgreich leiten.

Zeit sparen kann man auch, wenn man in das Thema einführt oder es zusammenfaßt, *ehe* die entsprechenden Unterlagen verteilt werden. Werden die Unterlagen vorher verteilt, werden die Teilnehmer die Materialien während der Darbietung des Referenten durchblättern. Dieser Punkt ist für Frauen besonders wichtig, weil sie dadurch ihre Kompetenz in den Augen anderer zusätzlich unter Beweis stellen können. Wer knappe und gut vorbereitete mündliche Zusammenfassungen vorträgt und die volle Aufmerksamkeit der Gruppe bei der Präsentation der eigenen Person und des eigenen Materials hat, erhöht seine *Glaubwürdigkeit*. Eine weitere Alternative: Wenn alle Teilnehmer von Beginn der Besprechung an die Tagesordnung vorliegen haben, können Sie sie als kurze knappe Zusammenfassung des Zwecks und Ziels der Besprechung präsentieren.

Diskussionen lassen sich weiterhin beschleunigen, wenn man eine Uhr hat, die die noch verbleibenden Minuten aufzeigt, oder eine *Stoppuhr* mitbringt. Wer merkt, daß die noch verbleibende Zeit immer weniger wird, wird diese noch verbleibende Zeit wohl effektiver nutzen. Ein bekannter Schulleiter im Staate New York benutzt dieses Instrument mit gutem Erfolg. Unterbrechungen werden auf ein Minimum reduziert. Nachrichten werden nur in Pausen übermittelt, es sei denn, es handelt sich um einen ausgesprochenen Notfall.

Die *aktive Mitarbeit* aller Teilnehmer sichern. Es ist sehr wichtig, auch die Mitarbeit passiver Teilnehmer in einer Gruppe zu sichern. Dies läßt sich folgendermaßen bewerkstelligen: „Herr B, was sehen Sie als Ihr größtes Problem innerhalb dieses Projektes an?“, oder: „Frau H, sind Sie für diese Änderung des Budgets?“ Umgekehrt kann sich auch das Problem ergeben, daß jemand die Diskussion *dominiert*. Mit einer Bemerkung, wie z.B. „Herr C, das sind sehr interessante Ideen, was meinen die übrigen dazu?“ läßt sich die Sitzung häufig wieder unter die eigene Kontrolle bringen. Die meisten Besprechungen verlaufen besser, wenn der Leiter *neutral* bleibt.

Das *Ziel erreichen*. Es ist natürlich für alle Sitzungen sehr wichtig, auf die Zeit zu achten und der Gruppe eine *bestimmte Struktur* vorzugeben. Sie müssen aber immer auch daran denken, daß Sie zu einem *bestimmten Zweck* zusammengekommen sind und müssen infolge dessen mit dem Zeitrahmen für bestimmte Punkte der Tagesordnung auch flexibel umgehen können. Angesichts veränderter Umstände kann ein blindes Festhalten an einem Zeitplan auch konterproduktiv wirken.

Pünktlich aufhören. Ehe Sie die Sitzung schließen, sollten Sie sich ein paar Minuten nehmen, um die getroffenen Entscheidungen *zusammenzufassen*. Damit wird die Aufmerksamkeit auf die kritischen Punkte gelenkt. Prüfen Sie noch einmal nach, ob alle Aufgaben bzw. Aufträge für die notwendigen Ausschüsse oder die Nachbereitung vergeben sind.

Sitzung pünktlich schließen. Wenn einige Widerstände auftauchen, weil die Teilnehmer noch weiterdiskutieren wollen, kann ein Konferenzleiter mit Gespür Alternativen vorschlagen: „Vielleicht können wir uns morgen vor dem Mittagessen für eine Viertelstunde zusammensetzen“, oder „Wenn die Sache nicht bis zu unserer nächsten Sitzung Zeit hat, Herr B, würden Sie und Herr C dann vielleicht jetzt mit mir in mein Büro kommen, damit wir die Sache besprechen können?“ Wenn die Teilnehmer feststellen, daß es dem Sitzungsleiter ernst ist mit einem pünktlichen Ende, werden sie sich selber so viel

Disziplin angewöhnen, daß von nun an die Tagesordnung in der dafür zur Verfügung stehenden Zeit erledigt werden kann.

Natürlich darf auch ein pünktlicher Schluß nicht zu einem *Fetisch* werden. Man darf eine wertvolle Diskussion und neue Ideen nicht um weniger Minuten willen opfern. Dies wäre falsche Sparsamkeit. In solchen Fällen muß man sein *gesundes Urteilsvermögen* einsetzen. Noch eine Warnung: Es gibt Menschen, die von Besprechungen gar nichts halten, dennoch aber Besprechungen einberufen und dann aufpassen müssen, sie nicht überschnell enden zu lassen. Wie in anderen Fällen auch, hängt vieles von der Situation ab.

Nachbereitung

Protokollerstellung. Ein knappes Protokoll, in dem die getroffenen Entscheidungen, die Zuständigkeiten für die Durchführung und die *Fristen* für Maßnahmen und *Kontrollen* festgelegt sind, sollte möglichst innerhalb von 24 oder höchstens 48 Stunden erstellt und verteilt sein. Verschwommene und ungenaue Zusammenfassungen des Diskussionsverlaufs sind meistens ohne großen Wert und sollten besser ausgelassen werden. Ein einfaches *Ergebnisprotokoll*, das alles Wichtige umfaßt, nennt das Gremium, Datum und Ort sowie die Namen der Teilnehmer. Darunter folgt eine *Zusammenfassung* der jeweiligen Tagesordnungspunkte mit Thema, Entscheidung, Zuständigkeit (wer was erledigen soll) und Termin bzw. Fertigstellungsfrist.
Fortgang der Arbeit *überwachen.* Man sollte den Fortgang der Arbeit in vorher festgesetzten Zeitabschnitten überwachen. Nicht erledigte Dinge lassen sich bei der nächsten Sitzung an die erste Stelle der Tagesordnung setzen. Nicht eingehaltene Termine werden dann erörtert. Dadurch sorgt man auch dafür, daß Arbeiten termingerecht erledigt werden.
Schauen Sie sich auch von Zeit zu Zeit die bestehenden *Ausschüsse* an. Überprüfen Sie, ob die Ziele, zu deren Verfolgung die Ausschüsse eingerichtet wurden, inzwischen erreicht sind und falls nicht, wann mit der Verwirklichung gerechnet werden kann. *Lösen* Sie die *Ausschüsse* auf, die ihren Zweck und ihr Ziel erreicht haben.

Kosten

Ein verantwortungsbewußter Tagungs- oder Besprechungsleiter muß realistische Vorstellungen davon haben, wie kostspielig Konferenzen und Besprechungen sein können. Rechnen Sie einmal die Gehälter und Sozialleistungen (die bis zu 1/3 der Gehälter ausmachen können) für die Teilnehmer auf die Sitzungszeit um. Denken Sie an die Kosten für Saalmiete, technische Geräte, Essen und Getränke. Hinzu kommen die Vorbereitungskosten, die Arbeitszeit der an der Organisation beteiligten Mitarbeiter, die Kosten für den Druck von Materialien, Reisekosten und Zeitverluste vor, während und nach der Konferenz. Eine einzige Konferenz kann eine Organisation x-mal soviel kosten, wie sich durch Entscheidungen während der Konferenz einsparen läßt.

Denken Sie auch an den *doppelten Verlust* für eine Organisation, wenn eine *unnötige Besprechung* einberufen wird. Was kostet es, die Teilnehmer von der Verfolgung ihrer eigenen Prioritäten abzuhalten? Es ist eine Krisenlage entstanden, weil eine Führungskraft keinen *Eventualplan* für eine *Extremsituation* entwickelt hat. Also verbringen fünf hochrangige Führungskräfte jeweils zwei Stunden in einer Konferenz, um mögliche *korrigierende Maßnahmen* für diesen Notfall festzulegen. Hier wird teure Zeit auf ein Problem verschwendet, das niemals hätte auftauchen sollen. Höhere Prioritäten der Krisenmanager haben unnötigerweise warten müssen. Ein weiteres Beispiel: Zehn Vorstandsmitglieder verbringen einen ganzen Morgen mit der Diskussion von Details im Zusammenhang mit einer geplanten Besprechung. Jedes einzelne Detail hätte auch von einem alleine entschieden werden können. Allerdings hatte keiner das Risiko alleine übernehmen wollen. Sie wollten das Risiko auf mehrere Schultern verteilen – Zeit und Geldverschwendung! Dieselben hohen Kosten treten auf, wenn Besprechungen unnötig *überzogen* werden. Man braucht Leiter mit Verantwortungsgefühl, um alle diese Zeitverschwendungsfaktoren zu eliminieren, denn sie sind oft kostspieliger als der Nutzen, den die Gruppe mit ihrer Besprechung erreicht.

Besonders wichtige Punkte für Frauen

Für einige Frauen können Besprechungen zum Kernpunkt der eigenen *Unsicherheitsgefühle* werden. Aufgrund ihrer Konditionierung als Frau denken sie ständig: „Du bist eine Frau, sei verbindlich, sei höflich, tu den Mund nicht auf, ordne dich den Männern in der Gruppe unter...," usw., usw. Oft sind sich die Frauen dieser Konditionierung gar nicht bewußt. Erst nach mehreren Konferenzen fällt ihnen auf, daß sie die Männer durch die eigene Zurückhaltung, ihr zustimmendes und ermunterndes Nicken und Lächeln, dazu ermuntert haben, die Diskussion zu monopolisieren. Man braucht Zeit, um sich dieser Subtilitäten bewußt zu werden. Die Frau, die ihr Verhalten ändern will, muß zunächst erkennen, was sie davon abhält, eine *aktive Rolle* in Besprechungen zu übernehmen.

Eine Frau kann sich an bestimmte Richtlinien halten und damit die Wahrscheinlichkeit erhöhen, daß sie ernstgenommen wird. Sie müssen sich vorbereiten, ob Sie eine Besprechung leiten oder ob Sie als Teilnehmer präsentieren. Sorgen Sie dafür, daß Sie alle wichtigen Fakten gut geordnet zur Hand haben, so daß Sie Ihre Argumente *prägnant* und *effektiv* vorbringen können. Fassen Sie sich kurz und halten Sie sich an das Thema. Nur so können Sie sich so effektiv wie möglich präsentieren. Ergreifen Sie bei passender Gelegenheit so früh wie möglich das Wort und zeigen Sie damit, daß Sie Interesse haben und aktiv teilnehmen wollen. Auch wer sich Notizen macht, zeigt sein Interesse am Gespräch und sein Engagement für das Ergebnis der Diskussion.

Überlegen Sie nicht nur, was Sie sagen wollen, sondern auch, *wie* Sie sich im besten Licht präsentieren können. Botschaften werden nicht nur durch Worte übermittelt, sondern auch durch die Stimmlage und durch nonverbale Kommunikation. Sprechen Sie mit tiefer Stimme, atmen Sie langsam und tief. Vermeiden Sie nervöse Gestik. So machen Sie einen beherrschten, gelassenen Eindruck, auch wenn Sie sich nicht so fühlen. Eine effektive weibliche Führungskraft vermeidet übertriebene Frisuren, ablenkenden, auffallenden Schmuck und enge, aufreizende oder – gemessen an den Normen Ihrer Kollegen –

unangebrachte Kleidung. Hier wie überall ist der gesunde Menschenverstand das entscheidende Kriterium.

Wer als Teilnehmer zu einer Besprechung geht, sollte lernen zu erkennen, wo die Macht ist. Suchen Sie sich Ihren Platz in der *Nähe* des *Vorsitzenden* (formale Macht) oder in der Nähe anderer, die aufgrund ihrer *Seniorität* oder ihrer *Persönlichkeit* Macht ausüben. Versuchen Sie, persönliche Beziehungen zu diesen Menschen aufzubauen. Wenn Sie außerdem Ihre *„Hausaufgaben"* zu den Tagesordnungspunkten gemacht haben und ein echtes Engagement für die Arbeit der Gruppe mitbringen, können Sie Ihre eigene Machtbasis entwickeln. Eine Frau, der immer nur die zweitwichtigste Aufgabe nach einem männlichen Kollegen zugewiesen wird, kann die Situation allmählich ändern, wenn sie zunächst versucht, den Respekt der älteren Gruppenmitglieder zu erringen. Sie können immer nebenbei einige Verantwortungsgebiete übernehmen, von denen Sie wissen, daß Sie sie bewältigen können. Wenn immer wieder chauvinistische Bemerkungen gemacht werden: „Wollen Sie das Protokoll führen, Frau N.?" oder „Frau N., meinen Sie, es ist noch Kaffee da?" sollten Sie jeweils der Situation angemessen reagieren. Sie können freundlich darauf eingehen und trotz der übernommenen Protokollierung den geplanten Diskussionsbeitrag leisten. Sie können aber auch beschließen, die Lage – entweder sofort oder später – selbstbewußt zu meistern.

„Da ich letztes Mal schon Protokoll geführt habe, könnte es vielleicht diesmal jemand anders tun", ist z.B. eine gute Bemerkung.

Wenn noch ein weiterer Grund nötig ist, können Sie hinzufügen: „Ich muß in der Zwischenzeit eine ganze Reihe anderer Dinge erledigen". Sie müssen in jedem Fall dafür sorgen, daß Ihre Beiträge zum Thema oder zur Aufgabe der Aufmerksamkeit wert sind. Damit wird die *Achtung* vor Ihnen wachsen.

Vermeiden Sie *persönliche Kritik*. Über Frauen wird oft die Beschwerde geführt, daß sie alles persönlich nähmen. Diese Tendenz läßt sich ablegen. Ein erster Schritt dazu ist, daß man Kritik an anderen nicht mehr persönlich faßt. Anstatt zu sagen: „Frau K., mit Ihrem Ansatz machen Sie aber auch alles falsch“ sollte man besser sagen, „Frau K., ich schlage einen anderen Ansatz für dieses Problem vor.“ Frauen, die wissen, daß Sie eine ganze Reihe von Besprechungen leiten müssen, tun gut daran zu lernen, wie man solche subtilen Vorwürfe erspürt und meistert und wie man sie bewältigt, wenn Konferenzort und -zeit unter der Vorherrschaft von männlichen Kollegen stehen.

Sie können ein effektives Mitglied aller entscheidungsbildenden Gruppen sein. Wichtig ist, die eigenen Hausaufgaben zu erledigen, kreativ zu denken und die Beiträge in Besprechungen vernünftig vorzubringen. Das sind die Schlüsselzutaten zur erfolgreichen Abhaltung von Besprechungen.

21 Regeln für erfolgreichere Konferenzen

Vor der Sitzung

1. Alternativen bedenken: a) selbst entscheiden, b) Telefonkonferenz, c) verschieben, d) absagen, e) einen Vertreter entsenden.
2. Sinn und Zweck klar definieren (analysieren, entscheiden, informieren, koordinieren).
3. Teilnehmerzahl begrenzen (es sollten nur die teilnehmen, die unbedingt gebraucht werden).
4. Teilnahmezeit begrenzen (nur so lange teilnehmen, wie der eigene Beitrag gebraucht wird).
5. Den geeigneten Zeitpunkt wählen (strategische Terminwahl – wenn Informationen und Teilnehmer verfügbar sind).
6. Den richtigen Ort wählen (weit genug entfernt, um Störungen soweit wie möglich auszuschalten; gute Verkehrsanbindung).
7. Tagesordnung und Informationen vorher verschicken (keine Überraschungen, alle sind vorbereitet).
8. Sitzungskosten berechnen, in Kosten pro Minute umrechnen (Kosten für einen zu späten Beginn und Kosten für die einzelnen Tagesordnungspunkte berechnen).
9. Einzelne Tagesordnungspunkte mit Zeitrahmen versehen (Zeiteinteilung nach Bedeutung der einzelnen Punkte).
10. Zeitrahmen für Gesamtsitzung festlegen (Ende der Sitzung vorher festlegen und entsprechend informieren).

Während der Sitzung

11. Pünktlich anfangen (nicht die Pünktlichen bestrafen und die Unpünktlichen belohnen, indem man auf sie wartet!).
12. Mitarbeiter mit Verantwortung für Zeiteinhaltung und Protokollführung betrauen.
13. „Stehkonvente" abhalten.
14. Sofort in die Tagesordnung eintreten und Tagesordnung einhalten. Führungsstil des Vorsitzenden hängt vom Zweck der Sitzung ab – informieren, kreative Lösungen erarbeiten oder Entscheidung bilden.
15. Störungen ausschalten (keine Telefongespräche oder Nachrichten zulassen, es sei denn, es handelt sich um Notfälle).
16. Sinn und Zweck der Sitzung verwirklichen. Schlußfolgerung wiederholen, Aufgaben klären.
17. Sitzung bewerten (Waren die Vorabinformationen ausreichend? Hat die Sitzung pünktlich angefangen? Wurde die Tagesordnung eingehalten? Wurde der Zweck innerhalb der vorgesehenen Zeit erreicht? Waren die richtigen Teilnehmer da? Wurde Zeit verschwendet?)
18. Pünktlich aufhören (Pläne derjenigen respektieren, die davon ausgegangen sind, daß die Besprechung pünktlich endet).

Nach der Sitzung

19. Auf schnelle Fertigstellung des Protokolls drängen (Ergebnisprotokolle sollten die getroffenen Entscheidungen, die Namen der für die Durchführung zuständigen Mitarbeiter und die gesetzten Termine enthalten. Protokollversendung innerhalb von 48 Stunden).
20. Nachbereitung: a) Statusberichte, b) Ausführung von Entscheidungen.
21. Bestandsaufnahme der verschiedenen Ausschüsse erstellen. Ausschüsse, die ihren Auftrag erfüllt haben, auflösen.

11. Selbstbewußtes Auftreten ... spart Zeit

„Was konnte Liebe, das ungelöste Geheimnis, noch gelten angesichts des ihr eigenen Selbstbewußtseins, das sie plötzlich als den stärksten Impuls ihres Wesens erkannte.

Kate Chopin (1889)

Mit Selbstbewußtsein und bestimmtem Auftreten lassen sich einige kritische Zeitfallen mindern oder ganz ausschalten. Wer seine *eigenen Rechte verficht*, ohne die Rechte anderer mit Füßen zu treten, kann seine eigene Zeit besser steuern und effektiver nutzen – am Telefon, gegenüber unangemeldeten Besuchern, in Konferenzen, beim Delegieren und beim Ablehnen unvernünftiger Forderungen.

Wer Selbstbewußtsein besitzt, sagt, was er meint und was er fühlt, ohne andere damit herabzusetzen. Selbstbewußtsein ist etwas anderes als *aggressives Verhalten*, mit dem man andere direkt oder indirekt herabsetzt. Selbstbewußtsein unterscheidet sich außerdem von passivem Verhalten, bei dem man die Gefühle und Gedanken anderer ernst nimmt, nicht aber die eigenen. Ein passives Verhalten scheint oft der leichteste Weg zu sein, führt aber später immer zu unguten Gefühlen gegenüber sich selbst. Diese unguten Gefühle stehen oft in Verbindung mit einem Mißmanagement der eigenen Zeit.

Warum Selbstbewußtsein?

Wir alle mißbrauchen unsere Zeit und lösen damit Frustrationen aus. Frau J. hat z.B. auf der anderen Seite der Stadt um 13.00 Uhr eine Besprechung. Jetzt ist es 12.00 Uhr. Sie hat noch nicht gefrühstückt und muß also unbedingt etwas essen, ehe sie zu diesem Termin geht.

Sie betritt ein Restaurant, schaut sich um, stellt fest, daß ziemlich viel Betrieb ist, und setzt sich. Die Kellnerin kommt vorbei, ein paar Minuten vergehen, die Kellnerin kommt wieder vorbei, wieder vergehen ein paar Minuten. Frau J. schaut auf die Uhr, ist enttäuscht und stellt fest, daß ihr die Zeit wegläuft. Sie tut aber nicht mehr, als der Kellnerin halbherzig über den Raum hinweg zuzuwinken und zu versuchen, ihre Aufmerksamkeit zu erlangen. Schließlich erkennt Frau J., daß ihr die Zeit zum Essen nicht mehr reichen wird, wenn sie zur Besprechung um 13.00 Uhr pünktlich sein will, selbst dann nicht, wenn die Kellnerin jetzt käme, ihre Bestellung aufnähme und ihr das Essen brächte. Frau J. verläßt also das Restaurant mit leerem Magen und einigen unguten Gefühlen. Primär ärgert sie sich über ihre eigene Ineffektivität in dieser Situation. Sie hat sich passiv verhalten und sich selbst herabgesetzt. Sie hat ihre Rechte nicht erkannt und ist auch nicht dafür eingetreten.

Umgekehrt hätte Frau J. sich auch für eine aggressive Bewältigung der Situation entscheiden können. Sie hätte beispielsweise die Kellnerin beim ersten oder zweiten Vorbeigehen am Arm packen und folgendes sagen können: „Fräulein, hören Sie zu, ich habe es sehr, sehr eilig, bitte bringen Sie mir sofort die Karte, damit ich meine Bestellung aufgeben und in 20 Minuten wieder von hier verschwinden kann, in Ordnung?“ Mit einem solchen Verhalten hätte Frau J. natürlich ihr Recht in Anspruch genommen, nämlich das Recht, in ein Restaurant zu gehen und bedient zu werden. Sie behandelt aber die Kellnerin auf eine feindselige und herabsetzende Art und Weise. Frau J. dürfte zwar bedient werden. Sie wird ihr eigenes Verhalten aber sicherlich nicht gutheißen, wenn sie später die Situation noch einmal überdenkt. Durch aggressives Verhalten erreichen wir zwar zunächst das *angestrebte Nahziel*, allerdings mit zwei negativen Folgen. Erstens macht man sich den anderen zum Feind, weil er sich ärgert, auf so herablassende Art und Weise behandelt zu werden. Zweitens hat man später ein schlechtes Gewissen und ärgert sich über das eigene Verhalten in dieser Situation.

Passives oder aggressives Verhalten hat also negative Folgen. Hat Frau J. noch eine weitere Alternative in ihrer Situation im Restaurant? Ja, sie hat die Alternative des selbstbewußten Auftretens. Frau J. hätte die Kellnerin beim ersten oder zweiten Vorbeigehen am Arm berühren können, um ihre Aufmerksamkeit zu gewinnen. Dann hätte sie folgendes sagen können: „Ich sehe durchaus, daß Sie zur Zeit sehr vielbeschäftigt sind. Ich muß aber unbedingt meine Bestellung abgeben." Mit diesen Worten erreicht Frau J. zweierlei. Sie berücksichtigt die Situation der Kellnerin, indem sie anerkennt, daß sie viel zu tun hat. Außerdem nimmt sich Frau J. selbst ernst, indem sie ihr eigenes Bedürfnis ausspricht, sie will bestellen und bedient werden. Es ist jedoch zu bedenken, daß man mit selbstbewußten Auftreten nicht immer das bekommt, was man will. Es gibt keine Theorie oder Technik, die Ihnen das garantieren kann – weil Sie nicht die Kontrolle über das Verhalten anderer haben. Wenn Sie jedoch in einer Reihe von Situationen selbstbewußt auftreten, erhöht sich die Wahrscheinlichkeit, daß Sie das, was Sie wollen, auch bekommen. Die positiven Folgen selbstbewußten Auftretens (hier sind die Ergebnisse immer positiv) bestehen darin, daß Sie sowohl in der Situation selbst als auch später mit sich zufrieden sind. Wer selbstbewußt auftritt, weiß, daß er alles Mögliche und Notwendige getan hat. Sie haben die Gefühle und Rechte des anderen berücksichtigt und auch die eigenen Gefühle und Rechte ernstgenommen. Dies ist ein wichtiger positiver Nutzen, der die Selbstachtung beträchtlich erhöht.

Was soll ich tun, um selbstbewußter aufzutreten?

„Ich weiß nun, warum es so wichtig ist, selbstbewußt aufzutreten und daß ich mich dann selbst auch wohler fühle, *aber wie mache ich das?*"

Es gibt *einige Grundtechniken*, die Sie sofort einsetzen können und mit deren Hilfe Sie selbstbewußter werden. Eine Veränderung des Gesamtverhaltens läßt sich nicht über Nacht bewerkstelligen. Es geht hier um einen kontinuierlichen Prozeß mit vielen kleinen Erfolgen. Gekoppelt mit den übrigen Ansätzen dieses Buches wird das Selbstbewußtsein zu einem Grundinstrument im eigenen Repertoire der Zeitmanagementfähigkeiten.

Ich-Aussagen

Der erste Schritt zu mehr Selbstbewußtsein sind Ich-Aussagen. Der Sozialisationsprozeß in unserer Kulturwelt ist soweit gegangen, daß sich besonders Frauen unwohl fühlen, wenn sie das Wort ‚ich' aussprechen. Dieses Wort wird als Ausdruck der Selbstbezogenheit interpretiert. „Wenn ich immer in Ichform denke und spreche, bedeutet das nicht, daß ich *selbstsüchtig* bin und nur an mir selbst interessiert bin? Im Grunde können Sie in Ich-Aussagen ehrlich, klar und genau beschreiben, was Sie fühlen, denken und wollen.

Wer von Du-Aussagen auf Ich-Aussagen übergeht, muß erkennen, daß Du-Aussagen oft eine feindselige, herabsetzende, aggressive Botschaft enthalten. „Du machst mich wütend! Du hast mir den Tag verdorben." Damit schieben Sie dem anderen die *Schuld* an den eigenen Gefühlen zu. Im Gegensatz dazu steht der Ausspruch: „Ich bin wirklich wütend! Ich habe den Eindruck, mir ist der ganze Tag verdorben." Damit gebe ich zu, was *ich fühle*. Damit gebe ich die Wirklichkeit genauer wieder. Niemand kann mich wütend machen, niemand kann mich dazu zwingen, meinen Tag als verdorben zu erleben. Obwohl das Verhalten anderer und obwohl Ereignisse außerhalb des eigenen Kontrollbereichs auf uns wirken, bleibt uns die eigene Reaktion immer noch selbst überlassen. Ich habe mich an einem bestimmten Punkt dazu entschlossen, wütend zu sein und deshalb zu glauben, daß mein Tag verdorben sei. In der Verwendung von Ich-Aussagen erkennt eine Frau an, daß dies ihre eigenen Gefühle und Gedanken sind.

Mit einer Ich-Aussage löst man auch eher eine *positive Reaktion* beim anderen aus als mit einer Du-Aussage. Sie wissen selbst, wie Sie reagieren, wenn jemand Ihnen sagt „Sie haben das, Sie haben jenes getan". Entweder reagieren Sie passiv, verunsichert und eingeschüchtert, oder Sie reagieren aggressiv aus einer Abwehrhaltung heraus und schlagen zurück. Zu guter Kommunikation führt keiner dieser Ansätze. Mit Ich-Aussagen jedoch, in denen ich die Verantwortung für die eigenen Gefühle und Maßnahmen selbst übernehme, lade ich den anderen ein, entsprechend zu reagieren.

Beachten Sie bitte, daß die Emotionen, die mit Ich-Aussagen ausgedrückt werden, genauso stark sind wie in Du-Aussagen. „Ich bin wirklich wütend! Ich habe den Eindruck, daß mir der ganze Tag verdorben ist!" Mit Ich-Aussagen können Sie Ihre eigenen Gefühle dem anderen mitteilen und gleichzeitig diese Gefühle unter Kontrolle halten. Mit anderen Worten: Sie können gleichzeitig fühlen und denken. Sie brauchen sich nicht von Ihren Gefühlen überwältigen zu lassen, Sie brauchen aber auch nicht vorzugeben, daß sie nicht existieren. Sie fühlen, Sie drücken Ihre Gefühle aus, und Sie beherrschen Sie.

Kurze Antworten oder Reaktionen

In Krisensituationen gerät das eigene Temperament oft außer Kontrolle. Solche Situationen kann man mildern, indem man in Gesprächen zu *kurzen Antworten* greift. In emotionsgeladenen Dialogen neigen wir alle dazu, endlos zu reden, wenn wir das Wort haben. Das führt uns dann immer zu passivem oder aggressivem Verhalten.

Frau J. sagt zu ihrer Kollegin in der Produktion: „Frau B., ich möchte gerne eine Sache mit Ihnen besprechen. Geht es jetzt gleich?" Wenn Frau J. hier aufhört und Frau B. die Möglichkeit zur Antwort gibt, hat sie eine ganz bestimmte sachliche Aussage abgegeben. Spricht Frau J. aber weiter, wird sie wahrscheinlich entweder passiv oder aggressiv und wird schließlich sagen: „Frau B., ich möchte unbedingt mit Ihnen über ein Problem sprechen. Geht es jetzt? Ich wollte Sie schon vor drei Wochen darauf ansprechen, habe es dann aber doch nicht getan. Ich habe gedacht, ich würde Ihnen, nun ja, und dann heute morgen, nun ja, ich kann Ihnen ansehen, daß Sie lieber gar nicht darüber sprechen wollen ... es tut mir leid." Durch dieses Weiterreden hat Frau J. sich offensichtlich selber in passives Verhalten hineingeredet. Sie wird schließlich nicht nur mit ihren Worten, sondern auch mit ihrer Stimmlage und mit ihrer nonverbalen Kommunikation eine schwache, unsichere Nachricht übermitteln.

Ein weiteres starkes Zeichen für ihre Passivität ist das „es tut mir leid" am Ende ihrer abschweifenden Worte. Dieses „es tut mir leid" ist oft keine Entschuldigung für ein falsches Tun, sondern eine *nervö-*

se Reaktion weil man eine peinliche Stelle überbrücken will oder weil man eine Gesamtentschuldigung dafür gibt, daß man überhaupt vorhanden ist. Wer feststellt, daß er sehr oft „es tut mir leid" sagt, sollte mit diesen Aussprüchen ganz aufhören, mit Ausnahme der Fälle, in denen man sich tatsächlich für eine Aussage oder ein bestimmtes Verhalten entschuldigt.

Wer in Gesprächen kurze Antworten gibt, wird auch weniger aggressiv. In ihrer Unterredung mit Frau B. kommt Frau J. vielleicht schließlich zu folgender Aussage, wenn sie weiter und weiter redet: „Frau B., mir geht schon einige Zeit etwas im Kopf herum, worüber ich mit Ihnen sprechen wollte. Können wir jetzt darüber sprechen? Sie haben vor einer Woche wieder getan, was vor drei Monaten schon einmal vorgekommen ist. Sie verderben immer alles, Sie wissen einfach nicht, was Sie tun, Sie sind inkompetent."

Damit ist Frau J. im Laufe ihrer Aussage von ihrem ursprünglichen Selbstbewußtsein abgewichen und in *Aggressivität* geschlittert. Dies hätte sich abschwächen oder völlig vermeiden lassen, wenn Frau J. ihre ursprüngliche Aussage auf zwei Sätze begrenzt und Frau B. Gelegenheit zur Antwort gegeben hätte.

Mit passivem und mit aggressivem Verhalten verschwendet man Zeit. Bei passivem Verhalten bleiben bestimmte Situationen oft ungelöst. Sie verfahren sich und müssen immer wieder von neuem bewältigt werden. Durch passives Verhalten ruft man Spannungen und Mißtrauen hervor. Dadurch wird eine reibungslose und produktive Kommunikation behindert. Mit selbstbewußtem Verhalten kann man eine Situation direkt und sachlich bewältigen. Selbstbewußtsein ist also ein *Zeitsparfaktor*.

Langsamer sprechen

Auch mit einer *langsameren Sprechweise* werden Sie mehr Selbstbewußtsein vermitteln. Wer in passives oder aggressives Verhalten abgleitet, tendiert gerne dazu, schneller zu sprechen und hastigere Bewegungen zu vollführen. Wir lassen uns von den Gefühlen der passiven Unsicherheit und Verletzlichkeit oder der abwehrintensiven Aggression hinwegtragen – die Worte fließen schneller, die Bewegungen werden hektischer. Sprechen Sie langsamer, bewegen Sie sich langsamer. Auch wenn Sie innerlich erregt und aufgewühlt sind, können Sie anderen und sich selbst eine selbstbewußte Botschaft übermitteln, indem Sie sich äußerlich leichter bewegen. Dadurch werden Sie auch innerlich allmählich ruhiger.

Mit tiefer Stimme sprechen

Sprechen Sie bewußt mit tieferer Stimme, wenn Sie dazu neigen, in gefühlsbetonten Situationen *schriller* zu werden. Dadurch können Sie passives und aggressives Verhalten vermeiden. Diese beiden Verhaltensweisen werden oft durch eine hohe Stimme charakterisiert.

Die eigene Stimmlage überwachen

Mit Ihren Worten übermitteln Sie *eine* Botschaft, eine andere übermitteln Sie mit Ihrer Stimmlage. Was wird der andere, der Sie hört, glauben? Er wird sich nach Ihrer Stimmlage richten. Sie übermittelt nämlich die stärkere Botschaft.

Führen Sie folgendes Experiment durch. Es geht um den Ausspruch: „Herr X, ich will eine Gehaltserhöhung“. Wiederholen Sie diese Worte zuerst mit einer passiven, unsicheren Stimme, sprechen Sie sie dann auf aggressive, fordernde Weise aus. Sprechen Sie die Worte schließlich mit selbstbewußter, fester Stimme aus. Die Worte sind immer identisch, die Tonlage aber bewirkt den Unterschied in der tatsächlich übermittelten Botschaft.

Leider ist es besonders schwer, die eigene Tonlage zu erkennen, obwohl wir sie bei anderen unmittelbar heraushören. Wie oft haben wir schon gesagt: „Es waren nicht Ihre Worte, es war der Ton“. Sie können sich sicherlich auch an Begebenheiten erinnern, in denen Sie die Worte, die der andere ausgesprochen hat, nicht einmal gehört haben, weil seine Tonlage eine solch mächtige eigenständige Botschaft übermittelte.

Sie müssen Ihre eigene *Tonlage überwachen*, so daß die von Ihnen übermittelte Botschaft in Ton und Worten übereinstimmt. Es ist für niemanden leicht, Mischbotschaften zu begreifen und auf sie zu reagieren. Wenn Sie die beiden folgenden Ratschläge beherzigen, werden Sie Ihre Tonlage immer unter Kontrolle haben:

1. Sichern Sie sich die Hilfe einer oder mehrerer Personen, zu denen Sie ein enges Vertrauensverhältnis haben. Bitten Sie sie um regelmäßiges Feedback dazu, ob Sie tatsächlich die Botschaft übermitteln, die Sie übermitteln wollen. Die anderen werden die Nuancen in Ihrer Tonlage erkennen, die Sie selber nicht wahrnehmen können.

2. Lassen Sie auf Ihrem Schreibtisch oder in Ihrer Küche – jedenfalls dort, wo häufig Gespräche stattfinden – einen Kassettenrecorder laufen. Schalten Sie das Gerät ein und nehmen Sie die Gespräche auf (vergessen Sie, daß das Tonband mitläuft). Hören Sie sich später die Aufnahme an und achten Sie genau auf Ihre Stimmlage.

Sie werden nicht nur feststellen, wo Sie Ihre Stimmlage modifizieren müssen, sondern Sie werden auch Beispiele für einen vorrangigen Einsatz der Stimmlage feststellen. Sie müssen sich der positiven Aspekte Ihrer Kommunikationsweise genauso bewußt werden wie der negativen, dann können Sie besser auf den positiven Aspekten aufbauen.

Wichtig – nonverbale Kommunikation

Die stärkste Botschaft überhaupt wird durch die nonverbale Kommunikation vermittelt – Blickkontakt, Haltung, Frisur, Art der Kleidung ... alles an Ihnen übermittelt eine Botschaft – zusätzlich zu den gesprochenen Worten und zur Stimmlage. Die genauen Prozentsätze sind zwar nicht bekannt, aber aus verschiedenen Untersuchungen geht hervor, daß die nonverbale Kommunikation oft stärker ist als die benutzten Worte und die Stimmlage zusammen.

Betsy unterhält sich mit ihrer Mutter und sagt: „Natürlich kannst du gerne noch eine Woche bei uns bleiben, Mutter.“ Trotzdem erkennt die Mutter die eigentliche Frustration und den Ärger, weil Betsy keinen Blickkontakt hält und ihre Zähne zusammenbeißt. Es wäre doch viel besser für Betsy und ihre Mutter, wenn sie direkt und selbstbewußt sagen würde: „Mutter, ich bin sehr froh, daß du bei uns bist, ich habe aber sehr viel zu tun, und deswegen wäre es besser, wenn du nicht noch eine weitere Woche bleibst. Schauen wir uns doch unsere Kalender an und machen wir aus, wann du wiederkommen kannst.“ Es ist sicherlich nicht leicht, einen solchen Ausspruch zu tun, und das Risiko besteht durchaus, daß die Mutter verletzt oder wütend reagiert. Betsy wird jedoch eine positive Erfahrung verspüren: Sie erkennt, daß sie ihre Mutter und sich selbst berücksichtigt hat. Sie hat ihre Gefühle und Wünsche ausgedrückt, ohne ihre Mutter herabzusetzen oder zu beleidigen.

Auch die Mutter wird bewußt und unbewußt lernen, ihrer Tochter auf ganz andere Weise zu vertrauen und sie zu respektieren. Auch die Tochter wird feststellen, daß sie sich ihrer Mutter näher fühlt und sie lieber hat, weil sie offen mit ihr war.

Zur guten nonverbalen Kommunikation gehört der Blickkontakt. Blickkontakt heißt nicht, den anderen anzustarren oder ständig anzuschauen, sondern heißt, dem anderen natürlich einige Sekunden in die Augen blicken, den Blick abschweifen lassen und wieder anblikken usw.

Findet der Augenkontakt auf *gleicher Ebene* statt, kann man sogar *noch selbstbewußter* auftreten. Situation: Sie sitzen am Schreibtisch, jemand kommt zu Ihnen herüber. Sie wollen in dieser Situation Selbstbewußtsein vermitteln. Sie sollten, wenn das möglich ist, entweder aufstehen, so daß sich Ihre Augen in etwa gleicher Höhe befinden, oder den anderen dazu auffordern, Platz zu nehmen. Wenn Sie sitzen bleiben und zum anderen aufschauen müssen, wird es Ihnen psychologisch schwer fallen, selbstbewußt aufzutreten.

Es wird sicherlich auch Situationen geben, in denen es nicht angebracht oder in denen es Ihnen unmöglich ist, die Augenhöhe auszugleichen. Hier müssen Sie auf andere Art Selbstbewußtsein zeigen, um diese Situation – einer oben, einer unten – zu bewältigen.

Auch die *Körperhaltung* ist wichtig, wenn man Selbstbewußtsein ausstrahlen will. Wer gerade, mit leicht auseinandergestellten Füßen steht, übermittelt Selbstbewußtsein nicht nur dem anderen, sondern auch sich selbst. So steht man jedenfalls sehr viel besser, als wenn man ein Bein ums andere hakt. Sie müssen nämlich eine Menge Energie aufwenden, um Ihr Gleichgewicht zu bewahren, so daß nicht mehr viel übrig bleibt, womit Sie Selbstbewußtsein übermitteln können.

Wer im Sitzen Selbstbewußtsein ausstrahlen will, sollte beide Füße flach auf den Boden stellen. Diese Sitzposition ist zwar nicht gerade bequem, besonders nicht über längere Zeit, aber Sie werden, wenn Selbstbewußtsein notwendig ist, dem anderen und sich selbst das Bild einer aufrechten und konzentrierten Person vermitteln.

Äußere Erscheinung

Viele werden sicherlich zustimmen, wenn behauptet wird, daß in unserer Welt zuviel Wert auf die äußere Erscheinung gelegt wird. Solange man aber auf der Grundlage von Frisur und Kleidung über andere urteilt, wird die äußere Erscheinung immer ein Faktor bleiben, der zu unserem Bild des Selbstbewußtseins beiträgt oder darüber entscheidet.

Selbstbewußt zu sein, bedeutet nicht, eine bestimmte Frisur oder eine bestimmte Art der Kleidung zu übernehmen. Zum Selbstbewußtsein gehört statt dessen, daß man seine eigenen Nah- und Fernziele, privaten und beruflichen Ziele kennt und sich dann fragt, ob die *gegenwärtige persönliche Erscheinung* zur Verwirklichung dieser Ziele beiträgt oder von der Verwirklichung dieser Ziele abhält.

Wenn bestimmte Hindernisse vorhanden sind und man sich ihrer bewußt wird, kann man unter drei Alternativen wählen: 1. Die in der äußeren Erscheinung liegenden Hindernisse beseitigen, 2. ein oder mehrere Ziele modifizieren, so daß die äußere Erscheinung nicht mehr ausschlaggebend ist, oder 3. nichts tun. Das Element des Selbstbewußtseins, das hier hineinspielt, bedeutet folgendes: Man überprüft sich selbst und fällt seine Entscheidungen in bezug auf die eigene äußere Erscheinung. Diese Entscheidung wird dann sehr viel angemessener und verantwortungsvoller sein.

Auch hier wird wieder das Zeitsparelement des Selbstbewußtseins sichtbar. Wer versucht, gegen einen oder mehrere persönliche Blokkaden vorwärts zu kommen, verbraucht viel Zeit und gerät in viele Schwierigkeiten. Durch die Beseitigung von Hindernissen aber kann man zielstrebig auf die Verwirklichung der eigenen Ziele hinarbeiten, seine Möglichkeiten maximieren und benötigte Zeit und Mühe minimieren.

Mit Selbstbewußtsein gegen Zeitfallen angehen

Störungen durch das Telefon. Störungen durch das Telefon werden weltweit als Zeitfallen genannt. Julia Jakobs hat gerade mit der Arbeit an ihrem Quartalbericht begonnen, als das Telefon klingelt. Sie nimmt den Hörer ab, beißt die Zähne zusammen und antwortet dem Partner am anderen Ende der Leitung nur halbherzig – und das 12 Minuten lang. Schließlich kommt der andere zum Schluß, die beiden verabschieden sich und Julia greift wieder zum Stift und will an ihrem Bericht weiterarbeiten. Sie braucht ein paar Minuten, ehe sie sich wieder eingedacht hat und anfangen kann zu schreiben. Das Telefon klingelt wieder. Sie stöhnt und nimmt den Hörer ab. Diesmal will einer ihrer Mitarbeiter über eine für das Ende der Woche angesetzte Konferenz mit ihr reden. Frau Jakobs Frustration wächst. Es dauert vier Minuten, bis ihr Mitarbeiter meint, daß er nun die gewünschte Information habe. Frau Jakobs legt wieder auf. Dieses Mal braucht sie noch länger, um sich wieder auf den Inhalt ihres Berichtes zu konzentrieren.

Eine solche Situation haben wir alle schon erlebt. Wir alle kennen die Gefühle der Frustration, der Bestürzung und schließlich der Resignation, die sich einstellen, wenn das Telefon immer wieder unseren Gedankenfluß und unsere Tätigkeit unterbricht. Vielleicht aber läßt man diese ständigen Störungen auch nur zu, weil man noch keine Durchsetzungsfähigkeit in bezug auf das Telefon entwickelt hat.

Viele Telefonstörungen kann man vermeiden, wenn man die Anrufe über eine *Zwischenstation* schalten läßt. Wer eine Sekretärin hat, sollte alle Gespräche über die Sekretärin als Filter laufen lassen. Wer keine eigene Sekretärin hat, kann sich mit anderen Kollegen absprechen, und man kann sich Telefongespräche *gegenseitig abnehmen.* Auch wenn Sie gelegentlich eine Reihe von Gesprächen für andere annehmen müssen, gewinnen Sie immer mehr zusammenhängende Zeit für sich selbst.

Wer sein Büro zu Hause hat oder oft Arbeiten zu Hause erledigen muß, zu denen große Konzentration erforderlich ist, hat verschiedene Möglichkeiten, Störungen durch das Telefon auszuschalten: 1. Nachrichten durch Familienmitglieder entgegennehmen lassen, 2. einen Telefonauftragsdienst einschalten, 3. einen Anrufbeantworter kaufen und 4. ohne Gewissensbisse den Telefonhörer abnehmen und neben dem Telefon liegenlassen. Schon eine halbe Stunde ununterbrochene Zeit kann unschätzbare Vorteile für die eigene Konzentration erbringen. Wie schön ist es, wenn das Telefon nicht dauernd klingelt und man nicht ständig damit rechnen muß, daß es klingelt. Denken Sie immer daran, daß der andere wieder anrufen wird, wenn es um etwas Wichtiges geht.

Wenn Sie aber unbedingt ans Telefon gehen müssen, antworten Sie selbstbewußt. Halten Sie sich an Ich-Aussagen und kurze Antworten. Zögern Sie nicht zu sagen: „Ich kann jetzt nicht sprechen, kann ich später zurückrufen?“ Wenn das Gespräch sich hinzieht, sollten Sie sagen: „Ich muß jetzt aufhören, vielen Dank für Ihren Anruf.“ Vielleicht gehen Sie noch auf das Gespräch ein: „Ich werde Sie morgen zurückrufen und Ihnen die nötige Information geben“, oder: „Bitte benachrichtigen Sie mich, wenn Sie die Statistiken zu diesem Projekt vom letzten Jahr gefunden haben.“

Denken Sie immer daran, daß Ihre Stimmlage am Telefon die stärkste Botschaft vermittelt. Hören Sie sich Ihren eigenen Ton an, um sicherzustellen, daß Sie Selbstbewußtsein vermitteln. Mit einer schwachen, unsicheren, passiven Tonlage übermitteln Sie dem anderen die Botschaft der Manipulierbarkeit und Schwäche.

Mit einem aggressiven Ton vermitteln Sie Feindseligkeit und Abwehr und lösen auch beim Gesprächspartner eine Abwehrhaltung aus. Mit einer *festen Stimme* maximieren Sie Einfluß und Macht Ihrer Botschaft und übermitteln Empathie und Respekt für den anderen.

Unangemeldete Besucher. Bei unangemeldeten Besuchern sollte man genauso wie bei Telefongesprächen am besten mit einem *Aussiebeprozeß* ansetzen, so daß die potentiellen zufälligen Besucher keinen unmittelbaren Zugang zu Ihnen haben. In einem Büro kann eine Sekretärin oder eine Empfangsdame Ihre Besucher abfangen. Sorgen Sie dafür, daß Ihre Sekretärin klare Anweisungen hat, wie sie sich in solchen Situationen verhalten soll. Dazu gehört auch, daß sie Termine verabreden oder den Besucher an jemand anders verweisen kann. Die Sekretärin kann Ihnen auch helfen, wenn eine Unterredung mit einem Besucher beendet werden soll. Sie kann Sie beispielsweise anrufen und Ihnen mitteilen, daß die angesetzte Zeit vorüber ist. Die Sekretärin kann auch zu Ihnen hereinkommen und Sie an die Erledigung dringender Aufgaben erinnern.

Sehr erfolgreich hat sich auch die Einführung einer „stillen Stunde" erwiesen. Wir haben dies in Kapitel 9 ausführlich behandelt. Die Türe mindestens eine Stunde lang täglich zu schließen, um zu lesen, nachzudenken und zu planen, ist kein Luxus. Es handelt sich im Gegenteil um einen sehr effektiven Ansatz zum Zeit- und Streßmanagement. *Nutzen Sie ihn.*

Wenn trotzdem Besucher zufällig vorbeikommen, haben Sie immer noch Möglichkeiten, diese Störungen mit Festigkeit und Selbstbewußtsein auf ein Minimum zu reduzieren. Sie begrüßen den Besucher z.B. mit den Worten: „Guten Tag, Herr G., wie geht es Ihnen? Ich habe jetzt nur 5 Minuten Zeit". Will der Besucher über etwas Wichtigeres sprechen, können Sie sagen: „Frau H., ich weiß, daß wir diese Sache unbedingt besprechen müssen, ich habe aber jetzt nur begrenzte Zeit. Wie lange, glauben Sie, werden wir für die Besprechung dieser Angelegenheit brauchen?" Sie können dann entweder einen *Termin ausmachen* oder die Sache *sofort besprechen* und sich auf ein *Zeitlimit* einigen.

Wenn ein unangemeldeter Besucher nicht gehen will, ergänzen Sie Ihr verbales selbstbewußtes Verhalten und stehen auf. Dies Signal ist unmißverständlich, aber sicherlich nicht unhöflich.

Wenn sich ein Besucher, was allerdings nicht häufig vorkommt, bei einer solchen Begegnung feindselig benimmt, läßt sich derselbe bestimmte Ansatz verwenden. Sprechen Sie in Ich-Form, sprechen Sie langsam, geben Sie kurze Antworten mit fester Stimme.

Ineffektive Delegation. „Es ist viel einfacher, wenn ich es selbst tue", „Ich weiß nicht, wie ich ihm diese Verantwortung übertragen soll". „Ich möchte von anderen nicht zuviel fordern". Diese Aussagen sind typisch für viele Frauen, die um mehr Selbstbewußtsein beim Delegieren kämpfen. Frauen sind dazu erzogen worden, von anderen möglichst *nichts zu fordern.* Viele Frauen haben mehr Erfahrung als Delegationsempfänger als als aktiv Delegierende. Viele Frauen bewegen sich hier auf einem unvertrauten Feld, das sie beunruhigt.

Wenn Sie delegieren, müssen Sie unbedingt erkennen, daß Sie das Recht haben, andere, ob Familienmitglieder, Freunde oder Kollegen, um die Erledigung von Aufgaben zu bitten. Es existiert in unserer Welt immer noch der Mythos, daß etwas nicht allzu viel zählt, wenn man darum bitten muß. „Wenn sie wirklich Wert darauf legte, würde sie ...". „Wenn er mich wirklich liebte, würde er ..." Es ist unrealistisch, von jemandem zu erwarten, daß er immer willens und in der Lage ist, unsere Wünsche und Bedürfnisse zu erspüren und sie zu erfüllen. Wieviel gesünder ist es, wenn man die Sache selbst in die Hand nimmt und seine Wünsche *ausspricht.* Warum zögern Sie dabei? Weil das Risiko der *Ablehnung* besteht? Der andere sagt vielleicht nein. Natürlich ist dieses Risiko immer vorhanden. Dieses Risiko der Ablehnung muß man jedoch gegen die Situation, in der man gerade steckt, abwägen.

Wer das Risiko des Bittens auf sich nimmt, wird feststellen, daß sich die *Erfolgsquote erhöht.* Ihre Wünsche werden häufiger erfüllt. Die Entwicklung der Fähigkeit, um das zu bitten, was man will, wirkt sich unmittelbar auf die *eigene Delegationsfähigkeit* aus. Sie werden sich mit der Zeit mit Ihren grundlegenden Selbstbewußtseinsrechten immer wohler fühlen, Sie werden öfters und richtiger delegieren. Eine mehr in Einzelheiten gehende Aufstellung über den Nutzen der Delegation, ihre Probleme und ihre Lösungen finden Sie in Kapitel 8.

Unfähigkeit nein zu sagen[1]. Eine Analyse der Gründe für die Unfähigkeit, nein zu sagen, sowie Lösungsmöglichkeiten finden Sie in Kapitel 3. Frau M. kann nicht nein sagen, wenn sie gebeten wird, die Leitung des nächsten Wohltätigkeitsprojektes zu übernehmen oder wenn ihr ein neues Reinigungsmittel an der Haustür angeboten wird. Folglich braucht sie meistens mehr Zeit und Geld, als für sie richtig und gut wäre.

Nicht nein sagen zu können, führt zu viel *Zeitverschwendung*. Besonders Frauen fällt es schwer, nein zu sagen. Dies liegt häufig an der Erziehung, weil Frauen meistens dazu angeleitet werden, immer hegend und pflegend zu reagieren und auf andere einzugehen (ungeachtet der persönlichen Kosten). Eine Frau muß sich also in ihrer *psychischen Einstellung gewaltig ändern*, um das Neinsagen zu erlernen.

Man braucht Übung, um sich bei einem Nein wohlfühlen zu können. Bei den ersten Malen wird man tief Luft holen müssen und das Nein sicherlich nur kratzend herausbringen. Dennoch gelangt man schnell zu der Erkenntnis, daß man mehr Verantwortung gegen sich selber und gegen den anderen ausübt, wenn man eine solche Antwort gibt. Dem Nein kann man oft eine *kurze Erklärung* folgen lassen, warum man ablehnt. „Nein, ich habe diese Woche schon genügend Verpflichtungen, die ich gerade noch bewältigen kann“, oder: „Es ist mir eine Ehre, daß Sie mich darum bitten, in diesem Ausschuß mitzuarbeiten. Dieses Mal muß ich aber ablehnen“.

Denken Sie bitte immer daran, daß Sie ein *Recht* dazu haben, nein zu sagen, und daß Sie dabei nicht selbstsüchtig und auch nicht gleichgültig sind. Sie sind sich selbst und andern gegenüber ehrlich und verantwortungsvoll.

---

1 Eine Analyse der Gründe für die Unfähigkeit, nein zu sagen, finden Sie in Kapitel 3.

Durch eine selbstbewußte Haltung und durch selbstbewußtes Verhalten werden Sie mit allen Zeitfallen effektiver fertig werden, ob Sie dazu neigen, zu viel auf einmal in Angriff zu nehmen, ob es um plötzlich angesetzte Besprechungen, Krisen, um gesellschaftlichen Kontakt oder Unentschlossenheit geht. Denken Sie an Ihre *grundlegenden Selbstbestimmungsrechte* und nutzen Sie die spezifischen Selbstbewußtseinstechniken in Ihren Begegnungen mit anderen. Üben Sie Ihr Selbstbewußtsein.

12. Die Zusammenarbeit zwischen Chef und Sekretärin

von *Billie Sorensen*[1]

> Wir wurden durch gemeinsame Arbeit und gemeinsame Ziele eng aneinander gekettet.
>
> *Judy Chicago*

Fortbildungsseminare zum Thema Zeitmanagement haben mehr und mehr an Bedeutung gewonnen. Dadurch hat sich auch die Einstellung von Führungskräften zur Rolle ihrer Sekretärin gewandelt. Eine Führungskraft, die die Zeit als wichtigen Aktivposten erkennt, muß feststellen, daß die Hilfe einer tüchtigen Sekretärin für die effektive Nutzung dieses Zeitkapitals unerläßlich ist. Viele Führungskräfte stellen fest, daß sie durch die Hilfe einer effektiven Sekretärin ihre eigene Produktivität um 30 – 50 % steigern können. Da die Sekretärin mehr Verantwortung übernimmt, ist auch sie dazu motiviert, ihre Zeit besser zu nutzen.

In den vorhergehenden Kapiteln haben wir uns mit Planung, *Organisation* und *Delegation* als Prinzipien des Zeitmanagements befaßt. In diesem Kapitel geht es uns um die *Zusammenarbeit* der weiblichen Führungskraft mit ihrer Sekretärin. Die Sekretärin ergänzt die Vorgesetzte in ihrer Arbeit und dient als Bindeglied und Verbündete zum Führungsteam. Ein weiteres Thema ist die Zusammenarbeit mit mehreren Vorgesetzten.

---

1 Ko-Autorin mit *Alec Mackenzie* „Time Management for Secretaries", ein Kassettenprogramm, Advanced Management Research.

Die Rolle der Führungskraft

Die Leitung im Team Führungskraft – Sekretärin muß natürlich von der Führungskraft übernommen werden. Sie ist verantwortlich für die wichtigen Entscheidungen und die Bestimmungen der *Prioritäten*. Sie darf nur das selbst tun, was sich nicht delegieren läßt. Die effektive Führungskraft wird ihre Sekretärin als *vollwertiges Mitglied* des Teams anerkennen. Sie ist den übrigen Mitgliedern des Führungsteams *gleichwertig*.

Sekretärinnen bedauern häufig, daß ihnen kein *fester Gesprächstermin* zur Besprechung von Arbeit und Fragen bei der Vorgesetzten eingeräumt wird. Sobald eine andere Führungskraft während einer Besprechung zwischen Sekretärin und Chefin das Büro betritt, muß die Sekretärin oft gehen, und ihre Fragen bleiben unbeantwortet. Aus diesem Grunde lautet der wichtigste Vorschlag zur Verwirklichung von Teamarbeit: Widmen Sie die erste Viertelstunde Ihres Arbeitstages (oder mehr, wenn nötig) Ihrer Sekretärin. Diese Zeit muß für Sie *unantastbar* bleiben. Nutzen Sie diese Viertelstunde zur Festlegung der Tagespriorität, gehen Sie durch, was erledigt werden muß, schauen Sie sich die schriftlichen Tagespläne und die Tageseinteilung an. Außerdem müssen Sie die Fragen Ihrer Sekretärin beantworten, mit denen sie bis zu diesem Kommunikationszeitraum gewartet hat. Lassen Sie sich von Ihrer Sekretärin sämtliche Unterlagen und Hilfsmaterialien bereitlegen, die Sie zur Erledigung der Tagesprioritäten brauchen.

Während dieses Zeitraums sollten Sie auch *alle Aufgaben delegieren*, die von Ihrer Sekretärin erledigt werden können. Delegieren heißt *nicht abdanken*. Wägen Sie ab, was Ihre Sekretärin mit ihren Fähigkeiten und Fertigkeiten erledigen kann. Fehlt es ihr an Erfahrung oder Übung, sollten Sie sich die Zeit nehmen, sie entsprechend zu *unterweisen*. Denken Sie daran, daß auch sie an und mit ihren Aufgaben wächst, überlegen Sie, welche administrativen Aufgaben sich möglicherweise an sie delegieren lassen.

Weltweit beklagen sich Sekretärinnen darüber, daß sie *nicht genügend informiert* werden, daß sie nicht auf dem laufenden gehalten werden. Sie betrachten dieses Verhalten als Ursache für *große Zeitverluste.* Geben Sie Ihrer Sekretärin genügend *Hintergrundinformationen.* Informieren Sie Ihre Sekretärin *umfassend*, wenn Ihnen ein neues Projekt übertragen wird, damit sie Fragen beantworten und kleinere Probleme selbst bewältigen kann. „Ich kenne die Ziele meiner Vorgesetzten nicht, und ich weiß nicht, wie mein Verantwortungsbereich und meine Befugnisse abgegrenzt sind," – so oder ähnlich lauten die Klagen der Durchschnittssekretärin. Informieren Sie Ihre Sekretärin über Ihre langfristigen Ziele, bitten Sie sie, eine von Ihnen zu genehmigende Stellenbeschreibung für die eigene Position zu erstellen, damit der Verantwortungsbereich der Sekretärin abgegrenzt werden kann und damit Sie ihr die zur Ausführung notwendigen Befugnisse übertragen.

Um Ihres eigenen Rufes willen und um Ihrer Sekretärin peinliche Situationen zu ersparen, sollten Sie es sich bei Verlassen des Büros angewöhnen, ihr die ungefähre Zeit Ihrer Rückkehr zu nennen und zu hinterlassen, wo sie Sie notfalls erreichen kann. „Sie wissen nicht, wo sie ist, und Sie wissen auch nicht, wann sie zurückkommt? Ich denke, Sie sind ihre Sekretärin?" Diese Frage mußte sich eine frustrierte Sekretärin von einem verärgerten Kunden gefallen lassen.

Erledigen Sie Ihre Schriftsachen möglichst *zügig*. Sie brauchen Entwürfe oder Entscheidungen nicht fünfmal zu überprüfen. Das ist unnötige Zeitverzögerung. Perfektionismus ist nicht gefragt. Der sechste Entwurf eines Berichtes ist oft kein bißchen besser als der zweite. Das eigenhändige Schreiben eines Entwurfes dauert fünfmal so lang wie das Diktat auf Band. Wer ein Diktiergerät nutzt, kann jederzeit diktieren, ohne seine Sekretärin zu stören. Die Sekretärin kann ungestört nach Band arbeiten und dabei ihre Zeit gemäß den eigenen Prioritäten selbst einteilen. Lassen Sie sich nötigenfalls *schulen*, wie man richtig diktiert und Briefe und Berichte effektiv formuliert. So manche Briefe wird Ihre Sekretärin *selbständig erledigen* können. Lassen Sie sich bei wichtigeren Sachen, die Ihrer Kontrolle bedürfen, Entwürfe vorlegen. Wer *Routinekorrespondenz* bearbeiten oder aus Informationsbedarf lesen muß, sollte dies erst tun, wenn die wichtigsten Aufgaben schon erledigt sind und die Arbeitsenergie allmählich nachläßt. Etwa ab 16.00 Uhr nachmittags arbeiten die meisten Führungskräfte an Routineangelegenheiten.

Gewöhnen Sie sich so viel *Disziplin* an, daß Sie Ihre Sekretärin nicht unnötigerweise unterbrechen. Notieren Sie die zu besprechenden Fragen, wenn Sie die Antworten nicht sofort brauchen. Ihre Sekretärin versucht, Ihre Prioritäten zu erledigen. Diese Arbeiten werden nur verzögert, wenn Sie sie unterbrechen. Gestehen Sie auch Ihrer Sekretärin eine „stille Stunde“ zu. Erarbeiten Sie gemeinsam einen Plan für die Handhabung von Telefon und Besuchern. Übertragen Sie Ihrer Sekretärin die zur Ausführung des besprochenen Plans notwendigen *Befugnisse* und stellen Sie sich *stützend* hinter Ihre Sekretärin. Wer einen unangemeldeten Besucher gerade in dem Moment willkommen heißt, in dem die Sekretärin ihn abweisen will, fällt seiner Mitarbeiterin in den Rücken und macht es ihr unmöglich, als *effektive Zwischenstation* zu fungieren.

Werten Sie Ihre Sekretärin auf. Stellen Sie sie Ihren Kollegen, Klienten und Kunden vor. Wer eine gute Sekretärin hat, sollte seine Partner bitten, sich in den Fällen, in denen Sie nicht erreichbar sind, an die Sekretärin zu wenden, weil Sie wissen, daß sie alle Probleme während Ihrer Abwesenheit effektiv lösen wird. Sie sparen Zeit, weil Sie sich um Routinearbeiten und Detailfragen nicht mehr zu kümmern brauchen.

Sie sollten Ihre Sekretärin nicht darum bitten, Kaffee zu kochen und private Besorgungen zu machen. Wenn sie richtig in das Team integriert ist, wird sie solche Dinge gelegentlich freiwillig tun, weil auch ihr daran liegt, daß Sie Ihre Zeit effektiv nutzen. Führen Sie in regelmäßigen Abständen eine *Leistungsbeurteilung* durch, besprechen Sie Probleme und Pläne und bestärken Sie den Teamgeist. Solche Besprechungen sollte man etwa einmal vierteljährlich führen.

Die professionelle Sekretärin ergänzt ihre(n) Vorgesetzte(n)

Die Sekretärin hat die Aufgabe, ihre Vorgesetzte so zu unterstützen, daß sie ihre Ziele möglichst effektiv in kürzester Zeit erreicht, und sie muß ihre Aufgabe als Herausforderung empfinden und Möglichkeiten zur *Anreicherung* der *Arbeitsinhalte* suchen. Dazu muß sie die Nah- und Fernziele ihrer Vorgesetzten kennen, sich über die unternehmenspolitischen Richtlinien und Verfahrensweisen der Organisation auf dem laufenden halten und sich *eigene Langfristziele* setzen.

Ein Langfristziel kann z.B. lauten: Entwicklung einer Stellenbeschreibung und Erstellung eines Handbuches zu den Durchführungsverfahren für die im Büro anfallenden Arbeiten. Unserer Erfahrung nach kann höchstens eine von 10 Sekretärinnen auf eine Stellenbeschreibung zurückgreifen. Eine Stellenbeschreibung läßt sich als Grundlage für das Planen und Setzen von Zielen verwenden. Die Sekretärin weiß, wofür sie zuständig ist und welche Befugnisse sie hat, sie kann ihre Aufgaben besser koordinieren. Geht die Sekretärin in Urlaub oder kündigt sie, dient die Stellenbeschreibung der Nachfolgerin als Richtschnur. Wir haben einen Fall erlebt, in dem eine Sekretärin einen seit drei Monaten verwaisten Posten übernahm. Da ihre Vorgängerin eine gründliche Arbeitsbeschreibung und eine Mappe mit *Verfahrensrichtlinien* hatte, machte ihr die Einarbeitung in den neuen Verantwortungsbereich keine Schwierigkeiten.

Eine professionelle Sekretärin weiß, daß es bei der Zeiteinteilung nicht nur um die Vereinbarung von Terminen geht. Wer seine Zeit einteilen will, muß den *ganzen Tag* im Blick haben und ihn so einteilen, daß die wichtigsten Projekte erledigt werden können. Die meisten Sekretärinnen schätzen den Zeitbedarf realistischer ein als ihre Vorgesetzten und kennen sich auch mit der Führung eines Terminkalenders besser aus. Aus Zeit-Tagebüchern läßt sich entnehmen, wieviel Zeit für bestimmte Projekte in der Vergangenheit gebraucht wurden. Sie dienen also als Richtschnur für die Erstellung eines realistischen Zeitplans für die Zukunft.

„Ich wünschte, meine Sekretärin würde mehr Initiative zeigen" – klagen Manager häufig. Eine gut informierte und einigermaßen erfahrene Sekretärin sollte in der Lage sein, zwischen den wahrhaft wichtigen und den lediglich dringlichen Problemen zu unterscheiden. Sie wird die kleineren Probleme selbst bewältigen und genau wissen, was sie ihrer Vorgesetzten vorlegen muß. Sobald eine Einigung zur Handhabung von Telefongesprächen und Besuchern erzielt ist, wird die Sekretärin ihr gesundes Urteilsvermögen und all ihren Takt einsetzen müssen, um niemanden zu *kränken*.

Effektive Sekretärinnen sollten versuchen, für ihre Vorgesetzten und sich selbst *zusammenhängende Zeitblöcke* einzuführen, in denen keine Störungen zugelassen werden sollen. Eine stille Stunde zur Erledigung von Prioritätsaufgaben sollte den Sekretärinnen genauso zugestanden werden wie den Führungskräften. Wenn sich Anrufe nicht auf den Apparat einer Empfangsdame oder einer anderen Sekretärin umschalten lassen, kann die Vorgesetzte vielleicht eine Stunde lang selbst ans Telefon gehen.

Die Sekretärin sollte ihre Prioritäten und Erledigungsfristen in einem schriftlichen Tagesplan festlegen und so ihren Tag organisieren. Oft hören wir den Einwand: „Warum soll ich mir die Mühe machen, Prioritäten zu setzen, wenn meine Chefin sie mir bis spätestens 10.00 Uhr doch umstößt und mir andere verordnet?“ Setzen Sie Ihre Prioritäten trotzdem, denn so haben Sie eine Richtschnur, an die Sie sich wieder halten können, nachdem Sie die neuen Aufträge Ihrer Vorgesetzten erledigt haben. Wie leicht vergessen Sie Ihre Pläne und fangen nach jeder Unterbrechung an etwas anderem an. Am Ende des Tages haben Sie dann eine ganze Reihe von Aufgaben begonnen, aber keine einzige abgeschlossen. Eine gute Sekretärin, die ihrem Chef morgens eine Aufstellung der zu erledigenden Aufgaben oder ihren Tagesplan vorlegt, wird ein Umstoßen ihrer Prioritäten weniger häufig erleben. Auch für die Vorgesetzte kann die Sekretärin Prioritätsvorschläge erarbeiten. Die meisten Manager sind dafür dankbar. Die Sekretärin kann sie zur gegebenen Zeit an bestimmte Angelegenheiten erinnern.

Eine Sekretärin sollte die Zeit ihrer Vorgesetzten nicht übermäßig in Anspruch nehmen. Sie muß sich auf die Besprechungen gut vorbereiten, ihre Fragen in einer Liste zusammenstellen und die entsprechenden Unterlagen bereit halten. Sie sollte *flexibel* und *geduldig* sein und immer daran denken, daß es schwieriger ist, einen Brief zu formulieren als ihn zu tippen. Oft müssen Formulierungen geändert werden, so daß erneutes Tippen notwendig wird. Eine Sekretärin muß ihren *Humor bewahren*, um den Druck eines geschäftigen Tages etwas zu mildern. Hat sie einen Fehler gemacht, sollte sie ihre Vorgesetzte sofort in Kenntnis setzen, damit Korrekturmaßnahmen sofort eingeleitet werden können.

Die Sekretärin als Verbündete und Bindeglied zum Mitarbeiterteam

Eine Führungskraft, die sich mit allen Details befaßt, hat keine Zeit zum Führen, hat keine Zeit zu konzeptioneller Arbeit. Sie steht unter Streß, weil sie versucht, zu viel auf einmal zu erledigen und zu wenig Zeit für wirklich Wichtiges hat. Eine professionelle Sekretärin kann als *Verbündete* und *Bindeglied* zum Mitarbeiterteam wirken. Sie kann den Fortgang aller Projekte überwachen und mit den übrigen Mitgliedern des Teams zusammenarbeiten.

Oft widerstrebt es einer Führungskraft, Kontrollaufgaben an die Sekretärin zu delegieren, weil die Mitarbeiter daran gewöhnt sind, nur dem *Chef selber* über den Fortgang eines Projektes zu berichten. Führungskräfte der unteren Ebene fühlen sich herabgesetzt, wenn sie mit einer Sekretärin verhandeln müssen. Eine Führungskraft der mittleren Leitungsebene beklagte sich über den Versuch einer Sekretärin, bei ihm Informationen für den gemeinsamen Vorgesetzten einzuholen. „Warum soll ich über die Sekretärin als Schaltstelle gehen? Ich verdiene dreimal so viel wie sie. Sollte sich mein Chef nicht die Zeit nehmen, mir selbst zuzuhören?" Eine Sekretärin, die sich solchen Widerständen gegenüber sieht, wird Enttäuschung, Wut und schließlich Rachsucht erleben. Der Vorgesetzte muß noch mehr Zeit aufwenden, um die Wogen wieder zu glätten und seine im Eigenwert verletzten Mitarbeiter wieder aufzubauen.

Solche Probleme lassen sich vermeiden, wenn der Teamleiter allen *Mitarbeitern erklärt*, warum er die Verantwortung für die Kontrolle auf die Sekretärin überträgt. Das Team muß folgendes begreifen:

1. Wenn die Sekretärin als Schaltstelle fungiert, werden ihre Fragen normalerweise sehr viel schneller beantwortet, als wenn sie auf den persönlichen Rückruf des Vorgesetzten warten müssen. 2. Der Vorgesetzte gewinnt so Zeit für wichtigere Aufgaben. 3. Jeder Mitarbeiter erhält einen Gesprächstermin beim Chef, wenn sich die Notwendigkeit ergibt. Es muß deutlich gemacht werden, daß die Sekretärin keineswegs versucht, eine Mauer um den Vorgesetzten zu errichten und einen partizipativen Managementstil zu verhindern. Eine Sekretärin muß Gespür dafür haben und sich bemühen, solche Mißverständnisse auszuräumen.

In ihrem Verhältnis zu den übrigen Mitgliedern des Teams fungiert die Sekretärin als Verbündete. Sie darf *keine Günstlingswirtschaft* betreiben. Bei Bedarf muß sie für jedes Mitglied des Teams ungestörte Zeit mit dem Chef reservieren. Es hilft, wenn die *Wochenplanung* des Teamleiters bekannt ist. Sie sollte den Teammitgliedern jeweils eine Woche im voraus zugänglich gemacht werden. Damit läßt sich folgendes erreichen: 1. Aus dem Wochenplan geht hervor, woran der Chef arbeitet, wozu ihm seine Mitarbeiter eventuell maßgebliche Informationen zukommen lassen können. 2. Die beim Chef für die Sekretärin reservierte Zeit wird respektiert, weil die Mitglieder des Teams wissen, daß sie auch für sie Zeit beim Vorgesetzten einplanen wird. 3. Die Termine der Mitarbeiter beim Chef werden bestätigt. 4. Aus dem Wochenplan geht hervor, wann der Chef Termine frei hat, wenn eine Besprechung nötig wird. Wenn ein Terminwunsch abgelehnt oder verschoben werden muß, haben die Mitarbeiter Verständnis dafür (siehe Abb. 10 – Beispiel für einen Wochenplan). In einigen Organisationen planen die Vorgesetzten von vornherein Zeiten ein, in denen sie ihren Mitarbeitern zur Verfügung stehen, damit genügend Zeit für die Kommunikation zwischen den Mitgliedern des Teams und ihren Vorgesetzten bleibt. Die Führungskraft kann beispielsweise einführen, daß sie täglich zwischen 14.00 und 15.00 Uhr für ihre Mitarbeiter zur Verfügung steht. Sie können anrufen oder unangemeldet kommen (vorausgesetzt, daß nicht schon ein anderer Mitarbeiter bei ihr ist).

8.30 – 9.30 Uhr: Stille Stunde für die Abteilung

Montag

9.30	*J. W. (Sekretärin)*
10.00	*J.P. betr. Projekt 104*
14.30	*C.M. – Leistungsbeurteilungsgespräch*
15.30	______________________ (frei, Terminabsprachen möglich bis 16.30 Uhr)

Dienstag

9.30	*J. W. (Sekretärin)*
11.00	*K.S. – Buchhaltungsprobleme*
14.30	______________________ (frei, Terminabsprachen möglich)
16.00	*M.S. – Konzept für neues Buch*

Mittwoch

Dienstreise – außer Haus

Donnerstag

Dienstreise – außer Haus

Freitag

9.30	*J. W. (Sekretärin)*
10.15	*Schlußbesprechung zu Projekt 104 – J.P.*
14.00	*K.S. – Besprechung mit Buchhaltung*
15.30	______________________ (frei, eventuelle Termine möglich bis 16.30 Uhr)

Abb. 10. Wochenplan – H.D.R.

Eine Sekretärin, die als „Verbindungsoffizier" fungiert, muß vorsichtig agieren. Sie darf ihre Vorgesetzte durch Mißbrauch der ihr übertragenen Befugnisse weder *enttäuschen* noch *desavouieren*.

Alle Mitglieder des Teams werden in Konferenzen Zeit einsparen, wenn die Sekretärin *Eigeninitiative* ergreift. Da Konferenzen die Arbeitstage vieler Manager häufig in Bruchstücke zerreißen, ist eine effektive Kontrolle der in Konferenzen verbrachten Zeit absolut wichtig. Für jede Besprechung, auch wenn nur zwei daran teilnehmen, sollte Sinn und Zweck genau identifiziert und eine Tagesordnung vorbereitet werden. Dient die Besprechung der Information, der Berichterstattung über den Fortgang der Arbeit oder zur Bildung einer Entscheidung? Der Zeitrahmen wird der Bedeutung des Themas angemessen festgelegt. Wenn nur begrenzte Zeit zur Verfügung steht, kommen alle besser vorbereitet in die Besprechung. In Kapitel 10 werden Konferenzen und Besprechungen im einzelnen analysiert.

Wenn eine Sekretärin weiß, daß ihre Vorgesetzte mit einer Terminvergabe einverstanden ist, vereinbart sie den Termin und klärt mit dem Besucher ab, wieviel Zeit nötig ist, um Ziel und Zweck zu erreichen und die gewünschten Themen hinreichend abzuhandeln. Sie unterrichtet ihre Vorgesetzte rechtzeitig von ihren Terminabsprachen, so daß sie nötigenfalls noch Änderungen vornehmen kann.

Entscheidungen, Daten für die Abgabe von Statusberichten und Erledigungsfristen sollten *schriftlich festgehalten* werden. Die Sekretärin übernimmt die damit zusammenhängenden *Überwachungsfunktionen* und informiert den Teamleiter, wenn der ursprüngliche Plan nicht eingehalten wird.

Arbeit für mehrere Vorgesetzte

Heutzutage arbeiten viele Sekretärinnen für mehrere Vorgesetzte, das heißt für zwei oder mehr Manager. Häufig kommt es vor, daß eine Sekretärin für sechs oder noch mehr Manager arbeiten muß. Selten sprechen sich die Manager untereinander über Arbeit, Rolle der Sekretärin und Prioritäten ab. Die Sekretärin findet sich in der unmöglichen Position, für verschiedene Manager *gleichzeitig unrealistische Fristen* einhalten zu müssen.

Wer für mehrere Vorgesetzte arbeiten muß, sollte als erstes alle Manager zu einer Besprechung einladen, um eine Einigung über die *eigentlichen Funktionen* der Sekretärin zu erzielen. Die Sekretärin sollte nicht zögern, *selbst* die *Initiative* für eine solche Besprechung zu übernehmen. Es sollten *relative Prioritäten* für verschiedene Arbeitskategorien gesetzt werden. Bei vergleichbaren Prioritäten sollte im allgemeinen die zuerst übertragene Aufgabe auch zuerst erledigt werden. In ganz dringenden Fällen höchster Priorität sollte der anfordernde Manager sich mit dem Manager, dessen Arbeit nun aufgeschoben werden muß, auf eine Verlagerung der Prioritäten für die Sekretärin einigen, ehe ihr die Aufgabe übertragen wird.

Sobald eine Einigung über relative Prioritäten und Verfahrensweisen erzielt ist, sollte eine *Positions-* und *Stellenbeschreibung* mitsamt den für das Büro geltenden Verfahrensweisen für die Sekretärin entwikkelt werden. Jeder Manager erhält ein Exemplar dieser Unterlagen. Weiterhin sollte man sich einigen, welcher Manager bei Prioritätskonflikten zu entscheiden hat, welcher Auftrag Vorrang erhält.

Eine Sekretärin, die nur für zwei Vorgesetzte arbeitet, sollte sich mit beiden täglich je 5 – 15 Minuten besprechen, wie auch schon für das Team Sekretärin-Manager vorgeschlagen wurde. Wer für drei oder mehr Vorgesetzte arbeitet, sollte Formblätter verwenden, da tägliche Besprechungen mit jedem einzelnen Vorgesetzten sicherlich nicht durchführbar sind. In Abbildung 11 stellen wir Ihnen ein Beispiel vor. Entwickeln Sie das Formblatt weiter, damit es Ihren spezifischen Arbeitsanforderungen entspricht.

Wo verschiedene Führungsebenen betroffen sind, kommt es vor, daß die Sekretärin bestimmte Tageszeiten oder bestimmte Wochentage für die verschiedenen Manager *reserviert*. Damit lassen sich zwar manche Meinungsverschiedenheiten ausschalten, es ist aber nicht unbedingt auch gesichert, daß die Spitzenprioritäten der Gruppe erledigt werden. Die Zeiteinteilung sollte auf der Grundlage von Prioritäten vorgenommen werden. Warten Sie nicht, bis eine Krise entstanden ist, ehe Sie den Arbeitsablauf planen.

Thema: ____

Priorität: ____

Termin: ____

Vor dem Tippen besprechen: ja ____ nein ____

Vertraulich: ja ____ nein ____

Durchschlag an:

____

____

Besondere Anweisungen:

____

____

____

Abb. 11. Formblatt – Sekretariatsarbeiten für mehrere Manager

Viel Sekretärinnenzeit geht verloren, wenn sie ihre verschiedenen Vorgesetzten suchen muß, ehe sie Telefongespräche durchstellen und Nachrichten übermitteln kann. Als Lösung für dieses Problem bietet es sich an, einen *Kasten für Nachrichten* auf dem Schreibtisch der Sekretärin einzurichten und die Manager zu bitten, ihre Nachrichten selbst abzuholen. Auf einer *Magnettafel* können die einzelnen Manager einen Vermerk hinterlassen, wenn sie das Haus verlassen und die ungefähre Rückkehrzeit eintragen.

Es bringt in jedem Büro Vorteile, wenn *Telefonate* und *Besucher notiert* werden. Besonders nützlich ist dies für Führungskräfte, die viel reisen müssen. Der Manager braucht meistens nur ein paar Minuten, um sich über das zu informieren, was in der Zwischenzeit vorgefallen ist und ist wieder auf dem laufenden. Informationen „komprimieren lassen" ist ein weiterer großer Zeitsparfaktor für einen Manager, der viel auf Reisen ist. Die Sekretärin öffnet und liest die gesamte eingehende Post und erstellt eine *komprimierte Zusammenfassung* der wichtigsten Informationen. Lange Briefe lassen sich oft auf einer einzigen Seite zusammenfassen. Seine Anweisungen gibt er per Telefon an sie weiter oder diktiert sie auf Band. Wer „komprimieren läßt", beugt der Überhäufung seines Schreibtisches vor, denn mit diesem Problem sind viele Manager konfrontiert, wenn sie nach mehrwöchiger Abwesenheit wieder an ihren Schreibtisch zurückkehren.

Ein Formular, auf dem alle notwendigen Informationen zu Dienstreisen festgehalten werden, erleichtert besonders den Sekretärinnen die Arbeit, die für mehrere Chefs tätig sind. In Abbildung 12 zeigen wir

Name: ____________________

Ziel: ____________________

Datum der Abreise: ____________________

Fluglinie: __________ Flugnummer: __________

Abflugzeit: __________ Abflugort: __________

Besondere Wünsche
– Platzreservierung: __________ – Bordverpflegung: __________

Datum der Rückfahrt: ____________________

Fluglinie: __________ Flugnummer: __________

Abflugzeit: __________ Abflugort: __________

Besondere Wünsche
– Platzreservierung: __________ – Bordverpflegung: __________

Mietwagen: Ja/nein __________ Wagenklasse/Autotyp: __________

Reservierung bestätigt: Von: __________ bis: __________

Hotel: __________ Telefonnummer: __________

Adresse: ____________________

Reisekostenvorschuß? Reiseschecks? ____________________

Abb.12. Formular – Dienstreise

Ihnen ein Muster. Es soll als Anregung für ein auf die spezifischen Gegebenheiten Ihrer Organisation ausgerichtetes Formular dienen.

Ablage

Die Ablage wächst und wächst. Die Kosten für das Auffinden verlorengegangener oder verlegter Dokumente steigen entsprechend. In Abbildung 13 haben wir eine Tabelle über Grundschritte für die Aktenablage zusammengestellt. Wir schlagen vor, einen Monat lang aufzuschreiben, wieviel Zeit bei der Suche nach verlorenen oder verlegten Dokumenten vergeht. So stellen Sie fest, ob Sie sich um Ihr *Ablagesystem* kümmern müssen. Unserer Erfahrung nach merken die meisten Manager, daß in diesem Bereich Verbesserungen notwendig sind.

Ein letzter Vorschlag für die Arbeit mit mehreren Vorgesetzten: Anstatt jedem Manager ein eigenes Informationsexemplar von Aktennotizen zukommen zu lassen, sollte die Sekretärin eine *zentrale Handakte* führen, in der alle Aktennotizen abgeheftet werden. Alle Manager sind gehalten, sich diese Akte alle zwei Wochen einmal vorzunehmen, um auf dem laufenden zu bleiben. Die Sekretärin hält die Akte auf dem laufenden, entfernt alle mehr als zwei Wochen alten Materialien oder legt sie endgültig ab.

Vorgesetzter und Sekretärin bilden ein Team. Sie müssen sich aufeinander verlassen und sind sich gegenseitig verantwortlich. Sie werden als Mitglieder dieses Teams – ob als Führungskraft oder als Sekretärin – Ihre individuellen Talente maximieren und sich mit vereinter Zeit und Kraft dafür einsetzen, effektive Ergebnisse für die Organisation zu erzielen.

Grundschritte für die alphabetische Ablage

Aufgaben für Manager/Sekretärin	Aufgaben für Sekretärin/Mitarbeiter
1. Unterlagen oben mit „z.d.A." und Datum versehen, abzeichnen und so für die Ablage freigeben.	Brief oder Unterlage auf Freigabevermerk für die Ablage überprüfen.
2. Name und Stichwort, unter dem der Vorgang abzulegen ist, festsetzen und unterstreichen. Wird das Stichwort in der Unterlage nicht erwähnt, in der oberen Ecke vermerken und unterstreichen.	Papier auf Unterstreichungen durchsehen, um festzustellen, unter welchem Stichwort der Vorgang abzulegen ist.
3. Einen Code einführen, damit eindeutig feststeht, was wie lange aufzubewahren ist, ehe Unterlagen vernichtet oder der Zentralen Registratur zugeführt werden. Nutzen Sie den unten angegebenen Code oder erstellen Sie einen eigenen.	Es ist dafür zu sorgen, daß jeder, der mit der Ablage zu tun hat, ein Exemplar des Code besitzt. Im Code nachschauen, ehe Unterlagen vernichtet oder ins Archiv überführt werden.

M	= Nach einem Monat vernichten
J	= Für das laufende Jahr aufbewahren
J + 1	= Für das laufende Jahr und ein weiteres Jahr aufbewahren
J + 7	= Für das laufende plus sieben weitere Jahre aufbewahren
FE	= Festhalten bis Aufgabe erledigt
A	= Archiv

Aufgaben für Manager/Sekretärin	Aufgaben für Sekretärin/Mitarbeiter
4. Indexieren und festlegen, ob Vorgang unter mehreren Stichwörtern abgelegt werden soll. Die entsprechenden Wörter unterstreichen. Zeilen, in denen Querverweise unterstrichen sind, mit X markieren. Nötigenfalls zusätzliche Stichwörter für Querverweise vermerken. Auch diese Begriffe unterstreichen und mit einem X markieren.	Bei Querverweisen entsprechende Seiten fotokopieren, unter Umständen farbiges Papier verwenden, damit die Unterlagen leichter auffindbar sind. Auf dem Querverweisblatt Titel des Vorgangs, Ablagestichwort, Datum und Namen der damit befaßten Personen vermerken (Bei numerischen Ablagesystemen Aktenzeichen oder Nummer vermerken.)
5.	Die zur Ablage anstehenden Unterlagen alphabetisch ordnen, dann erst einsortieren. Bei Hängeablagen Unterlagen stets nach links ausrichten, nicht mehr als 75 Blatt in einen Hängehefter. Transferdaten auf einem Kalender notieren. Codesystem beim Transfer nutzen, permanente Materialien in der Ablage behalten, die für die wachsende Organisation jederzeit notwendig sind.
6. Termine für die regelmäßige Durchforstung der Ablage festsetzen, z.B. alle 6 Monate oder einmal jährlich Akten vernichten oder in Altablage überführen.	Durchforstungstermine im Kalender notieren. Code zu Hilfe nehmen; für die laufende Arbeit notwendige Unterlagen mit Langzeitgültigkeit in der Ablage belassen.

Abb. 13. Ablage

13. Termine üben einen positiven Einfluß aus[1]

Ich lebe nach dem Terminkalender,
bin aber nie pünktlich.

Marilyn Monroe (1962)

Termin ist heute

„Termin ist heute“, sagt der Finanzbeamte in gemessenem Ton. „heute um Mitternacht. Wenn der Brief nicht mit dem heutigen Datum abgestempelt wird, gilt er als zu spät eingegangen und Sie müssen eine Strafe zahlen.“ So manche Familie wird so eine Warnung schon erlebt haben, wenn es beispielsweise darum ging, die Einkommensteuererklärung fristgerecht einzureichen. Sicherlich haben sich viele auch schon überlegt, was passieren würde, wenn der Termin tatsächlich überschritten würde.

Andere wiederum nehmen so etwas nicht so wichtig. Ein Manager meinte uns gegenüber: „Mir ist es bis jetzt nur dreimal gelungen, meine Steuererklärung fristgemäß abzugeben... so etwas berührt mich nicht!“ Für eine Zwanzigjährige jedoch, die ihre erste Steuererklärung abgeben muß und Schwierigkeiten hat, die notwendigen Unterlagen zusammenzutragen, ist ein solcher Termin mit Visionen einer Gefängnisstrafe verbunden und mit der Sorge, wie sie dies jemals ihrem Arbeitgeber erklären solle. Ob wir sie leicht oder ernst nehmen – wir alle müssen im Schatten von Terminen und Fristen in allen Formen und Längen leben.

---

1 Nach „The Positive Power of a Deadline“ von *R. Alec Mackenzie* und *Deanna Scott*, unveröffentlichtes Manuskript, 1980.

Im Schatten von ...

Für Kinder sind Termine und Fristen unauflöslich mit *drohenden Sanktionen* verbunden. Das Klingeln der Schulglocke bedeutet nur noch 5 Minuten Frist bis zum Unterrichtsbeginn. Aufsätze müssen termingerecht abgegeben werden. Viele müssen pünktlich um 18.00 Uhr zum Abendessen zu Hause sein und den elterlichen Wagen pünktlich um 23.00 Uhr abliefern. Der Rasen muß Samstagmorgen gemäht werden. Hinter jedem Termin, hinter jeder Frist lauert die Möglichkeit des Versagens oder der Verlust eines Privilegs.

Gerade noch rechtzeitig ...

Aufgaben fristgerecht erledigen ... alles pünktlich abgeben ... pünktlich ankommen. Die meisten von uns werden zu Experten darin, es *gerade noch so* zu schaffen. Sie müssen wöchentliche Quoten erfüllen, jedes Quartal Berichte abliefern, die früher oder später darüber entscheiden werden, ob sie ihre Stelle behalten oder nicht. Wer von 9.00 bis 17.00 Uhr arbeitet, muß pünktlich zur Arbeit erscheinen und sich dem ständigen Druck beugen, Aufgaben rechtzeitig zu erledigen, ob die von den Vorgesetzten gesetzten Fristen vernünftig sind oder nicht.

Unsere gesamte Lebensgeschichte ist eng mit Terminen und Fristen verbunden. Bei der Geburt eines Menschen hat der Arzt nur wenige Sekunden Zeit, um die Atmung anzuregen. Stirbt ein Mensch, wird der Bestattungsunternehmer einen Termin für die Bestattung setzen. Dazwischen liegt ein ganzes Leben, in dem die Sonne auf- und untergeht, in dem wir essen und atmen, und in dem wir den verschiedenen Tätigkeiten unseres Lebens im *Schatten* von *Terminen* und *Fristen* nachgehen.

Verschiedene Ansichten zu Terminen und Fristen

Trotz des Druckes, der von Terminen und Fristen ausgeht, reagieren die Menschen verschieden. Unser Manager nahm den Termin für die Abgabe der Steuererklärung leicht. Er wußte, ihm konnte nichts

Schlimmeres passieren als eine kleine Geldstrafe. Er meinte, das Leben sei zu kurz, um sich von Terminen und Fristen regieren zu lassen. Die Zwanzigjährige auf der anderen Seite hatte zu viel Angst und glaubte, der Staat könne ihr alles mögliche antun. Diese beiden gegensätzlichen Ansichten zu Terminen und Fristen spiegeln einen tieferen Gegensatz in den Ansichten zur Zeit und zum Leben selbst wieder.

Die Menschen reagieren verschieden auf Fristen und Termine. Die einen kommen immer zu früh, die anderen schaffen es nie, pünktlich zu sein. Die einen *planen jede Minute* ihres Tagesablaufes, während andere den Tag dem *Zufall überlassen* und glauben, daß es im Leben auf *Spontaneität* ankommt. Manche setzen sich Termine und halten sich sklavisch daran. Sie bestrafen sich selbst, wenn sie einen Termin einmal nicht einhalten können. Andere wiederum lehnen es sogar ab, eine Uhr zu tragen, weil sie nicht ständig an die Zwänge der Zeit erinnert werden wollen. Manche setzen sich bewußt über Termine und Fristen hinweg und setzen die Nichteinhaltung von Terminen und Fristen mit einer *autonomen Unabhängigkeitserklärung* gleich. *William Emerson* hat diese Gruppe in einem Artikel mit dem Titel „Pünktlichkeit ist der Dieb der Zeit" aufs Korn genommen. Vielleicht habe ihm seine Unpünktlichkeit sogar das Leben gerettet. „Wer weiß, wie vielen Flugzeugabstürzen, Zugunglücken und Schießereien ich durch mein Zuspätkommen entgangen bin!"

Vorteile von Terminen und Fristen ... Ein Blick auf die positive Seite

Von der positiven Seite werden Fristen und Termine nur in den seltensten Fällen betrachtet, ob wir sie nun einhalten oder ignorieren. Statt dessen denken wir ständig an den durch sie verursachten *unaufhörlichen Druck*, den *steigenden Streß*, den näherkommende Termine auf uns ausüben, und die Frustrations- und Versagensgefühle, die wir bei Nichteinhaltung von Terminen erleben. Wir wollen uns einigen positiven Zügen von Terminen zuwenden, um unsere Denkweise zu verändern. Man kann das Setzen von Terminen auch als eine Technik zur Verbesserung des eigenen Zeitmanagement, zur Verbesserung der Lebensqualität und als Mittel zur Verminderung von Streß und Spannungen bei der Arbeit und zu Hause sehen.

Termine zwingen zur Planung

Hinter den Terminen steht die Tatsache, daß man darüber nachdenken muß, was getan werden muß und wie lange man dazu braucht, damit die gesetzten Termine realistisch bleiben. Zuerst müssen die Ziele klar sein, um den zu verfolgenden Maßnahmenkurs bestimmen zu können, um bestimmen zu können, was wann zu tun ist. Ist der Erledigungstermin für eine Aufgabe gesetzt, lassen sich die *Prüfpunkte* für die *Überwachung* des Fortganges der Arbeit automatisch festlegen. So läßt sich sicherstellen, daß Termine auch tatsächlich eingehalten werden. Diese Schritte – Nah- und Fernziele, Prioritäten, Termine und Statusberichte, damit rechtzeitig Korrekturmaßnahmen eingeleitet werden können – bilden den Kern des Planungsprozesses. Das Setzen von Zielen wird damit zum Grundinstrument in der Planung des Privat- und Arbeitslebens.

Durch die öffentliche Bekanntgabe von Terminen kann man mehr erledigen

Solange wir uns eine realistische Frist setzen, kann der dadurch entstehende Druck positiv und sogar willkommen sein. Durch *Setzen* und *Ankündigen* einer *realistischen Frist* für die Erledigung einer Aufgabe erhöhen wir die Wahrscheinlichkeit, daß sie auch tatsächlich erledigt wird. Dies funktioniert, weil wir schon von Kindheit an dazu programmiert sind, unsere Versprechen einzuhalten. Einen Termin öffentlich bekannt zu geben, ist ein Versprechen, eine Aufgabe bis zu einem bestimmten Zeitpunkt zu erledigen.

Termine und Fristen tragen auch zur Reduzierung von Streß bei

Die Mediziner haben einen direkten Zusammenhang zwischen Streß und Spannung und den als häufigste Todesursachen geltenden Krankheiten Krebs und Herzinfarkt festgestellt. Das gleiche gilt für Nervenzusammenbrüche und eine Reihe weiterer körperlicher Fehlfunktionen. Die durch unerledigte Aufgaben und nicht eingehaltene Termine entstehende Angst und Frustration läßt sich durch das Setzen realistischer Fristen und Prüfpunkte ausschalten. Wer nicht so vorankommt wie geplant, wird diese Verzögerung beim nächsten Prüfpunkt aufdecken, so daß *Korrekturmaßnahmen* eingeleitet werden können, um die rechtzeitige Erledigung der Aufgabe sicherzustellen. Diese *eingebauten Sicherheitspunkte* reduzieren die Wahrscheinlichkeit von Krisen und schalten die Sorge, den Streß und die Spannungen aus, die fast immer mit versäumten Fristen und Terminen einhergehen.

Termine führen zu einem inneren Erfolgsgefühl

Wer tut, was getan werden sollte, befriedigt ein inneres Bedürfnis nach *Effektivität*, ein Bedürfnis danach, einen Beitrag zu leisten und Höchstleistung zu erbringen. Wer den wichtigsten Punkt auf seiner Tagesliste abhaken kann, wird ein tief befriedigendes Erfolgsgefühl erleben und sich zur bewiesenen Selbstdisziplin gratulieren.

Tips: Termine setzen und einhalten

Wer Termine setzt, kann mehr in kürzerer Zeit erledigen und steht gleichzeitig unter weniger Streß und Anspannung. Dennoch sind nur wenige Frauen mit dem Umgang dieses Instrumentes vertraut. Frauen unter der Doppelbelastung von Beruf und Haushalt stehen vor doppelt so vielen Terminen wie Männer und müssen deshalb noch besser mit Terminen und Fristen umzugehen verstehen.

Wir geben Ihnen hier einige Tips:

1. Schreiben Sie jeden Tag Ihre Ziele auf und setzen Sie Ihre Prioritäten. Setzen Sie sich für die Erledigung jeder Aufgabe eine Frist. Messen Sie anhand dieser Fristen den Fortgang Ihrer Arbeit und lehnen Sie Unterbrechungen aus weniger wichtigen Gründen ab.

2. Setzen Sie Ihre Fristen selbst, wenn sie Ihnen nicht durch andere gesetzt werden. Fragen Sie bei Auftrags- oder Aufgabenerteilung nach, bis wann die Sache spätestens erledigt sein muß. Setzen Sie

sich dann Ihre Frist selbst. Planen Sie ein realistisches Polster für unerwartete Dinge ein und halten Sie sich an die gesetzte Frist.

3. Setzen Sie Fristen für Aufgaben, die Sie an andere übertragen. Fragen Sie, bis wann Ihr Auftrag erledigt sein wird. Stimmen Sie der vereinbarten Frist zu. Sorgen Sie dafür, daß sie realistisch ist.

4. Bleiben Sie an einer Arbeit sitzen, bis sie erledigt ist. Lassen Sie sich nicht dabei stören, es sei denn, es handelt sich um Wichtigeres. Sie müssen unbedingt erkennen, daß Unterbrechungen der schlimmste Feind von Fristen sind. Bei unumgänglichen Unterbrechungen müssen Sie sofort nach Störungsende wieder an Ihre Aufgabe zurückkehren. Denken Sie bitte immer daran, daß es dreimal so lange dauert, sich von Unterbrechungen zu erholen, als sie zu ertragen.

Fristen können Ihre Freunde sein – zu Hause und im Beruf – wenn Sie sie nur lassen.

14. Haushaltsmanagement

Das Haus putzen, während die Kinder klein sind,
ist wie Schneeräumen, ehe es aufgehört hat,
zu schneien.

Phyllis Diller (1960)

Was ist das schlimmste Dilemma beim Zeitmanagement für Frauen? Wie läßt sich ein Haushalt *effizient* und *effektiv* führen, wenn man außerdem einen Beruf ausübt, Fortbildungsmaßnahmen wahrnimmt und/oder staatsbürgerliche oder gesellschaftliche Pflichten erfüllt. Die Situation wird noch komplizierter, wenn zu Hause ein oder mehrere Kinder zu versorgen sind. Viele Anforderungen werden gestellt und die *Erwartungen* sind hoch, die *eigenen* und die der *anderen*.

Statistiken untermauern die Probleme der berufstätigen Frau in der Haushaltsführung. Aus einer kürzlich durchgeführten Untersuchung geht hervor, daß berufstätige Frauen etwa 10 Stunden weniger Freizeit in der Woche haben als Nur-Hausfrauen oder berufstätige Männer. Statistisch gesehen haben nicht einmal die vielen kleinen Haushaltsgeräte das Problem der Frauen lösen können, die immer größer werdenden Anforderungen an ihre Zeit zu bewältigen. Eine von *Alexander Szalai* herausgegebene Untersuchung zeigt, daß die gesamte Skala der modernen auf Zeitersparnis ausgelegten Haushaltsgeräte den Zeitaufwand für die Hausarbeit nicht verringert hat. Die Durchschnittsfrau in Westdeutschland, die über Haushaltsgeräte verfügt, von der eine Frau in einer kleinen Stadt in Jugoslawien nur träumen kann, braucht für die Erledigung ihrer Tagesarbeit nur 1 Minute weniger als die Hausfrau in Jugoslawien[1].

1 „Time Use Studies Reveal Plight of Working Women; Everyday Life in 12 Countries Has Common Design." ISR Newsletter, S. 6 – 7.

Wenn eine Frau eine Berufstätigkeit aufnimmt oder sich zu freiwilliger Arbeit in Wohlfahrtsorganisationen verpflichtet, geht man meistens stillschweigend davon aus, daß sie ihren *Haushalt weiterhin* erledigt. Sie kann zwar an den Rest der Familie Aufgaben delegieren, aber die Last der Verantwortung, daß der Haushalt effizient läuft, bleibt dennoch meistens ihr überlassen. Die meisten Ehemänner, die an ihrem Arbeitsplatz an andere delegieren, sind gerne bereit, zu Hause kleinere Aufgaben zu übernehmen. Auf dem Weg nach Hause gehen sie gerne in der Bäckerei einkaufen und bringen ein Brot mit, übernehmen aber nicht die Verantwortung dafür, den Kühlschrank auf seinen Inhalt zu überprüfen und zusammenzustellen, *was eingekauft* werden muß. Ein möglicher Grund liegt in den meisten Fällen wohl darin, daß das Gehalt der berufstätigen Frau niedriger ist als das ihres Mannes, so daß beide der Meinung sind, *ihr* zweiter Job (außerhalb des Haushaltes) sei *weniger wichtig* als seiner. Als Kompensation für das niedrigere Gehalt behält sie ihre Rolle als Managerin des Haushalts und schützt ihren Mann vor den unerfreulichen Details.

Wer die Hausfrauenrolle mit einer Ganztagsberufstätigkeit verbindet, verspürt von vornherein das starke Bedürfnis, als Managerin *doppelt effektiv* zu sein. Sie muß zwei Berufe managen, sie muß besser planen und diese Pläne effektiv ausführen.

Wer Haushalt und zusätzliche Verpflichtungen meistert, muß sich mit einer Reihe von Einstellungen auseinandersetzen, die von anderen geäußert werden und die sie sich manchmal auch selbst zueigen macht.

Gegen einen großen Mythos muß die Frau ganz besonders ankämpfen, nämlich gegen das Syndrom der *Superfrau*, gegen die Überzeugung, daß sie für alle alles sein muß und alles perfekt erledigen muß. Als erstes wird von ihr Perfektion im Haushalt erwartet. Trotz ihres Berufes oder trotz ihrer ehrenamtlichen Aufgaben gewinnt sie häufig das Gefühl (und die Menschen ihrer Umgebung bestärken sie darin), daß sie erstklassige Köchin, makellose Hausfrau, fähige Schneiderin und immer liebende und pflichtbewußte Ehefrau und Mutter sein müsse. Das ist ein umfassendes Programm! Das Problem beim Verzicht auf das Bild der Superfrau liegt mit daran, daß eine Frau ihren Haushalt auch unter extremem Zeitdruck immer noch als ihren *ureigenen Bereich* ansieht. Deswegen fällt es ihr schwer, die Kontrolle über den Bereich zu lockern, der ihr traditionell alleine gehört. Deshalb fällt es ihr schwer, anderen zu gestatten, *ihr zu helfen.*

Im Gegensatz dazu gibt es Frauen, die in das andere Extrem verfallen, wenn es um das Management ihres Haushaltes geht. Sie tun genau das Gegenteil und sind dafür bekannt, den unordentlichsten Haushalt in der ganzen Gegend zu führen. *Stephanie Winston* meint, daß extreme Unordnung zu Hause ein psychologisches Nein gegenüber einem autoritären Elternteil bedeutet und die Frau sich gleichzeitig deswegen schuldig fühle[2]. Jede Frau hat andere Normen. Mit Humor meinte eine Frau, als sie gebeten wurde, ihre Zeitverschwender im Haushalt zu nennen, der größte Zeitverlust seien „unregelmäßige Mahlzeiten, Nachlässigkeit und kein Platz, an dem sie sich verstecken könne“. *Es gibt jedoch Hoffnung.*

Beim Rückflug von einer Seminarwoche in Deutschland saß einer der Autoren neben der Frau eines Ingenieurs aus dem Mittelwesten der Vereinigten Staaten. Sie hatte drei Kinder großgezogen und war seit 13 Jahren erfolgreiche Rektorin einer Grundschule. Außerdem hatte sie einen Dia-Vortrag mit dem Titel „Mission Impossible – Die Rolle der Rektorin einer Grundschule“, erarbeitet. Sie hielt ihre Vorträge vor Lehrervereinigungen und Schulen. Sie machte ausführlichen Gebrauch von Delegation und Planung, war im Haushalt nicht übertrieben gründlich, sondern reduzierte die anfallenden Arbeiten auf das notwendige Minimum. Sie führte ihren Haushalt genauso effektiv wie ihre Schule.

Sie hatte vor ein paar Tagen ganz plötzlich nach Deutschland fliegen müssen, weil ihre Tochter sich einer dringenden Operation unterziehen mußte. Auf die Frage, in was für ein Chaos sie nach dieser unvor-

---

2 *Stephanie Winston,* Getting Organized, Norton, New York, 1978, S. 23.

hergesehenen viertägigen Abwesenheit zurückkehren werde, antwortete sie: „Überhaupt kein Chaos. Jeder weiß, an wen er sich bei notwendigen Entscheidungen wenden muß, damit der Schulbetrieb läuft". Sie schien im Vergleich zu anderen besser zu sein und war es aufgrund schierer Notwendigkeit. Sie hatte beschlossen, sowohl eine gute Hausfrau als auch eine gute Rektorin zu sein und wollte Erfolg in beiden Bereichen. Sie hatte erkannt, daß sie *planen* und für unvorhergesehene Abwesenheit *Vorsorge treffen* mußte. Die notwendigen Befugnisse waren schon im Vorhinein als Teil ihres Eventualplanes delegiert worden.

Haushaltsmanagement ist hart. Angesichts immer weiter steigender Lebensmittelpreise ist es nicht leicht, mit dem Haushaltsgeld auszukommen. Familienstreitereien müssen geschlichtet, Kinder müssen gefahren, Haustiere gefüttert werden usw. usw. Buchstäblich alle im Beruf geltenden Managementprinzipien müssen auch zu Hause im Haushalt eingesetzt werden.

Zeitfallen im Haushalt

Die Ähnlichkeit der Zeitfallen im beruflichen und privaten Bereich ist verblüffend. Bei einem Vergleich der Zeitfallenskala von Managern und Hausfrauen fällt auf, daß beide Gruppen Störungen durch das Telefon, unangemeldete Besucher und Krisen nennen. In beiden Gruppen ergeben sich Probleme bei den Faktoren ineffektive Delegation, Versuch, zu viel auf einmal zu erledigen, fehlende Tagesplanung und fehlende Ziele, Termine und Erledigungsfristen.

Aus diesen und anderen Vergleichen ergibt sich, daß das *Telefon* unser bester Freund, aber auch unser schlimmster Feind sein kann. Ob im Büro oder zu Hause, Ehemänner beschuldigen ihre Frauen häufig (und nicht immer nur neckend gemeint), daß sie viel zu viel Zeit am Telefon verbringen. Die Sekretärinnen in unseren Zeitmanagementseminaren haben sich dagegen im allgemeinen beklagt, daß die männlichen Führungskräfte dauernd telefonieren.

Vergleichende Zeitfallenskala
(Reihenfolge nach Häufigkeit der Nennungen)

Zeitverschwender	Führungskräfte mittlerer Ebene	Frauen
Telefon	(1)	2
Ineffektive Delegation	(1)	1
Unangemeldete Besucher	3	9
Krisenmanagement/Verlagerung von Prioritäten/Krisenbekämpfung	4	6
Fehlende Ziele, Prioritäten, Tagesplanung	5	5
Versuch, zuviel auf einmal zu tun	6	3
Überhäufter Schreibtisch/ Neigung zur Desorganisation	7	12
Besprechungen	8	17
Trödelei	9	8
Unfähigkeit, nein zu sagen	10	10
Kinder chauffieren		4
Ineffektive Kommunikation	11	24
Inkompetente, unqualifizierte Mitarbeiter	12	13
Personal mit Problemen	(13)	
Unvollständige Information	(13)	
Aufgaben unerledigt liegenlassen	15	7

Shirley Belz vom National Study Council empfiehlt dringend, das Telefon zu meiden. So manche Freunde halten sie eine halbe Stunde und länger am Telefon fest und nutzen sie oft als Ersatztherapeutin aus. „Bringen Sie einige Ihrer *eigenen Probleme* in das Gespräch ein“, rät Frau Belz „Sie werden schnell merken, daß der andere plötzlich keine Zeit mehr hat“.

In Gesprächen mit weiblichen Managern haben wir festgestellt, daß sie weder am Telefon noch mit Besuchern über anderes als Geschäftliches plaudern oder schwatzen. Sie können es sich nicht leisten, abends Arbeit mit nach Hause zu nehmen. Auf sie wartet nach 17.00 Uhr ein weiterer Ganztagsjob, folglich müssen sie im Büro jede Minute ausnutzen. Oft müssen sie sich noch bissige Bemerkungen von ihren männlichen Kollegen gefallen lassen, wenn sie ohne Akten nach

Hause gehen. Diese Männer meinen oft, ihre Kolleginnen würden nicht den gerechten Anteil an der Arbeit übernehmen, wenn sie keine Akten mitnehmen.

Zur unrealistischen Zeiteinschätzung neigen wir alle. Hausfrauen und Manager begreifen schnell, wie viel ein *schriftlicher Tagesplan* wert ist. Die meisten Hausfrauen schreiben auf, was zu erledigen ist, was einzukaufen ist. Was einmal niedergeschrieben ist, belastet das Gedächtnis nicht mehr. Der Kopf wird frei für wichtigere Dinge. Was schriftlich festliegt, kann auch *nicht vergessen* werden.

Eine Liste der zu erledigenden Dinge allein genügt jedoch nicht. Der Tag muß eingeteilt und verplant werden, damit man sich weder ablenken, noch treiben läßt. *Shirley Belz* meinte dazu: „Ich habe eine Freundin beobachtet, deren Arbeitsweise für viele Frauen typisch ist. Sie sammelt die schmutzige Wäsche ein und will die Waschmaschine beladen. Im Badezimmer sammelt sie die Handtücher ein und fängt an, das Waschbecken zu putzen. Das Telefon klingelt. Nach Beendigung des Gesprächs geht sie ins Schlafzimmer, um weitere Wäsche einzusammeln. Hier tut staubsaugen not, und sie fängt damit an. Dann ist es Zeit für eine Kaffeepause. Sie merkt, daß sie unbedingt noch Butter für das Mittagessen einkaufen muß und schaut nicht einmal nach, ob sie noch weitere Dinge braucht usw. usw. Die Folge: Um 12.00 Uhr ist die Wäsche immer noch nicht gewaschen, vieles mehr ist liegengeblieben und sie ist erschöpft."

Führen Sie zu Hause eine Woche lang Buch über die Nutzung Ihrer Zeit (siehe auch Kapitel 2). So gewinnen Sie einen Überblick über Ihre *Zeitnutzung*. Ein solches Zeit-Tagebuch dient als wertvoller Anhaltspunkt für Zeitplanung und Delegationsmöglichkeiten.

Nehmen Sie sich Zeit für die Organisation!

Terminkalender. Es ist wichtig, alle beruflichen und privaten Termine in einem Kalender zu notieren. Wer mehr als einen Terminkalender führt, verschwendet Zeit. Auch andere reagieren irritiert, wenn sie hören: „Ich weiß nicht, ob ich nächsten Samstag Tennis spielen kann, ich muß erst in meinem anderen Kalender nachschauen.“ Tragen Sie sämtliche beruflichen und privaten Aktivitäten in einen Terminkalender ein und tragen Sie diesen Terminkalender immer bei sich.

Am effektivsten und handlichsten sind die Terminkalender, die auf einer Doppelseite einen Wochenüberblick und Stundeneinteilung für die einzelnen Tage bieten. Hinten ist meistens Platz für oft benötigte Adressen und Telefonnummern. So ein kleiner Terminkalender paßt in jede Handtasche oder Aktenmappe. Sie tragen also alle Termine in dieses kleine Buch ein und können sich die Benutzung zusätzlich erleichtern, wenn Sie die laufende Woche mit einer Büroklammer markieren, so daß Sie automatisch immer die laufende Woche aufschlagen. Unter die andere Seite der Büroklammer lassen sich die anstehenden Einladungen oder Tagungsprogramme heften, damit Sie die Informationen zu Ort, Zeit und Tagesordnung jederzeit zur Hand haben.

Ein *Schreibtisch* muß sein. Selbst für Frauen, die im Arbeitsleben über einen eigenen Schreibtisch oder sogar ein eigenes Büro verfügen, ist ein Schreibtisch zu Hause immer noch ein Muß. Es muß kein großartiger Schreibtisch sein, und er muß auch nicht wie ein Schreibtisch aussehen (eine umfunktionierte Kommode oder ein Regal genügen auch). Man braucht zu Hause einen festen Platz, an dem die Privat-„Geschäfte“ erledigt werden.

Außer der Grundausstattung, die man an jedem Schreib-Arbeitsplatz braucht, (z.B. Büroklammern, Gummiringe, Heftzange usw.) sollte das Telefon in Griffnähe stehen. Dadurch läßt sich im Laufe eines Monats oder eines Jahres viel Zeit einsparen.

In jedem Haushalt braucht man auch eine *einfache Ablage* für Dokumente und sonstige Privatunterlagen. Sie müssen geordnet aufbewahrt werden und leicht zu finden sein. Man erspart sich viel Ärger, der unweigerlich entsteht, wenn man die Nummer der Krankenversicherung oder den Steuerbescheid vom letzten Jahr nicht mehr finden kann.

Teilen Sie Ihre Ablage nicht in allzu viele Rubriken ein. Fangen Sie mit allgemein gehaltenen *Großkategorien* an, wie z.B. Steuern und Versicherungen, und unterteilen Sie weiter, sobald mehr Papier anfällt. Beschriften Sie die Etiketten mit der Schreibmaschine. So halten sie länger und sehen auch besser aus. Wer Zeitungsausschnitte sammelt, ob Börsenberichte oder Rezepte, sollte sie sofort beim Lesen ausschneiden und sofort in die entsprechende Akte stecken. So können sich Zeitungen und Illustrierte nie zu Bergen auftürmen und die Ausschnitte liegen nicht überall herum.

Hier noch ein Vorschlag: Besorgen Sie sich einen Pultordner mit *Monatsunterteilung*. Sie sehen eine Glückwunschkarte, die Ihnen gefällt, Sie haben eine Idee für ein Weihnachtsgeschenk, ein Geburtstagsgeschenk usw. Kaufen Sie die Karte, auch wenn es noch Monate dauert, bis Sie sie brauchen. Notieren Sie Ihre Ideen und legen Sie die Notizen unter den entsprechenden Monaten ab. Gewöhnen Sie sich an, die Mappe zu Beginn jeden Monats durchzusehen. Sie wissen dann, woran Sie in diesem Monat denken müssen und was im Laufe des Monats zu erledigen ist.

Wie steht es mit Unterlagen und wichtigen Dokumenten? Haushaltsdokumenten? Was sollte wo aufbewahrt werden? Die Bank of America schlägt vor, nach sechs Kategorien zu unterteilen:

1. *Persönliche Dokumente.* Dazu gehören alle Familienurkunden, wie Geburts-, Heirats- und Todesurkunden, die ständig aufbewahrt werden müssen, sowie Reisepässe, Diplome und Unterlagen zur Rentenversicherung.

2. *Besitzurkunden.* Hierunter fallen alle mit Grundbesitz zusammenhängenden Urkunden (Kaufvertrag, Grundbuchauszüge usw.). In diese Kategorie gehört ferner eine Aufstellung über den Hausrat.

3. *Finanzunterlagen.* Sicher verwahrt werden müssen Aktien und Wertpapiere, Unterlagen zur betrieblichen Altersversorgung und Gewinnbeteiligung, Informationen zu Bankkonten, Kredit- und Ratenverträge.

4. *Versicherungsunterlagen.* Hierzu gehören die Policen zu Lebens-, Unfall-, Haftpflicht- und KFZ-Versicherungen. Bewahren Sie alle Belege und Quittungen auf.
5. *Steuerunterlagen.* Hier sollten Sie nicht nur Kopien Ihrer Steuererklärungen aufbewahren, sondern auch alle für die Steuererklärung wichtigen Quittungen und Unterlagen.
6. *Medizinische Unterlagen.* Es ist sehr wichtig, daß man die eigenen medizinischen Unterlagen auf dem neuesten Stand hält. Dazu gehören z.B. Impfpässe, Informationen über durchgemachte Infektionskrankheiten, Informationen zu chronischen Leiden oder Krankheiten. Zur Vervollständigung dieser Unterlagen sollten Sie sich vielleicht auch um eine Kopie der Zahnarztunterlagen und neuere Röntgenaufnahmen bemühen[3].

Die meisten Unterlagen können zu Hause aufbewahrt werden. Manche sind jedoch in einem *Bank-Schließfach* besser aufgehoben. Im Safe sind Unterlagen, die man nur schwer, wenn nicht gar überhaupt nicht ersetzen kann, feuer- und diebstahlsicher untergebracht. Wir haben für Sie zusammengestellt, was in einen Banksafe gehört und was zu Hause aufbewahrt werden kann.

Banksafe

1. Geburtsurkunden
2. Staatsangehörigkeitsnachweis
3. Heiratsurkunden
4. Adoptionsurkunden
5. Scheidungsurteile
6. Testamente
7. Todesurkunden
8. Besitzurkunden (Immobilien)
9. Kraftfahrzeugbrief
10. Aufstellung Hausrat

---

3 „Personal Record Keeping“, Consumer Information Report – 21 der Bank of America, Box 37128, San Francisco, Kalifornien 94137.

11. Wehrpaß
12. Wertpapiere
13. Wichtige Verträge

Laufende Ablage (zu Hause)

1. Steuerzahlungsbelege
2. Unbezahlte Rechnungen
3. Quittungen über bezahlte Rechnungen
4. Laufende Kontoauszüge
5. Schecks
6. Arbeitsunterlagen zur Einkommensteuer
7. Zeugnisse
8. Krankenversicherungsunterlagen
9. Kreditkartenunterlagen
10. Versicherungspolicen
11. Kopien von Testamenten
12. Medizinische Unterlagen für die Familie
13. Gebrauchsanleitungen und Garantiekarten für Geräte
14. Quittungen über den Kauf von Geräten, die noch der Garantiefrist unterliegen
15. Schulinformationen
16. Aufstellung der im Safe befindlichen Unterlagen und Safe-Schlüssel
17. Kreditverträge
18. Unterlagen über Kreditfälligkeiten
19. Unterlagen zu Teilzahlungsverträgen[4]

Rechnungen bezahlen. Diese Arbeit tut fast niemand gern. Deshalb sollte man sie so gut wie möglich organisieren. Stecken Sie alle Rechnungen sofort nach Eingang in eine nur dafür bestimmte Mappe. Meistens brauchen die Rechnungen nicht sofort beglichen zu werden. Alle zwei Wochen oder einmal monatlich sollten Sie den Kontostand überprüfen und feststellen, welche Rechnungen zuerst bezahlt wer-

4 Aus: „Handbook for the Home", U.S. Department of Agriculture, 1973.

den müssen (wenn nicht alle auf einmal bezahlt werden können). Bewahren Sie die Schecktalons und die Kontoauszüge zusammen auf, falls sie später noch einmal gebraucht werden.

In der Küche liegt der Schlüssel zum effektiven Haushaltsmanagement

Die meisten Haushaltstätigkeiten spielen sich in der *Küche* ab. Hier werden nicht nur die Mahlzeiten vorbereitet und oft auch serviert, sondern hier treffen sich auch die Familienmitglieder. Viele Entscheidungen werden hier getroffen. Sie führen entweder zu einem „Drunter und drüber" oder zu wohlgeordnetem Leben, zu dem alle ihren Teil beitragen.

Die effektive Haushaltsmanagerin hängt den *Familienkalender* in der Küche auf, am besten am Kühlschrank oder an einer Pinnwand. Hier werden die Termine der einzelnen Familienmitglieder eingetragen und auch die Unternehmungen, an denen die ganze Familie beteiligt ist. Wenn Konflikte in der Zeitplanung sichtbar werden, lassen sich die entsprechenden Kompromisse am besten in der Küche erarbeiten.

Obwohl sich Familie und Besucher häufig in der Küche treffen, ist sie doch hauptsächlich der Raum, in dem die Mahlzeiten zubereitet werden und die dazu notwendigen Lebensmittel und Geräte bereitstehen. Sehr viel Zeit und Energie geht verloren, wenn die Küche schlecht organisiert ist, Konservendosen in wilder Reihe auf den Regalen stehen und Geschirr, Töpfe und Pfannen hier und da verstreut sind. Regale und Schränke sind mit Zubehör vollgestopft, das nur selten oder nie benutzt wird.

Eine Frau, die Zeitmanagement praktizieren will, muß als erstes ihre *Küche effektiver organisieren.* Der erste Schritt besteht darin, die *Vorratsschränke* aufzuräumen und zu organisieren, z.B. nach der Farbe des Inhalts zu ordnen, alle grünen Gemüse zusammen (Bohnen, Erbsen, Spinat), alle roten Gemüse zusammen (Mohrrüben, Tomaten) usw. Dadurch läßt sich viel Zeit sparen!

Noch wichtiger ist die Grundentscheidung, welche Vorräte und welche Geräte tatsächlich in der Küche gebraucht werden. Feststellen kann man das nur, wenn man alles aus den Schränken herausnimmt, anschaut und überlegt, was überhaupt benutzt wird und wie oft. Was Sie schon mehrere Monate lang nicht benutzt haben, sollten Sie entweder verkaufen, wegwerfen oder in den Keller tragen. (Trennen Sie sich von allem, was auch im Keller ein Jahr unbenutzt liegenbleibt.) Selten benutzte Gegenstände wandern in den Küchenschränken nach hinten! Vorne sollte Platz für die öfters benutzten Geräte bleiben. Sie sollten sich auch von all den Dingen trennen, die *doppelt* vorhanden sind. Nur selten brauchen Sie in einer normalen Arbeitswoche drei Siebe oder vier Trichter.

Tips fürs Kochen. Kaufen Sie Lebensmittel in *größeren Mengen* ein. Durch den Einkauf größerer Mengen sparen Sie Geld, und Sie brauchen nicht so oft einkaufen zu gehen. Gehen Sie nie mit leerem Magen einkaufen. Wer kann schon den teuren Nüssen, den eingelegten Artischocken oder dem köstlichen Schokoladenkuchen widerstehen, wenn er schon seit Stunden nichts mehr gegessen hat – aber die Löcher im Budget lassen sich kaum noch stopfen.

Kochen Sie, wenn irgend möglich, in größeren Mengen. Viele Gerichte lassen sich *einfrieren.* Wenn man den ganzen Tag hart gearbeitet hat, ist es ein gutes Gefühl, nach Hause zu kommen und zu wissen, daß das Abendessen schon vorbereitet ist und nur noch in den Ofen geschoben zu werden braucht.

Sehr viel Zeit läßt sich auch mit einem *programmierbaren Elektroherd* einsparen. Das Essen wird am Abend vorher oder früh morgens vorbereitet und in den Ofen geschoben, ehe man aus dem Haus geht. Der Herd schaltet sich zur programmierten Zeit ein. Damit ist die Hauptmahlzeit geplant und vorbereitet, und der Braten oder die Hühnersuppe verbreiten einen besonders köstlichen Duft, wenn man abends nach getaner Arbeit nach Hause kommt.

Putzen als Herausforderung

Nur wenige Frauen haben Spaß am Aufräumen und Putzen, aber alle fühlen sich wohler und gehen ganz anders an die übrigen Aufgaben heran, wenn sie diese Pflichtübung hinter sich gebracht haben. Wollen Sie die tägliche Frustration und Schinderei beim Putzen in Grenzen halten? Halten Sie sich an die *folgenden Tips:*

* Das Putzen in bestimmte Segmente unterteilen, z.B. 15 – 20 Minuten täglich aufräumen, einmal wöchentlich die ganze Wohnung oder das ganze Haus gründlich säubern.
* An einem Punkt im Raum anfangen und in konzentrischen Kreisen weiterarbeiten. Nicht kreuz und quer durchs Zimmer gehen! So spart man Wege und Zeit.
* Alle Putzmittel in einem Kasten oder Eimer aufbewahren und von Zimmer zu Zimmer mitnehmen.
* Zwei Wäschesäcke einführen, einen für Weiß-, einen für Buntwäsche.
* Die Zeit des Putzens verschönern – Musik hören oder vorher einen Kuchen in den Ofen schieben.
* Hausarbeit so einteilen, daß umfangreichere Arbeiten für Tage geplant werden, an denen am Arbeitsplatz nicht allzu viel anfällt.

Selber reparieren

Von den Frauen heißt es immer wieder, ihnen fehle es an technischem Verständnis. Folgende Kommentare haben wir schon gehört: „Das kann sie nicht, sie ist doch eine Frau." „Ich habe zwei linke Hände, wenn es um Werkzeuge und ihre Handhabung geht."

Das Gegenteil stimmt. Immer mehr Frauen lernen, kleinere Reparaturen im Haushalt und am Auto selber auszuführen. Der Anfang ist schon gemacht, wenn man sich einen guten *Werkzeugkasten* zulegt. *Judy Talley,* Autorin und Mutter zweier Kinder, hat zusammengestellt, was zur Grundausrüstung eines Werkzeugkastens gehört[5]. Folgendes, meint sie, brauche man unbedingt: Verschiedene Hammer, einen Satz Nägel, Schraubenzieher, Zange, Säge, Wasserwaage, Rohrzange, Vielzweckmesser und Zollstock.

Der Werkzeugkasten (Karton, Beutel, oder sonstiger Kasten) muß auch verschiedene Kleinmaterialien enthalten. Dazu gehören nach Judy Talleys Vorschlägen „Nägel, Schrauben und Muttern, Holzschrauben, Dübel, Reißnägel, Schmirgelpapier, Draht, alte Lappen und verschiedene Restbestände)."

Wichtig sind die Werkzeuge. Zusätzlich braucht man verschiedene Klebstoffe, leichtes Maschinenöl, Zahnbürsten, Pinsel und Dichtungen.

Natürlich braucht man Zeit und Geduld, um den Umgang mit Werkzeugen und Zubehör zu erlernen. Sehr hilfreich kann sicherlich ein Handbuch zu kleineren Reparaturen im Haushalt sein. Versuchen Sie sich an den einzelnen Aufgaben und scheuen Sie sich nicht, andere Familienmitglieder oder Freunde um Rat zu fragen ... und geben Sie nicht auf, auch wenn der erste Reparaturversuch fehlschlägt. Es ist eine Sache des Lernens und der Vervollkommnung der eigenen Fähigkeiten von Projekt zu Projekt. Was man sich an Geld und Frust erspart, ist der Mühe Wert. Viel Glück dabei!

Management der persönlichen Bedürfnisse: Körperpflege und Garderobe

Zeitsparen bei der Körperpflege. Welche Körperpflegegewohnheiten Sie auch immer angenommen haben, wichtig ist, daß sie Ihnen zur *Routine* werden und daß Ihre Kosmetika und sonstigen Vorräte *an einem Ort* stehen. Wer die persönliche Körperpflege zu einer Routineangelegenheit macht, sorgt für die Grundvoraussetzungen und für optimale Bedingungen, um immer eine optimal gepflegte Erscheinung zu bieten. Bei vielen Frauen stehen Selbstvertrauen und die sich

5 *Judy Talley,* „How to Get a Quick Fix-It," Working Woman, April 1979, S. 65 – 67.

daraus ergebende Effektivität im täglichen Leben in direktem Verhältnis zur Zufriedenheit mit der eigenen äußeren Erscheinung. Das heißt nicht, daß eine Frau täglich viele Stunden auf die Pflege ihrer äußeren Erscheinung verwenden sollte. Entwickeln Sie Ihre eigenen Methoden für die Körperpflege, die sowohl *zeiteffektiv* sein müssen als auch zu Ihrem *positiven Selbstbild* beitragen sollen.

Garderobe organisieren. „Wo ist bloß der Gürtel, den ich für dieses Kleid brauche?" „Ich dachte, ich hätte den Pullover in die Schublade gelegt und jetzt ist er nicht da!" „Verdammt, ich habe vergessen, daß an dieser Bluse ein Knopf fehlt." Man braucht viel Zeit und Energie, wenn man jeden Tag vor einem unordentlichen Schrank und unordentlichen Schubladen steht. Eine Frau meinte: „Am schwersten sind die Dinge zu finden, die ich an einen Ort gelegt habe, an dem sie nicht verloren gehen können."

Ein paar Stunden oder ein ganzer Tag zum Ordnen und Organisieren der eigenen Schränke und Kommodenschubladen kann enorm viel einbringen. Man fühlt sich wohler und spart außerdem Zeit, so daß alle anderen Tätigkeiten effektiver verfolgt werden können.

Selbst bei begrenztem Kleiderschrankplatz sollte man eine Möglichkeit finden, die Sommer- und Winterkleidung getrennt aufzubewahren. Wer nicht in einem Klima lebt, das während des ganzen Jahres gleichbleibt, muß Sommer- und Winterkleidung voneinander trennen, auch auf einer Kleiderstange. Nichts ist frustrierender, als Wollröcke und Sonnenkleider durchgehen zu müssen, um etwas zu finden, das zu einer Außentemperatur von 16° C paßt.

Planen Sie im voraus, was Sie *während der Woche* anziehen werden. Führen Sie dann alle notwendigen Näh- und Bügelarbeiten auf *einmal durch.* Die ganze Woche wird dadurch leichter.

Bewahren Sie ähnliche Kleidungsstücke gemeinsam auf; Pullover, Hosen, Blusen, Kleider, Kostüme ... und Gürtel. Gürtel hängt man am besten auf einen Bügel an die Schranktüre. Ein Blick genügt, um den richtigen zu finden und herauszuziehen.

Die große Frage: „Wie bringe ich den Rest der Familie dazu, im Haushalt zu helfen?

Wie oft haben Sie schon folgendes gedacht oder gesagt: „Was tu' ich bloß, um hier Hilfe zu bekommen?" Fordern, bitten, schreien ... diese Ansätze sind weder besonders effektiv noch erfreulich. Dennoch sieht die Realität so aus, daß von vielen Frauen immer noch erwartet wird, die *Hauptverantwortung* im Haushalt alleine zu tragen, obwohl sie andere wichtige Verpflichtungen eingegangen sind. Man braucht Zeit und Geduld, um die Familienmitglieder umzuerziehen und sich ihrer zusätzlichen Hilfe zu versichern. Vielleicht finden wir einige Antworten in den Aussagen von Frauen, die sich mit diesem Thema schon befaßt haben.

Bringen Sie die Familienmitglieder dazu, den Haushalt *mitzuplanen.* Sichern Sie sich ihre Teilnahme an Entscheidungen dazu, welche Pflichten zu erledigen sind und wie die Verantwortung für diese Pflichten aufzuteilen ist.

Die Autorin und Dozentin *Maggie Tripp* gibt folgende Ratschläge: „Viele Frauen meinen, sie verlieren Ihren Mann, wenn sie nicht um fünf nach Hause kommen, seine Socken waschen und das Abendessen zubereiten. Sie haben Angst, die Beziehung durch eine offene Aussprache über dieses Thema auf die Probe zu stellen.

Sobald Frauen um Hilfe bitten, bauen sie eine bessere Beziehung zu den Menschen auf, mit denen sie zusammenleben. Männer freuen sich, wenn sie *einbezogen werden.* Sie können dadurch *etwas Nützliches tun.* Die meisten Ehen werden im Laufe der Zeit mechanisch. Hier fängt aber etwas Positives in der Beziehung an."

Biz Greene, eine berufstätige Frau, Ehefrau und Mutter von fünf Kindern, beschreibt, welche Änderungen sie initiierte, als sie ihre Vollzeitberufstätigkeit aufnahm. „Jeder einzelne von uns sieben war für die Planung und Zubereitung einer Mahlzeit pro Woche zuständig. Für bestimmte Verantwortungsbereiche hatten wir automatisch Rotation vereinbart. Wir hatten außerdem einen vielfarbig markierten Kalender. Jedes Familienmitglied hatte eine andere Farbe. Rot stand für Aufgaben der ganzen Familie.“

Frau Greene schlägt außerdem vor, die eigenen Wertvorstellungen, Bedürfnisse und Prioritäten zu identifizieren (und sie von Zeit zu Zeit, je nach Situationsbedarf *erneut zu überprüfen*).

„Teilen Sie jeder wichtigen Person in Ihrem Leben schon zu Anfang einer zeitintensiven Beziehung (Ehemann, Kind usw.) diese Wertvorstellungen, Bedürfnisse und Prioritäten mit und erzielen Sie Einigung über die private und über die gemeinsam verbrachte Zeit und gemeinsame Verantwortung.“

Wichtig für ein effektives Zeitmanagement ist es auch, für die Kinder zu Hause einen richtigen Ausgleich zwischen Freiheit bzw. Freizügigkeit und Disziplin zu finden. *Ruth A. Lawrence,* (Mutter einer großen Familie und Professor für Kinderheilkunde, Geburtshilfe und Gynäkologie an der University of Rochester am Medical Centre der University of Rochester meint dazu folgendes: „Ich war immer der Meinung, daß das Leben meiner Kinder aufgrund meiner Karriere nicht völlig vorgezeichnet sein dürfe. Obwohl wir eine große Familie haben, werden unsere Kinder nicht reglementiert. Die einzelnen Kinder werden nicht nach demselben Schema erzogen. Wir ermuntern sie dazu, ihre eigenen Interessen zu suchen und ihre jeweiligen Talente zu entwickeln. Ich war nie der Meinung, daß die Kinder für meine Karriere zahlen sollten, indem sie meine Arbeit erledigten oder meine Verantwortung übernahmen. Auf der anderen Seite bin ich jedoch der Meinung, daß jede große Familie zusammenarbeiten muß und daß die Kinder ihrem Alter gemäß Aufgaben und Verantwortungsbereiche übernehmen sollen. Die verschiedenen Aufgaben werden *rotiert.* Ab und zu dürfen die Kinder auch *wählen,* und wenn die aufgetragenen Dinge nicht erledigt werden, drohen Sanktionen. Dies gehört meiner Meinung nach zur Disziplin und Erziehung jedes Kindes, ob seine Mutter arbeitet oder nicht.“

Viele Schwierigkeiten mit der Arbeitseinteilung lassen sich vermeiden, wenn die Familie *regelmäßig zusammenkommt,* vielleicht einen

Abend pro Woche nach dem Abendessen. Bei diesem Anlaß werden die Familienmitglieder an bevorstehende Ereignisse erinnert, und man sorgt dafür, daß der Kalender mit den entsprechenden Informationen auf den neuesten Stand gebracht wird. Während solcher Familienzusammenkünfte kann man sich auch auf einen *gemeinsamen Plan* für die Reinigung des Hauses, die Planung der Mahlzeiten und des Einkaufens einigen. Je nach Größe der Familie und Verfügbarkeit externer Hilfe müssen sich die Familienmitglieder in die Verantwortung für die Aufrechterhaltung einer glücklichen und gesunden Umgebung teilen.

Ganz spezifische *Zeitsparfaktoren* für die ganze Familie sind von *Peggy Dolph,* Marketing-Vizepräsidentin bei einer Spar- und Darlehenskasse in Everett, Washington, erfolgreich angewandt worden. Seit über 30 Jahren gelingt ihr das erfolgreiche Management von Beruf und Haushalt. Sie schlägt folgendes für die Essensplanung vor:

1. Speisezettel jeweils für eine Woche erstellen. Jedes Familienmitglied Lieblingsmahlzeit vorschlagen lassen – damit kommt Abwechslung in den Magenfahrplan.
2. Anhand dieses Speisezettels Einkaufsplan zusammenstellen, so daß alle Zutaten für die einzelnen Gerichte im Haus sind.
3. Entscheiden, in welchem Geschäft sich am bequemsten einkaufen läßt, merken, wie die Waren in diesem Geschäft angeordnet sind und die Einkaufsliste entsprechend aufstellen. Damit geht das Einkaufen schneller vonstatten und Impulskäufe werden ausgeschaltet.
4. Das Wochenmenü an der Kühlschranktür aushängen. Wer als erstes nach Hause kommt, fängt mit der Vorbereitung des Essens an.

Peggy Dolph sichert sich die Hilfe ihrer Familie und stellt eine Liste der wiederkehrenden Aufgaben zusammen: Einkaufen, Lebensmittel verstauen, Mahlzeiten vorbereiten, hinterher abwaschen, Bettwäsche wechseln, Wäsche erledigen, Bügeln, staubsaugen usw. Jeder kann auswählen, welche Aufgabe er gerne erledigen möchte (die Wahl lassen ist besser, als jedem zu sagen, was er zu tun habe!) Die Erledigung größerer Projekte sollte jeweils für das Wochenende eingeplant werden. *Peggy Dolph* meint, man solle jeweils ein Wochenende pro Monat für bestimmte Arbeitsprojekte einplanen. Stellen Sie eine Liste auf und lassen Sie die ganze Familie bei der Auswahl mitreden. Auf ihrer Liste standen beispielsweise folgende Punkte:

1. Frühlingsgroßreinemachen im Garten
2. Malerarbeiten außen
3. Malerarbeiten innen
4. Reinigung von Regalen, Schränken
5. Aufräumen der Garage
6. Kuchen backen auf Vorrat zum Einfrieren
7. Einmachen
8. Reparaturen innen
9. Reparaturen außen

Stellen Sie schließlich eine Liste von möglichen *Wochenendausflügen* zusammen, die man unternehmen kann, weil ein bestimmtes Projekt an einem Arbeitswochenende erledigt wurde. Lassen Sie auch hier alle an der Entscheidung teilhaben – als Belohnung für getane Arbeit.

Sie werden sicherlich lernen, vielen Krisen durch besseres Zeitmanagement aus dem Wege zu gehen. Es kommen aber immer noch unerwartete und unvermeidbare Aufstände zu Hause vor. Eine junge Mutter beschrieb ihren „Augenblick der Wahrheit“ in ihrem Kampf zur Bewältigung von Haushalt und Familie und beschrieb die unvermeidlichen Krisen:

> „Zuerst mußte ich akzeptieren, daß ich kein Mensch bin, der alles leicht nimmt und im Zahnarztstuhl einschläft. Es ärgert mich, wenn die Kinder, wenn auch unabsichtlich, ihre Milch verschütten. Plötzlicher schriller Lärm läuft mir heiß und kalt den Rücken herunter. Diese Berufsrisiken kann keine Mutter vermeiden. Ich aber beschloß, daß jede Mutter sich selber besser wappnen kann.
>
> Seitdem versuche ich, in einer Krisensituation immer an die folgende rettende Formel zu denken: Stop, sieh nach, hör zu – und zähle bis zehn. An dem Tag des Vorfalles mit dem Hund und der Wäscheklammer hielt ich in meiner Tätigkeit inne, anstatt zur Haarbürste zu greifen. Ich schaute nach

und sah Tränen in den Augen meines kleinen Jungen. Ich hörte ihm zu und hörte ihn wimmern: „Ich wollte dem Hund nicht weh tun, Mami!" Ich habe in Gedanken bis zehn gezählt und mußte vernünftigerweise zugeben, daß unser Sohn nicht absichtlich bösartig gewesen war – er war nur neugierig wie jeder andere normale Vierjährige.

Anstatt eine fürchterliche Szene zu machen, habe ich mich ruhig mit ihm darüber unterhalten, daß man gut zu Tieren sein müsse. Wir haben uns die Klammer angeschaut und ausprobiert, wie weh das Zwacken damit tut. Ein reuiger kleiner Michael hielt mir dann die Schachtel mit den Nägeln, während ich den zerbrochenen Draht an der Eingangstür flickte und mit einem Hammer konstruktiv Dampf abließ.

Leider passen nicht alle Probleme und Lösungen in ein Einheitsraster. Maschinen tun normalerweise das, worauf sie eingestellt sind. Der Kuchen im Backofen mißlingt, wenn kleine Finger ihn z.B. auf 300° C eingestellt haben (ich habe gelernt, immer mit einem Auge auf die verschiedenen Maschineneinstellungen zu achten).

Es gibt viele Möglichkeiten, aufgestauten Dampf abzulassen. Ich putze Silber, um mich bei schlechter Laune abzureagieren und wende mich allmählich erfreulicheren Gedankenwegen zu. Der Glanz, den mein Teeservice erhält, spiegelt sich auch in meiner Stimmung wider.

Die verschiedenen Haushaltstätigkeiten können aber zum Aufbau von *Spannung* und zu *geistiger Ermüdung* führen – genauso wie die Hausaufgaben bei einem zwölfjährigen Kind. Ich belohne mich, wenn ich fertig bin. Ich gestatte mir beispielsweise eine Lesestunde, wenn ich mit dem Bügeln fertig bin. Kreativer Selbstausdruck – Malen, Schreiben, Musizieren, Stricken – dient als Gegenmittel zu fordernder Routine.

... Ich bemühe mich, die Ruhe zu bewahren und versuche, unseren Kindern dabei zu helfen, die entsprechende Stärke zur Bewältigung von Problemen zu erlernen. Sie brauchen das in einer an sich schon „hochexplosiven" Welt[6].

Man braucht viel Zeit und Energie, um den Menschen und Verpflichtungen im Leben gerecht zu werden. Man braucht ein bestimmtes Maß an Selbstverständnis und Eigenliebe gekoppelt mit hegenden und pflegenden Gefühlen gegenüber anderen. Der Kampf und der

---

6 *Mary Ann Gourley,* „Listen to the Land" Countryside Press, Englewood Cliffs, N.J., S. 111.

Lohn sind der Mühe wert. In ihrer 1927 veröffentlichten Zeitschrift sagte *Katherine Mansfield:* „Ich möchte mich selbst begreifen und dadurch andere begreifen. Ich möchte all das sein, was ich werden kann ... Dies scheint alles sehr mühsam und ernst, aber jetzt, da ich damit gerungen habe, ist dem nicht mehr so. Ich fühle mich glücklich – tief im Innern. Alles ist gut."

15. Zeit „zwischendurch“

Ein neues Buch kann ich am besten planen, während ich den Abwasch erledige.

Agatha Christie

Wie oft haben Frauen schon zueinander gesagt: „Meine Zeit ist so zerrissen ... hätte ich doch längere ununterbrochene Zeit! Ich fühle mich manches Mal in tausend Richtungen gezogen und bringe dennoch nichts zustande!“ Die meisten Frauen empfinden ihren Alltag als zerrissen. Sie jonglieren zwischen ihren Pflichten zu Hause, ihren beruflichen und sonstigen außerhäuslichen Aktivitäten: Zubereitung des Frühstücks, während gleichzeitig die Waschmaschine schon läuft. Ein Kind zur Klavierstunde, ein anderes zum Turnunterricht fahren. Den Projektbericht fertigstellen, den Kartoffelsalat für das Sommerfest der Gemeinde richten, den Koffer für die Regionalversammlung packen – ein Potpourri von Tätigkeiten und Verpflichtungen, die wenig Raum für effektives Zeitmanagement zu lassen scheinen.

Aber ... paradoxerweise kann man mehr in dieser zerrissenen Zeit *„zwischendurch“* tun und eine ganze Reihe kleiner und größerer Projekte erledigen. Danach spürt man nicht nur, daß man etwas geleistet hat, sondern hat auch eine ganze Reihe von Aufgaben abgehakt.

Viele Frauen erleben auch bei der Erledigung dieser Zwischendurchaufgaben eine erstaunliche *Hebung* ihres *Selbstbildes.* Sie finden Befriedigung im Erlebnis der traditionellen Aspekte ihrer Weiblichkeit durch das Ordnen der Kochrezepte oder durch das Schreiben eines Briefes an einen vielgeliebten Verwandten. Auf der anderen Seite erleben sie Befriedigung beim wichtigeren Teil ihrer täglichen Aktivitäten, wie z.B. bei der Fertigstellung des Flußdiagramms, das abgegeben werden muß, oder der Erstellung des Ausschußberichtes, der die endgültige Strategie für das nächste Jahr festlegt. Wer diese Zwischendurchzeiten für sich einsetzt, erlebt eine Art innerer Harmonie in allen Aspekten seines Lebens.

Wo kommen diese *Zwischendurchzeiten* vor? Zur effektiven Nutzung dieser Zeiträume muß man zuerst einmal wissen, wann und wo sie existieren. Dies läßt sich am besten feststellen, wenn man auf ein Zeittagebuch oder überhaupt ein Tagebuch zurückgreift, damit man weiß, wohin die tägliche Zeit tatsächlich geht.

Jean Bradford meint, wir müssen alle mehr auf *„Wartezeiten“* achten. Kontrollieren Sie sich selbst und erkennen Sie, wann Sie warten und nichts tun[1]. Die Fahrt zur Arbeit und zurück, das *Warten in Vorzimmern,* eine Sitzung bei der *Kosmetikerin,* selbst *Verkehrsstaus* sind Beispiele für solche Zeiten, in denen Sie mehr tun können als nur dazusitzen und sich zu ärgern. In solchen Wartezeiten lassen sich vielerlei verschiedene Dinge erledigen.

Um diese Zwischendurchzeiten auch richtig ausnützen zu können, müssen Sie die entsprechend notwendigen Materialien natürlich immer bei sich haben. Am wichtigsten ist dabei häufig der Aktenkoffer.

Sie und Ihr Aktenkoffer

Für Frauen, die ins Berufsleben eintreten, wird der Aktenkoffer zum Problem. Brauchen sie überhaupt einen? Wenn ja, was für einen? Sollten sie Aktenkoffer und Handtasche bei sich tragen?

Wenn irgend möglich, sollten Sie sich für eine große, chic aussehende Schultertasche entscheiden, die sowohl als Hand- als auch als Aktentasche dienen kann. Das sieht besser aus, als mit zwei verschiedenen Taschen kämpfen zu müssen (besonders in Drehtüren) und bietet ein *professionelleres Bild.* Wählen Sie die Tasche möglichst in einer neu-

---

1 *Jean Bradford,* „Getting the Most Out of Odd Moments“, Reader’s Digest, Juni 1971, S. 82.

tralen Farbe, so daß Sie sie in fast allen Jahreszeiten passend zu fast aller Kleidung mitnehmen können. So brauchen Sie nicht ständig Ihre Tasche zu wechseln.

Auch mit einer *bestimmten Ordnung* in Aktentaschen kann man viel Zeit sparen. Man kann verschiedenfarbige Mappen und Tabs zur Kennzeichnung der verschiedenen Kategorien benutzen – abhängig von der Art Ihrer Arbeit.

Sie können Ordnung in den Inhalt Ihrer Aktentasche bringen, um nicht dauernd nach einem bestimmten Brief oder einer bestimmten Information, die sich plötzlich unter andere Dinge gemischt hat, suchen zu müssen.

Wir kennen eine Richterin, die verschiedene Aktenmappen in ihrer Aktentasche mit sich trägt. Sie tragen die folgenden Bezeichnungen: „Telefongespräche", „Lesen", „Tippen", „Handschriftliches" und „Büro". Wenn ihr im Büro Notizen übergeben werden oder sie beim Auftragsdienst nachfragt, welche Anrufe inzwischen für sie angekommen sind, wird sie natürlich diese Rückrufe, wenn irgend möglich, sofort tätigen. Kann sie das nicht, verstaut sie die Notizen in der Mappe „Telefongespräche" und führt die Gespräche, sobald ihr Zeit dazu bleibt. Dasselbe gilt auch für die übrigen Kategorien. In die Mappe „Lesen" gehen Berichte, Informationsbriefe, Briefings usw., die sie, sobald ihr die Zeit dazu bleibt, lesen will. Die Mappe „Handschriftliches" ist für alle persönlichen Notizen da, die sie schreiben will, und die Mappe „Tippen" enthält alle Korrespondenz und Rohentwürfe, die sie selber tippen muß. Die Mappe „Büro" ist für alle Geschäftsdinge, die sie nacheinander im Büro erledigen muß. Dazu gehören Konferenzen, die Ablage bestimmter Dinge oder Anweisungen an Sekretärin oder Mitarbeiter.

Wichtig an diesem Ablagesystem in der Aktentasche ist, daß man sein Material immer geordnet hat und leicht findet. Eine Verkaufsrepräsentantin, die auf ihre Aktentasche zurückgreifen kann, wenn sie in Vorzimmern wartet, kann diese Zeit zur Abfassung von Berichten oder zum Durchdenken ihrer Präsentation nutzen. Wenn sie in der

Nähe eines Telefons ist und etwa zwanzig Minuten Zeit hat, kann sie die entsprechende Mappe herausnehmen und mehrere Anrufe schnell erledigen. Im Wartezimmer des Arztes kann sie schnell die Mappe „Lesen“ herausholen und verschiedene Materialien im Wartezimmer überfliegen oder lesen (*Barbara Walters,* eine bekannte Persönlichkeit aus dem Fernsehen, erzählte den Autoren, daß sie „immer und überall liest“).

Die Frau, die sich an das oben beschriebene System hält, hat uns berichtet, daß sie, wenn sie zwei Stunden Arbeitszeit zur Verfügung hat, manchmal mit der Mappe „Handschriftliches“ zuerst anfängt, weil sie dazu gerade Lust hat. Ein anderes Mal nimmt sie sich zuerst die Mappe „Tippen“ vor. Sie kann also mit Hilfe dieses Ablageverfahrens in der Aktentasche Zeitblöcke so nutzen, daß sie auch ihrem *Energieniveau entsprechen.*

Eine weitere uns bekannte Frau, die ihre Zwischendurchzeit effektiv nutzt, ist *Ann Richards,* County Commissioner in Travis County, Texas. Sie ordnet ihre Arbeitsmaterialien wie folgt:

> „Ich habe ein System farblich verschiedener Mappen, wobei „System“ allerdings viel zu viel gesagt ist. Es geht um folgendes: Heikle und wichtige Dinge kommen in rote Mappen, während Materialien für Gerichts- und Arbeitssitzungen in orangefarbene Mappen gesteckt werden. Alles, was warten kann, liegt in grünen, und Vorträge oder Unterlagen für Konferenzen liegen in blauen Mappen ... Ich verwende Postkarten für Kurzinformationen und versuche, die meisten wichtigen, aber weder lang noch fachlich komplizierten Briefe mit der Hand zu schreiben. Bei der sonstigen Korrespondenz oder Angelegenheiten, die Maßnahmen erfordern, notiere ich nur, was ich mitteilen oder erledigt haben will und lege die Zettel in den für meinen Assistenten bestimmten Kasten auf meinem Schreibtisch.“

Eine Vielzwecktasche

Wem eine Aktentasche zu unbequem oder ungeeignet erscheint, sollte sich für eine genügend große *Vielzwecktasche* entscheiden. Sie sollte innen zwei bis drei Unterteilungen haben und groß genug sein, daß auch ein Buch oder ein Kleidungsstück hineinpaßt. Mit einer solchen Vielzwecktasche läßt sich im Wartezimmer eines Arztes oder beim

Warten auf dem Flughafen einiges erledigen: Man kann kleinere Näharbeiten ausführen, lesen und Notizen zur morgigen Tagesordnung machen, ein paar Dankesbriefe schreiben, Geschenkideen, die man sonst vergessen würde, aufschreiben, Fremdsprachenkenntnisse mit Hilfe eines kleinen Sprachführers auffrischen oder sogar eine nicht mehr aktuelle Rezeptsammlung aufräumen. Solche Zwischendurchzeiten sind auch, wie schon in einem früheren Kapitel beschrieben, ideal für die Erstellung von *Listen,* welche Dinge am nächsten Tag oder in der nächsten Woche zu erledigen sind.

Zwei Dinge auf einmal tun

Sehr oft läßt sich Zeit sparen, indem man buchstäblich zwei Dinge auf einmal tut. Damit gewinnt man bis zu zehn zusätzliche produktive Stunden pro Woche. Sehr viel Zeitersparnis ergibt sich beispielsweise, wenn man das Telefon mit einer extrem langen Schnur versehen läßt. Es sind schon eine ganze Reihe privater oder beruflicher Gespräche geführt worden, während die Frau eine Mahlzeit zubereitete, die Küche aufräumte oder Lebensmittel in Schränken verstaute. Natürlich muß man den Partner am anderen Ende fragen, ob es ihn stört, wenn man diese Tätigkeiten während des Gesprächs weiter verfolgt. Wenn es den anderen nicht stört, dann „Volldampf voraus". Diese Arbeit in der Küche, die normalerweise eine Routinearbeit ist, lenkt Sie nicht vom Inhalt des Telefongesprächs ab, sondern befähigt Sie im Gegenteil dazu, sich noch besser zu konzentrieren, weil Sie zwei Arbeiten auf einmal effektiv erledigen.

Weitere Doppeltätigkeiten sind: Formbriefe unterschreiben, während Ihre Sekretärin Sie über den morgigen Zeitplan unterrichtet, die Fingernägel während eines Telefongesprächs reparieren, mit den Kindern während der Zubereitung des Abendessens plaudern ... und Sonnenanbeter mit flexibler Arbeitszeit sollten sich einen Telefonanschluß auf die Terrasse oder in den Garten legen lassen. Stehlen Sie sich ein paar Stunden an sonnigen Tagen, schnappen Sie sich einen Liegestuhl, stöpseln Sie das Telefon ein und erledigen Sie Ihre Telefongespräche. Eine ganze Reihe von Konferenzen sind schon geplant,

Gelder organisiert und Projekte verjüngt worden, während zumindest einer der Telefongesprächspartner in der Sonne lag.

Sehr nützlich kann es auch sein, wenn man immer einen kleinen *Kassettenrecorder* mit sich trägt. Beim Autofahren, beim Warten auf Bahnhöfen oder in Flughäfen kann man eine ganze Reihe von Nachrichten oder Ideen diktieren, die man sonst wieder vergißt. Wer an Seminaren oder Schulungsmaßnahmen teilnimmt, sollte ein solches Diktiergerät auch zur Hand haben, um verschiedene Referate aufzunehmen oder die wichtigsten Punkte der jeweiligen Sitzung unmittelbar danach zu diktieren.

Auch Gymnastik kann man gleichzeitig mit anderen Dingen erledigen. Es gibt eine ganze Reihe von Entspannungsübungen für die Minuten im *Verkehrsstau* oder während der Zubereitung eines Essens. Noch mehr gymnastische Übungen lassen sich durchführen, während man fernsieht, ob man den Wetterbericht oder eine lustige Show anschaut. Viele gute Ideen kommen unter der Dusche oder beim Jogging. Die Leiterin einer Universitätsabteilung in Neuengland hat immer eine Liste von Themen präsent, über die sie während solcher eigentlich nicht denkaktiven Zeiten, wie z.B. während des wöchentlichen Einkaufens, nachdenkt.

Zeit für das Nichtstun

Unsere Zeit sollte nicht immer mit Tätigkeiten ausgefüllt sein. Eine gesunde und produktive Frau weiß, daß sie auch Zeit für die *Muße* braucht, Zeit, um die Hektik abzuschütteln. Wir müssen uns alle genau beobachten, um zu erkennen, wann wir langsamer treten oder aufhören müssen, wann wir unsere Zwischendurchzeiten nicht mit noch mehr hektischen Tätigkeiten füllen dürfen. Die folgende Aussage untermauert, wie wichtig es ist, gelegentlich auch einmal nichts zu tun.

Als Zwischenräume bezeichnen wir Redakteure den Platz auf unseren Zeitungsseiten, der nicht von Schrift und Fotos in Anspruch genommen wird – dadurch wird das, was wir zu sagen haben, unterstrichen – genauso wie die Zwischenräume die Zweige eines Baumes unterstreichen.

Zwischenräume zu Hause wirken ähnlich. In jedem Zimmer braucht man Raum *zum Atmen,* braucht man Raum, der frei ist von Bildern oder Mustern oder Gegenständen. Diese Urbereiche des Nichts oder der Leere unterstreichen die Dinge, von denen Sie wollen, daß Ihre Familie und Freunde sie sehen und sich daran freuen.

Auch jeder Tag braucht einen solchen Leerraum – Platz zum Atmen für den Geist, zur Unterstreichung der Tätigkeiten und damit sie einen Sinn erhalten[2].

Zeitersparnis auf Reisen

Reiseplanung

Erfolgreiche Reisen fangen mit der *Planung* an. Wer sich von einem Ort an einen anderen begibt, ist immer einem bestimmten Streß ausgesetzt. Dieser Streß läßt sich am besten durch Planung verhindern.

Das wichtigste Element bei der Planung ist, klar festzustellen, welchen *Sinn* und *Zweck* die Reise hat. Warum? Selbstverständlich wissen Sie, warum Sie auf Reisen gehen – eine Ferienreise, eine Dienstreise oder vielleicht eine Kombination aus beiden. Reicht das nicht? In den meisten Fällen reicht das tatsächlich nicht ... wenn Sie Interessen daran haben, Ihre Reisen produktiv zu planen.

Alternativen zur Reisetätigkeit

Alle dienstbezogenen Reisen sollte man genau darauf hin überprüfen, ob sie *tatsächlich notwendig* sind. Gibt es vielleicht wirtschaftlichere und effektivere Alternativen? Überlegen Sie folgendes:

---

2 *Gertrude Dicken,* „Listen to the Land“, Countryside Press, Englewood Cliffs, N.J., S. 115.

1. Läßt sich das Ganze per Telefon mit einem Partner oder durch eine Reihe von Telefonkonferenzen erledigen? Diese Alternative ist weitaus wirtschaftlicher und kann in manchen Fällen genauso effektiv sein wie eine lange Dienstreise.
2. Können Sie dem anderen, den Sie eigentlich persönlich treffen wollten, schreiben? Dies läßt sich in Form eines Briefes, eines Projektberichtes oder in Form einer oder mehrerer Kassettenaufnahmen erledigen.
3. Läßt sich die Reise aufschieben? Folgende Frage ist immer zu stellen: Würde bei der Reise mehr herauskommen, wenn ich sie auf einen späteren Zeitpunkt verschiebe, einen Zeitpunkt, an dem wir mehr Informationen zur Projektbewertung haben oder an dem die neue Leiterin der Agentur schon ein paar Monate im Amt ist und ihr Führungsplan erprobt ist.
4. Läßt sich die Reise mit anderen kombinieren? Wer Ende April nach München fliegen will und bis spätestens 1. Juni mit einem Partner in Garmisch-Partenkirchen konferiert haben muß, spart offensichtlich Zeit und Geld, wenn er beide Reisen zusammenlegt.
5. Ist es sinnvoller, die Konferenz im eigenen Haus abzuhalten? Vielleicht sind die wichtigsten Personen, mit denen Sie zusammentreffen wollen, in drei Wochen ohnehin in Ihrer Gegend. Sie können die entsprechenden Vorkehrungen treffen, mit ihnen zusammenzutreffen, während sie in Ihrer Nähe sind und zusätzliche Angelegenheiten mit den Kollegen per Telefon erledigen.
6. Gibt es einen Kollegen in der Firma oder im Amt, der sowieso schon zu dem von Ihnen geplanten Ort reist und Ihre Angelegenheiten für Sie miterledigen könnte? Es ist offensichtlich Zeit- und Geldvergeudung, wenn beide diese Reise machen, obwohl einer beide Angelegenheiten erledigen könnte.

Zeitfallen auf Reisen

Der typische Dienstreisende vergeudet mehr Zeit auf Reisen als im Büro. Der folgende Überblick gibt die Reiseerlebnisse aber nur teilweise wieder:

1. Kein Management für die Zeit der Abwesenheit, d.h. es wird versäumt, zusammen mit Kollegen und Mitarbeitern zu planen, welche Maßnahmen während der eigenen Abwesenheit ergriffen werden müssen.
2. Primär- und Sekundärziele, die sich durchaus gleichzeitig erledigen ließen, werden nicht bedacht.
3. Es wird nicht weit genug vorausgeplant, damit die Pläne anderer mit den eigenen koordiniert werden können. Außerdem wird nicht detailliert genug geplant, so daß die eigene Zeit nicht optimal genutzt wird.
4. Die Reisezeiten und Reiserouten werden von der Zeitnutzung her nicht optimal geplant: d.h. denken, planen, lesen, Kassetten anhören, schreiben und diktieren.
5. Ergebnisse oder Schlußfolgerungen werden nicht zusammengefaßt, Initiativ- oder Follow-up-Maßnahmen werden nicht noch vor Rückkehr an den Arbeitsplatz vorbereitet. (Erledigen Sie diese Dinge so schnell wie möglich nach einer Konferenz, ehe Ihnen die Details endgültig entfallen).

Einige Zeitfallen treten nur auf Reisen auf, andere wiederum sind identisch mit vielen, die auch zu Hause im Büro passieren. Mit Hilfe eines *Zeit-Tagebuches* werden Sie feststellen, mit welchen Faktoren Sie Schwierigkeiten haben.

Liste aufstellen über „mitzunehmende Dinge“
und Vorbereitung des Aktenkoffers

Wer auf einer Reise mehrere Konferenzen oder eine Reihe von Konferenzen zu verschiedenen Themen besucht, sollte eine Liste der für die verschiedenartigen Diskussionen mitzunehmenden Dinge aufstellen. Damit sollte man rechtzeitig vor der Reise anfangen, so daß sich das, was einem nachträglich noch einfällt, leicht mitaufschreiben läßt.

Mary Kay Ash läßt ihre Assistentin vor einer Dienstreise eine Mappe mit vollständigen Informationen für jede Stunde und jeden Tag ihrer Reise vorbereiten. Dazu gehören auch die Telefonnummern wichtiger Kontaktpersonen. Vorne auf die Mappe heftet sie die genaue Reiseroute mit allen Abflug-/Abfahrt- und Ankunftszeiten für Bahn, Flugzeug usw.

Sicherlich muß man über einige Projekte und Aufgaben nachdenken, Aktennotizen müssen abgefaßt, Korrespondenz muß auf Reisen beantwortet werden. Auf Flugreisen hat man die einmalige Gelegenheit zur ununterbrochenen Konzentration, zur Konzentration ohne Unterbrechungen durch die vier weltweit genannten Zeitfallen-Spitzenreiter: keine Telefongespräche, keine unangemeldeten Besucher, keine Besprechungen und, wie wir hoffen, keine Krisen. Bei einer solchen Isolierung von den normalen Zufällen des Arbeitsumfeldes kann ein gut vorbereiteter Manager Arbeit, für die er normalerweise drei Stunden braucht, in einer einzigen Stunde Flugzeit erledigen. Allein diese Tatsache sollte kosteneffektive Manager und die Finanzvorstände in Ihren Unternehmen davon überzeugen, daß sich Reisen in der ersten oder der Business-Class vielfach bezahlt machen, weil sich die Arbeit in der Luft viel leichter erledigen läßt als im Büro.

Sie sollten alle Unterlagen, an denen Sie arbeiten wollen, in Ihrer *Aktentasche* mitführen. Das gleiche gilt für Diktiergerät oder Schreibmaterialien. Viele Reisende hören sich Kassetten auf Autofahrten an und erfüllen damit *Weiterbildungsziele* auf der Fahrt zum Arbeitsplatz und zurück nach Hause oder auf Reisen. Telefongespräche lassen sich auch auf dem Flughafen erledigen, während man auf die Flugverbindung wartet. Ob Sie öffentliche Verkehrsmittel benutzen (in denen Lesen, Schreiben, Diktieren oder die Diskussion von Problemen möglich sind) oder ob Sie selbst fahren (wobei Sie denken und planen können, Kassetten abhören und manchmal auch diktieren können): Effektive Manager nutzen immer ihre Reisezeit für viele verschiedene wichtige Aufgaben.

Tips fürs Kofferpacken

Die größte Qual für viele Frauen auf Reisen ist das Packen des Koffers – sie nehmen zu viel, zu wenig oder das Falsche mit. Hier sind einige Reisetips für die Frau von heute, die ihr sicherlich vieles leichter machen:

Mitzunehmen

Pflegeleichte knitterarme Kleidung aus lose gewebten Stoffen.
Grundgarderobe – in abgestimmten Farben.
Nur wenig an Unterwäsche – läßt sich abends auswaschen. Extra-Kosmetiktasche für Reisen bereithalten (mit Zahnbürste, Zahnpasta, Aspirin, Make-up, kleinem Nähetui, Mundwasser, Pflaster, Waschmittel).
Zusammenfaltbarer Regenmantel, der notfalls auch in der Handtasche Platz findet.

Packen

Lieber zwei kleine Gepäckstücke als ein großes.

Die einzelnen Kleidungsensembles aufbügeln, in lange Plastiküberzüge packen (so daß man sie, so wie sie sind, beim Auspacken gleich in den Kleiderschrank hängen kann).

Kleidungsstücke so packen, daß sie nicht knittern können. Handtaschen und Schuhe in einzelne Plastikbeutel packen (gibt Schutz und der Koffer bleibt sauber).

Alle unbedingt notwendigen Dinge in das Handgepäck packen, so daß Sie zumindest für einen Tag und eine Nacht alles Notwendige haben, falls Ihre Koffer nicht oder zu spät ankommen.

Kleinere Kleidungsstücke wie Blusen und Halstücher in Seidenpapier packen, damit sie nicht knittern.

Einen Schuhbeutel (mit 6 oder mehr Taschen) zur Verpackung von Strumpfhosen, Fön, Gürteln usw. benutzen (beim Auspacken nur auseinanderfalten und im Schrank oder im Badezimmer aufhängen).

Aufkleber mit Name und Adresse gehören auf die Außenseite jedes Gepäckstücks, außerdem auch auf die Innenseite (für den Fall, daß der Außenaufkleber verloren geht).

Auspacken

Zerknitterte Kleidung auf Kleiderbügel ins Badezimmer hängen, Tür schließen, heißes Wasser laufen lassen, um Dampf zu erzeugen. Die meisten Falten werden verschwinden.

Sobald wie möglich nach der Ankunft auspacken und im Hotel- oder Gästezimmer einrichten. Ein sauberes und heimeliges Klima schaffen – so fühlen Sie sich sicher und in Kontrolle Ihrer Umwelt.

Unterlagen führen

Tägliche Buchführung über alle Ausgaben.

Stecken Sie die Tagesbelege für Hotelübernachtung, Essen, Taxis usw. in jeweils einen Briefumschlag, den Sie in Ihrer Tasche oder Aktentasche aufbewahren.

Bei der Benutzung von Kreditkarten sollte man jeweils nur eine Kreditkarte benutzen. Ideal ist es, wenn man eine Kreditkarte nur auf Reisen benutzt.

Reisezeiten und Zwischendurchzeiten bieten im allgemeinen zusätzliche Möglichkeiten zur effektiven Zeitnutzung. Beobachten Sie sich selbst ganz genau und erkennen Sie die Chancen, wenn sie sich bieten. Sie werden es nicht bedauern.

16. Streß abbauen

Die Sandkörner fließen unaufhörlich.
Die Augenblicke vergehen – einer nach dem anderen; Einige kommen, einige gehen;
Bemüh' dich nicht, sie alle zu greifen.

Adelaide Proctor (1869)

Was ist Streß?

„Manchmal glaube ich, ich explodiere" ... „Sobald ich in diese monatliche Besprechung hineingehe, habe ich Kopfschmerzen" ... „Wenn er anruft, krampft sich mir sofort der Magen zusammen." Wie oft machen Sie pro Tag oder pro Woche ähnliche Bemerkungen? Die Frau von heute führt ein solch *hektisches Leben,* daß sie nicht nur Erfüllung, sondern auch mehr Streß und Angst erlebt. Eine bessere und effektivere Zeitnutzung kann zu weniger Streß führen.

Die Gründe für den Streß bei der Frau von heute sind verschieden. Sie reichen von der *Superfrau-Mentalität* mit *unrealistischen Erwartungen* an sich selbst bis zur einsamen Frau in einer verantwortlichen Position. Immer mehr Frauen werden zu Arbeitsbesessenen. Sie sind ihrer Arbeit nicht nur während der Arbeitswoche, sondern auch an den Abenden und Wochenenden verfallen. Der neurotische Antrieb zum *Perfektionismus* treibt die Frauen oft in zu viele Verpflichtungen und zu viele Aufgaben. Frauen neigen auch dazu, ihre Wut hinunterzuschlucken, feindselige Gefühle in sich hineinzufressen, anstatt sie selbstbewußt und in angemessener Form auszusprechen. Streß ergibt sich auch aus der Neigung der Frauen, effizient zu sein und zu bleiben und Beispiel in der Detailarbeit zu geben, wobei sie allerdings den sehr oft wichtigeren Prozeß des konzeptionellen Denkens vergessen.

Psychologisch gesehen erzeugen viele Frauen ihren Streß selbst, indem sie sich *zu viele Aufgaben aufbürden,* um Intimität mit anderen zu vermeiden. Manche Frau führt ein hektisches Leben voller Verpflichtungen und Tätigkeiten, um sich selbst vor sinnvollen Beziehungen zu schützen. Damit vermeidet sie das Risiko, ein Stück ihrer selbst preisgeben zu müssen und möglicherweise zurückgewiesen zu werden. Aus diesem Vermeidungsverhalten erwachsen Streß und Spannungen.

Auch externe Faktoren tragen zur Streßumwelt bei. Familienmitglieder oder Freunde stellen unrealistische Erwartungen an eine Frau. Sie wollen, daß sie ihren Haushalt perfekt führt und die Kinder ordentlich erzogen werden. Gleichzeitig soll sie die höchste Punktzahl beim Kegeln erzielen. Bei der Arbeit muß sie mit sexistischen Bemerkungen, diskrimierenden Gepflogenheiten und dem Druck fertig werden, daß sie das Aushängeschild für die übrigen Frauen in der Organisation darstellt und Vorkämpferin für ihre Chancen ist. Alle anderen Frauen hängen von ihrer Leistung ab.

Frauen leben in einem Zeitalter *wachsender Erwartungen*. Der sich daraus ergebende Druck kann zu Streß-Symptomen der Erschöpfung, zu Magengeschwüren, Herzkrankheiten, Bluthochdruck usw. usw. führen.

Kann man ein aktives Leben führen und dennoch den Streß effektiv bewältigen? Ja. Und der Schlüssel dazu liegt im *Zeitmanagement.* Wenn Sie lernen können, Ihre Streß-Symptome zu identifizieren, die Gründe dafür zumindest bis zu einem gewissen Grad zu begreifen und dann Ihre Einstellung und Ihre Verhaltensweisen ändern können, werden sich die Streß-Symptome verringern. Sie werden sowohl körperlich als auch seelisch davon profitieren.

Was ist Streß? Streß ist eine Reaktion auf wahrgenommene Ereignisse, die meistens physiologischer Natur sind. Man erlebt Streß in Reaktion auf nicht nur negative Ereignisse, sondern auch auf erfreuliche Begebenheiten. Streß tritt genauso auf, wenn wir uns verlieben, wie wenn wir eine ernsthafte Erkrankung meistern müssen.

Obwohl Streß ein universelles Erlebnis ist, haben wir alle unsere *eigenen* für uns *typischen* Streß-Symptome entwickelt. Dies sind die *Schwachstellen* im eigenen Körper. *Janet Lock*, die Leiterin einer Datenverarbeitungsabteilung, leidet häufig unter Kopfschmerzen, während *Dolores Johnson* unter chronischen Magenschmerzen leidet. Ganz real gesehen erzeugen wir alle unsere *Streß-Symptome selbst.*

Ich suche meinen Streß selber aus

Eine Übung ist zur Streßbewältigung sehr nützlich: Sie dürfen Streß-Symptome nicht als etwas Fremdes betrachten, nicht als etwas Externes, das uns auferlegt wird. Im Gegenteil, es handelt sich um einen Zustand, den wir *selbst erzeugen.* Je mehr Sie sich als Besitzer Ihres eigenen Streß empfinden, desto mehr können Sie ihn auch begreifen und unter Kontrolle halten: meine Kopfschmerzen, meine Magenschmerzen, meine zitternden Hände.

Je mehr Sie erkennen, daß Sie Ihre Streß-Symptome selber erzeugen, desto fähiger werden Sie auch, die folgenden Fragen zu beantworten: „Warum verursache ich dieses Symptom bei mir?“ „Warum verursache ich Kopfschmerzen bei mir?“ „Warum spanne ich meine Halsmuskeln/Nackenmuskeln an?“ Wer diese Fragen stellt, gewinnt oft unmittelbare Einsichten in die Streßursachen und kann dann mit einem *Problemlösungsprozeß beginnen*, bei dem es an die Bewältigung der *Ursachen* geht.

Streß und Zeitmanagement: Hängen sie miteinander zusammen?

In welcher Beziehung stehen Streßreduzierung und effektives Zeitmanagement? Die Beziehung ist eindeutig. Ein sehr häufiger Grund für erhöhten Streß lautet: „Nicht genügend Zeit.“ Sehr häufig ist die Tatsache, nicht genügend Zeit zu haben, ein direktes Ergebnis schlechter Zeitnutzung. Es geht nicht darum, wie man den Streß los wird, sondern darum, wie man lernt, den Streß *effektiv zu bewältigen.*

Zusätzlich zu allen in diesem Buch beschriebenen Zeitmanagementansätzen gibt es einige Ansätze, die besonders auf die *Streßminderung* zutreffen. Eine Frau, die diesen Faktoren ganz besondere Aufmerksamkeit widmet, kann die Spannungen in ihrem Leben unmittelbar verringern.

Sich selbst organisieren

Ein Schlüssel ist die Selbstorganisation – der erste Schritt zur Minderung von Spannungen im Zusammenhang mit „nicht genügend Zeit". Nehmen Sie sich, wenn nötig, einen ganzen Tag Zeit, an dem Sie nichts tun, außer über Ihr gegenwärtiges Leben, Ihre Aktivitäten und die Menschen Ihres Lebensbereiches nachzudenken und ordnen Sie während dieser Zeit Ihre Prioritäten. Setzen Sie dann sowohl kurz- als auch langfristige Ziele in bezug auf diese Prioritäten.

Tagebuch führen

Man sollte nicht nur die Ereignisse des Tages niederschreiben, sondern auch, was man bei diesen Ereignissen empfunden hat. Damit erreicht man zweierlei. Zum einen hat man ein sichtbares Symbol für die *tatsächliche Zeitnutzung* während des Tages, zum anderen kann man sich seine Gefühle von der Seele schreiben, seine Emotionen abreagieren. Man gewinnt eine *objektivere Perspektive* zu eigenen Reaktionen auf bestimmte Situationen. Sie stellen genau fest, wie Sie Ihre Zeit nutzen und erfahren, welche Situationen Streß in Ihnen auslösen. Durch dieses erhöhte Selbstbegreifen können Sie nicht nur Ihre Zeit besser meistern, sondern auch Ihre gefühlsmäßigen Reaktionen.

Zeit zur Entspannung reservieren

Aus immer mehr Forschungsarbeiten geht hervor, daß die Fähigkeit zum Entspannen ein Schlüssel für ein langes und produktives Leben ist. Zeit zum Entspannen kann 5 Minuten für eine Entspannungsübung bedeuten, aber auch einen ganzen Tag des Umherstreifens. Körperliche Betätigung nach dem Mittagessen, z.B. einen Spaziergang unternehmen, ein wenig Fahrrad fahren oder schwimmen wird sehr empfohlen, weil diese Tätigkeiten einen hohen Erholungswert besitzen.

Fast jeden Tag stehen wir irgendwann einmal unter Streß, ob nur für ein paar Minuten oder für ein paar Stunden. In solchen Zeiten 2 – 5 Minuten lang eine *Entspannungsübung* durchzuführen, bedeutet, die drohenden Kopfschmerzen, das Engegefühl in der Brust oder die Schmerzen im Nacken abzuwenden. Viele Frauen verlangsamen ganz bewußt ihren Atemrhythmus, atmen tiefer und zählen dabei langsam bis 10.

Rosalind Forbes schlägt in ihrem Buch Corporate Stress vor, jedesmal, wenn man das Wort „ich" denkt oder ausspricht, einzuatmen, und beim Ausatmen dann „bin" zu sagen[1]. Eine weitere Möglichkeit: Alle Muskeln in Gesicht, Händen und Füßen, im ganzen Körper 10 Sekunden lang hart anspannen, dann loslassen und entspannen ... anspannen ... entspannen ... anspannen ... entspannen ... anspannen ... entspannen.

Eine weitere Entspannungsübung: Langsamer und tiefer einatmen und sich dabei einen heiteren und ruhigen Ort irgendwo in der Welt vorstellen: „Ich bin auf einer Bergspitze, am Strand, an irgendeinem Ort, an dem ich allein und sicher bin." Man braucht sich nur ein paar Minuten in eine solche Phantasieumwelt zu versetzen, und schon ist man entspannt.

Viele Frauen sagen, daß sich damit Spannungen sehr leicht lösen lassen.

Den eigenen Lebensstil „trainieren"

Wie sich ein Sportler auf ein großes Sportereignis vorbereitet und trainiert, können auch Sie sich eine Trainingsmentalität aneignen, um Ihren aktiven Lebensstil zu meistern. Eine Freundin beschrieb erst kürzlich ihre Reaktion auf die Feststellung, daß sie unter Bluthoch-

1 *Rosalind Forbes,* Corporate Stress, Doubleday, Garden City, N.Y., 1979, S. 170 ff.

druck litt und sich schon Herzschäden eingestellt hatten. Ihr Arzt hatte ihr zwar keine besonderen Medikamente oder besondere Behandlung verschrieben. Unsere Freundin wußte jedoch, daß sie mit diesen Symptomen nicht leben wollte. Sie war eine vielbeschäftigte Frau mit vielen privaten und beruflichen Verpflichtungen und war glücklich dabei. Sie schaute sich ihren gegenwärtigen Lebensstil genau an und überlegte, wie sie ihn ändern könne – vielleicht durch Ausschaltung einer oder mehrerer Tätigkeiten und durch Zurückschneiden der restlichen Tätigkeiten. Sie erkannte sofort, daß sie ihr gegenwärtiges Leben liebte und keine großen Änderungen herbeiführen wollte. Dann überlegte sie, wie sie sich selbst in eine körperlich und geistig optimale Kondition trimmen könne – als ob sie auf einen großen sportlichen Wettkampf trainiere.

Sie wurde durch die neuesten Forschungsergebnisse in ihrem Ansatz ermutigt. Es heißt nämlich, es gebe eine direkte Verbindung zwischen der Ernährung, sportlicher Betätigung und niedrigerem Blutdruck, weniger Herzkrankheiten und insgesamt besserer Gesundheit. Sie hat sich inzwischen für sich selbst einen *regelmäßigen Plan* ausgearbeitet. Sie geht mindestens 45 Minuten pro Tag spazieren und hat ihre Eßgewohnheiten geändert, d.h. weniger Fett, Zucker, Salz und Alkohol (und keine Zigaretten) und mehr Obst, Gemüse und Kohlehydrate. Ihr Blutdruck ist wieder gesunken, die Frühanzeichen für eine Herzerkrankung sind verschwunden und sie fühlt sich hervorragend. Der ihr liebgewordene Lebensstil ist intakt, und sie ist nun in Spitzenkondition, um diesen Herausforderungen gerecht zu werden.

Aufgabenanspruch und Leistungsvermögen aufeinander abstimmen

Zur Reduzierung von Streß wird sehr empfohlen, die Aufgaben auf das jeweils vorherrschende *Energie-* und *Leistungsvermögen* abzustimmen.

Routineaufgaben wie Korrespondenzbeantwortung oder telefonische Rückrufe brauchen nicht besonders viel Energie, während Aufgaben höchster Priorität und sehr anspruchsvolle Aufgaben in Zeiten gelegt werden sollten, in denen das Leistungshoch erreicht wird. Die meisten Menschen sind Frühstarter, das bedeutet, daß sie ihre höchste Leistungsfähigkeit am frühen Morgen erreichen und gegen Ende des Tages an Energie verlieren. Die meisten unter uns verschieben die wichtigeren und schwereren Aufgaben immer auf und fangen lieber mit weniger wichtigen Aufgaben an, weil sie leichter sind. Die Folgen aus diesem Verhalten sind in Abbildung 14 graphisch dargestellt. Hier sehen wir den Verlauf der *Leistungskurve* im Vergleich zu den immer höher werdenden Aufgabenanforderungen. Der schraffierte Teil unterhalb der beiden Linien zeigt die Effektivität der erzielten Ergebnisse.

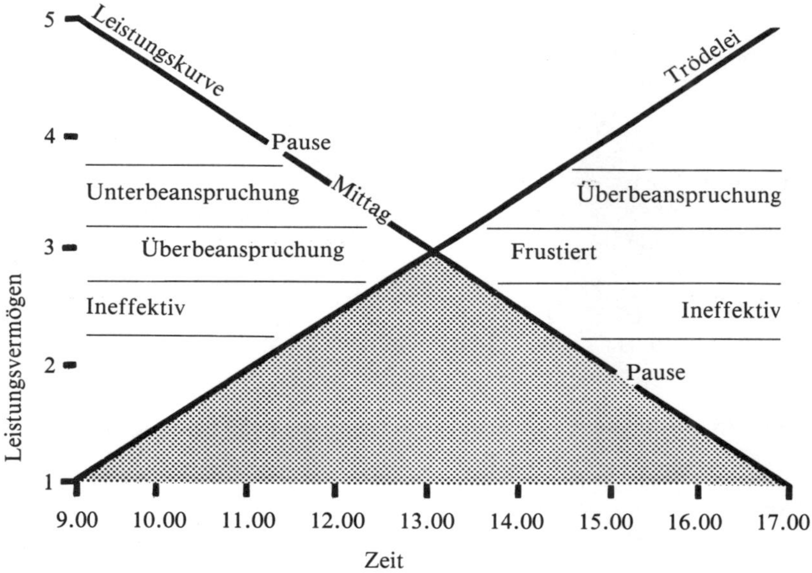

Abb. 14. Abstimmung zwischen Aufgabenanspruch und Leistungsvermögen

Wenn jedoch die Aufgaben an das jeweilig vorherrschende *Leistungsniveau* angepaßt werden, ergibt sich die graphische Darstellung aus Abbildung 15. Die schwierigen Aufgaben werden zuerst und nicht an letzter Stelle erledigt, und die weniger schwierigen Aufgaben und Routinedetails werden für die Zeiträume angesetzt, in denen das Leistungsvermögen den Tiefpunkt erreicht. Der schraffierte Teil unter beiden Linien hat sich hier fast verdoppelt. Die *Gesamteffektivität* hat sich also beträchtlich *erhöht*.

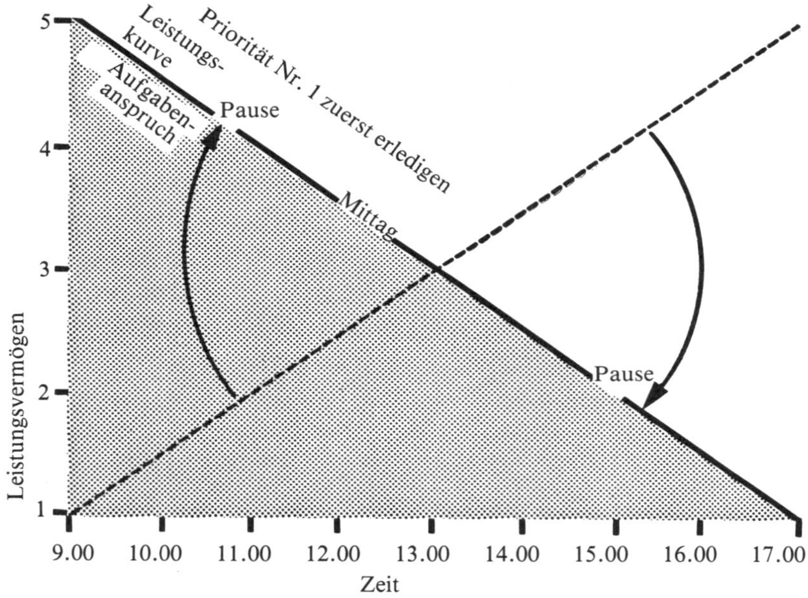

Abb. 15. Abstimmung zwischen Aufgabenanspruch und Leistungsvermögen

Shirl Brenneke, eine freiberuflich tätige Journalistin, Ehefrau und Mutter, beschreibt, wie sie Aufgaben und Leistungskurve aufeinander abstimmt: „Zuerst einmal muß man feststellen, zu welcher Tageszeit man am kreativsten ist. Diese Tageszeit sollte man dann für die wichtigsten Schreib- oder Problemlösungsaufgaben heranziehen. Meine Zeit beginnt schon um 4.30 morgens, wenn ich gerade aufwache und mich unbedingt an die Schreibmaschine setzen will. Zu dieser Tageszeit ruft niemand an, so daß auch niemand meinen Arbeitsfluß unterbrechen kann. Und es ist herrlich, schon zwei Stunden effektive Arbeit hinter sich zu haben, wenn für andere der Tag erst anfängt."

Dr. Eleanor Schwartz, Dekan der School of Administration der University of Missouri, Kansas City, eine bekannte Autorin und Dozentin, Mutter und Hausfrau, sagt Ähnliches: „Ich schreibe fast jeden Morgen zwischen 5 und 7. Ich finde, daß diese Stunden die produktivsten sind, weil ich frisch, wach und auf der Höhe meiner kreativen Fähigkeiten bin. Natürlich kommen auch keine Unterbrechungen vor. Der Rest des Tages gehört mir nur selten. Die Anforderungen der Verwaltungsarbeiten in der Fakultät, der Studenten, der Verleger und der Geschäftswelt hören nie auf. Inzwischen schätze ich diese Morgenstunden wirklich sehr, sehr hoch ein. Das ist meine Zeit."

Wandel akzeptieren

Wandel ist im Leben unausweichlich. Wir begrüßen ihn aber nicht immer mit offenen Armen. Sehr oft widersetzen wir uns dem Wandel, selbst wenn wir wissen, daß die gegenwärtige Beziehung oder Situation nicht gut für uns ist. Sie ist uns aber wenigstens vertraut, und darin liegt ein wenig Sicherheit. Wenn wir überlegen, ob sich eine bestimmte Beziehung oder Situation ändern könnte, setzen *Ängste* ein. Oft sind diese Ängste unrealistisch, manchmal kommen sie sogar *katastrophalen Erwartungen* gleich.

Anstatt solch unvernünftigen Ängsten zu erlauben, sich unserer zu bemächtigen, sollten wir uns selbst folgendes fragen: „Was könnte als Schlimmstes geschehen, wenn ...?" und „Könnte ich damit fertigwerden, wenn ich müßte?" Die Antwort auf die erste Frage ist meistens nicht nahezu so schlimm wie die ursprüngliche Angst, während die Antwort auf die zweite Frage immer ja lautet: „Ja, ich kann damit fertigwerden, wenn ..."

Umarmen Sie den Wandel. Je mehr Sie dazu fähig sind, desto weniger Zeit werden Sie darauf verschwenden, die Vergangenheit zu beklagen und sich vor der Zukunft zu fürchten. Sie werden psychisch frei sein, das Beste aus der Gegenwart zu machen und nach bester Effizienz und Effektivität zu handeln.

Eine attraktive Umwelt für sich selbst schaffen

Eine unordentliche, schmutzige oder traurige Umgebung trägt zum Streß bei. Wir alle werden von unserem Umfeld beeinflußt. Das *äußere Erscheinungsbild* der Wohnung oder des Büros kann einen positiven, aber auch einen negativen *Einfluß ausüben.*

Nehmen Sie sich jeden Morgen ein paar Minuten Zeit zum Aufräumen von Wohnung oder Haus. Viele Frauen meinen, es lohne sich, jeden Morgen eine Viertelstunde früher aufzustehen, um diese Aufgaben erledigen zu können, weil man hinterher eine *tiefe Befriedigung* über die Ergebnisse spüre. Als weiterer Nutzen ergibt sich das Gefühl, die Umwelt *im Griff* zu haben. Wir sind alle Menschen und wollen unser Leben und unsere Welt im Griff haben. Dieses Bedürfnis nach Steuerung und Kontrolle wird allerdings in persönlichen Beziehungen oft auf destruktive Weise ausgespielt. Es läßt sich ersatzweise befriedigen, wenn wir das äußere Umfeld und das äußere Erscheinungsbild im Griff haben.

Für alle – gleich in welchem äußeren Umfeld sie leben – gilt: Wer für eine saubere, ordentliche und farbenfrohe Umgebung sorgt, wird seinen Streß beträchtlich mindern können.

Oberflächlichkeit vermeiden

Da viele Frauen immer mehr Verantwortung und Verpflichtungen haben, stellen Sie fest, daß sie in ihren Beziehungen zu anderen oberflächlicher geworden sind. Sie konzentrieren sich nicht mehr auf ihr Gegenüber, hören nicht mehr richtig zu, reagieren nicht mehr entsprechend, kurz, sie verhalten sich oberflächlich. Die Frauen hören nur noch die Hälfte dessen, was andere sagen. Manchmal gehen sie Freunden oder der Familie sogar aus dem Wege, weil sie glauben, nicht genügend Zeit zum Aufbau einer richtigen Beziehung zu haben. Wer dieser Oberflächlichkeit verfällt, läuft nicht nur Gefahr, sich denen, die ihr nahestehen, zu *entfremden,* sondern erlebt außerdem noch mehr *Streß,* weil ihr persönliches Bedürfnis nach Unterstützung und Zugehörigkeit nicht erfüllt wird.

Als aktiv tätige Frau müssen Sie sich ständig an die Wichtigkeit der *persönlichen Beziehungen* erinnern. Sie brauchen nicht unbedingt viele private persönliche Beziehungen aufzubauen, aber innerhalb dieser Beziehungen werden Sie immer daran erinnert, daß Sie als allererstes *ein Mensch* sind. *Olive Beech*, Vorsitzender des Aufsichtsrates der Beech Aircraft Corporation mahnt: „Nehmen Sie sich jeden Tag genügend Zeit für Ihre Familie und sich selbst."

Zusammenkünfte mit Ihrer Familie und mit Verwandten und Freunden können ganz improvisiert zustande kommen, beim Brunch am Sonntag oder auch in einem Lieblingsrestaurant. Wie steht es mit einem langen Telefongespräch an einem regnerischen Samstag oder mit einem langen gemeinsamen Spaziergang im Wald? Es gibt eine ganze Reihe von Möglichkeiten, sich wieder an die Menschen in der eigenen Umgebung anzuschließen.

Hüten Sie sich vor Oberflächlichkeit – auch wenn sie vielleicht zeitweise notwendig ist. Sie dürfen aber nie zum Dauerrezept bei beruflicher Überlastung werden. Die Ihnen Nahestehenden brauchen nicht nur Ihre emotionale und körperliche Präsenz, sondern Sie brauchen sie genauso.

„Was will ich, aber bekomme ich nicht?"

Rebellierendes Verhalten gehört zu den häufigsten Streß-Symptomen. Ob mit 14 oder mit 40 –, wir alle haben Zeiten, in denen wir innerlich rebellieren und dies oft durch kindhaftes und ungeeignetes Verhalten auch zeigen. Haben Sie schon einmal mit einem Partner ein Gespräch geführt, in dem der andere den Großteil bestritt und Sie die ganze Zeit gedacht haben: „Das werde ich nicht tun, unter gar keinen Umständen."

Häufig ist *Rebellion* ein *Streß-Symptom* und kann auch als solches erkannt werden. Wenn man einmal begriffen hat, worum es geht, hat man auch ein Instrument zur Streßminderung an der Hand.

Immer wenn Sie merken, daß Sie sich gegen etwas auflehnen wollen, sollten Sie sich folgende Frage stellen: „Was will ich eigentlich und was bekomme ich nicht?“ Mit dieser Frage lösen Sie sich aus einem kindhaften Rebellionszustand und gehen in eine *rationale Phase* der Problemlösung über. Schon durch Stellen dieser Frage werden Sie häufig feststellen können, woher dieser Aufruhrstreß kommt und die Lösung des Problems in Angriff nehmen können.

Das Telefon hat den ganzen Morgen geklingelt, während Sie versucht haben, den jährlichen Maßnahmenplan für die Agentur fertigzustellen. Kein Wunder, daß Sie frustriert sind und rebellieren wollen. Wahrscheinlich wird diese negative Einstellung auch im Gespräch mit dem Partner am anderen Ende des Telefons deutlich. Legen Sie eine Minute Pause ein und fragen Sie sich: „Was will ich eigentlich, was ich nicht bekomme?“

Sie werden sehr schnell feststellen, daß Sie ungestörte Zeit zur Fertigstellung dieses Maßnahmenplans wollen.

Dann können Sie beschließen, den Hörer abzunehmen und neben dem Telefon liegen zu lassen und den Plan zu erstellen. Wer Sie unbedingt erreichen muß, wird es immer wieder versuchen, bis er Sie schließlich erreicht. Vielleicht können aber Ihre Telefongespräche auch auf einen anderen Apparat geschaltet werden. Die Kollegin nimmt Nachrichten entgegen und verspricht einen Rückruf.

Die eigenen Sinne anregen

Wieviele unter uns durchleben Tage und sogar Wochen, ohne richtig zu sehen, zu hören, zu riechen, zu schmecken, zu fühlen? Häufig gehen „Streßerlebnisse“ Hand in Hand mit einer Mißachtung der eigenen Sinne. Wir sind so darin vertieft, von Tätigkeit zu Tätigkeit zu rasen, unser Kopf ist so voll mit Dingen, die wir tun sollten und tun müssen, daß wir buchstäblich den Bezug zur eigenen Umwelt verlieren.

Dieser Streß läßt sich leicht ohne zusätzlichen Zeitaufwand reduzieren. Man kann sich dazu anhalten, richtig zu sehen, hören, riechen, schmecken, fühlen. Diese Bewußtseinserweiterung läßt sich jederzeit während der Erledigung der täglichen Routine bewirken.

Halten Sie inne, sofort, schauen Sie sich an, wie viele verschiedene Farben in Ihrer Umgebung existieren, konzentrieren Sie sich auf alle Geräusche, auf alle Gerüche. Welchen Geschmack haben Sie im Mund? Fahren Sie mit einem Finger an den Fingern der anderen Hand entlang. Fünf Sinne ... ein kurzes einminütiges Sinneserlebnis.

Wer sich angewöhnt, seine Sinne bewußter einzusetzen, hat für sich selbst die Möglichkeit eines intensiveren Bezugs zum *natürlichen Ereignisfluß* gefunden und gleichzeitig sein *Streßniveau gesenkt.*

Ein neues Be- oder Entlohnungssystem aufstellen

Viele Frauen erzeugen ihren Streß selbst, indem sie glauben, daß sie sich mit Freizeit oder Urlaub nur dann belohnen können, wenn sie in *allem perfekt* gewesen sind. Wenn ich allen Anforderungen meiner Umgebung gerecht geworden bin, erst dann und nur dann habe ich ein Recht auf eine Belohnung. Es ist unrealistisch, solch hohe Erwartungen an sich selbst zu stellen. Damit verursacht man genau die streßgeladenen Situationen, die man vermeiden müßte.

Ein gesünderer und wohlmeinender Ansatz zur Senkung des täglichen Streß liegt darin, die perfektionistischen Erwartungen aufzugeben und ein Entlohnungssystem aufzustellen, das einem selbst *Ermunterung* und *Unterstützung* bietet. Sie können sich beispielsweise selbst mit einer Rose aus dem nächsten Blumengeschäft oder einem Halstuch belohnen, wenn Sie mit einem bestimmten Projektbericht zu einem Viertel fertig sind oder die Kinder an einem Tag nur zweimal angeschrien haben – anstatt zu warten, bis Sie das Projekt ganz erledigt haben oder das Anschreien der Kinder ganz aus Ihrem Verhaltensrepertoire gestrichen haben.

Belohnen Sie sich, wenn Sie bescheidene kurzfristige und auch, wenn Sie langfristige Ziele erreicht haben. Denken Sie immer daran, daß Belohnungen bestimmte Verhaltensweisen stärken, daß sie eine *Streicheleinheit* bilden. Das ist die Grundvoraussetzung für Verhaltensänderungen. Anstatt sich selbst an den Kopf zu schlagen, weil Sie ein perfektes Ziel nicht erreicht haben, müssen Sie sich auf die Schulter klopfen, weil Sie bestimmte Fortschritte gemacht haben. Wenn Sie einen Fehler machen, müssen Sie sich dafür loben, daß Sie diesen Fehler entdeckt haben. Lassen Sie die Situation dann noch einmal vor Ihrem geistigen Auge ablaufen und überlegen Sie, wie Sie sie anders bewältigen können, wenn sie noch einmal auftaucht. Mit einem solchen Verfahren verstärken Sie nicht nur Ihr positives Verhalten, sondern schaffen sich buchstäblich auch ein von mehr Selbstvertrauen und Kompetenz geprägtes *Selbstbild.*

Ihr wichtigstes Kapital sind *Sie selbst.* Behandeln Sie sich selbst mit Intelligenz und Zuneigung – Sie verdienen es, gehegt, gepflegt, unterstützt und geliebt zu werden.

Denken Sie schließlich immer daran, daß alle von uns erwähnten Zeitfallen in irgendeiner Weise zum Streß beitragen. Wenn Sie lernen, Ihre Zeit, sich selbst und Ihre Aufgaben effektiver zu managen, werden Streß und Spannung geringer und Ihr Leben wird *befriedigender* und *lohnender* sein.

17. Zeit für Freizeit

> Dies ist eine Stunde ... zum Nachdenken über große Ideen, zum Singen eines einfachen Liedes und zum Anschauen von Nichts.
>
> *Edna St. Wincent Millay* (1920)

Sich freie Zeit zu nehmen, Zeit für sich selbst zu nehmen, ist für jede Frau schwierig. Sie müssen die Alltagshektik bewältigen, verschiedene Pflichten jonglieren und gleichzeitig den vielen traditionellen Vorgaben folgen, anderen zu dienen. Dabei vergessen sie oft ihr Bedürfnis nach Spiel und Spaß.

Ein Beispiel: Wie sieht ein typisches Wochenende für einen Mann im Vergleich zu dem für eine Frau aus? Der Mann wird einen Teil seines Wochenendes im Spiel verbringen, ob beim Golfspiel oder beim Biertrinken und Plaudern mit Nachbarn und Freunden. Die Frau wird wahrscheinlich das Wochenende damit verbingen, den Haushalt auf Vordermann zu bringen, aufzuarbeiten, was während der Woche liegengeblieben ist, die Kinder zu chauffieren und Berge von Mahlzeiten für das Wochenende und zum Einfrieren für die folgende Woche vorzubereiten. Typischerweise verbringen Frauen sehr viel weniger Wochenendzeit mit *Freizeitaktivitäten* als die meisten Männer.

Die Sozialisation der Frau verbunden mit der Erwartung, daß die Frau immer bereit, willens und zur Verfügung steht, um die Bedürfnisse anderer zu befriedigen, trägt unermeßlich zu den Schuldgefühlen bei, die sich oft ergeben, wenn eine Frau auch Zeit für sich selbst zu ihren Prioritäten zählt. Vielleicht läßt sich aus der Beobachtung von Männern und ihren Einstellungen und Verhaltensweisen im Spiel einiges lernen. *Ann Richards* meinte zu ihrem geschäftigen Leben als Ehefrau, Mutter und gewählte Funktionärin:

> „Ich bin selbst hin- und hergerissen, wenn ich einer Zwanzigjährigen einen Rat geben soll. Dabei denke ich oft an meine Tochter, die in diesem Alter ist. Ich nehme an, ich gäbe ihr den Ratschlag, sie möge ohne Schuld akzeptieren, daß sie nicht alles für alle sein kann. Als allererstes muß sie zufrieden sein mit sich selbst, ehe sie andere zufriedenstellen kann. Nach Abschluß dieser geistigen Revolution sollte sie wissen, daß Frauen anders sind als Männer. Soziologisch gesehen wird Frauen beigebracht, die Verantwortung dafür zu übernehmen, daß alles so gut wie nur irgend möglich funktioniert, und auch die Verantwortung für die mit jeder Angelegenheit verbundenen menschlichen Kosten und Probleme zu übernehmen.
>
> Männer haben jedoch im Alter von 20 gelernt zu *spielen.* Sie spielen mit ihrer Arbeit. Sie sehen ihre Arbeit als eine Art Sport. Sie spielen mit ihren Freunden bei Jagdausflügen, in Vereinen, bei Bürgerprojekten oder gehen nach der Arbeit ein Glas Bier trinken. Sie spielen zu Hause mit den Kindern oder mit ihren Ehefrauen. Mannschaftsspiele, Zukunftsperspektiven im Beruf und die Überzeugung, daß sie zwar für den Unterhalt der Familie sorgen müssen, aber sich auch an ihr freuen sollten, haben von alters her zu dieser Einstellung beigetragen.
>
> Für Frauen läuft im Gegensatz dazu alles auf Arbeit hinaus. Da wir unsere Arbeit wahrscheinlich nie als in sich wichtig angesehen haben, haben wir dieselbe Einstellung auch auf das Berufsleben übertragen. Wir machen aus allen Aufgaben Schwerarbeit, Aufgaben, die Männer entweder an andere übertragen, als selbstverständlich betrachten oder genießen würden. Ich glaube nicht, daß wir schon so weit sind, uns selbst einzugestehen, daß uns die Dinge, die wir beruflich tun, *Spaß machen,* daß wir die Zeit, die wir mit Freunden beim Spiel zubringen, genießen, und daß wir nicht vorhaben, wegen dieser Einstellung Schuldgefühle zu entwickeln[1].

Warum ist es so wichtig, sich Zeit für sich selbst, sich Zeit zu Entspannung und Spiel zu nehmen? Und wenn es so wichtig ist, wie nehmen wir uns die Zeit dazu?

Bedeutung der Zeit für das Vergnügen

Immer mehr Untersuchungen weisen auf die Bedeutung von *Freizeitaktivitäten* für das körperliche und emotionale *Wohlergehen* hin. Es

1 Privatbrief von Ann Richards.

gibt sogar einen neuen Beruf, nämlich den des Freizeitberaters. Diese Menschen beraten Einzelpersonen und Organisationen, wie sie mehr Freizeitaktivitäten in ihr Leben integrieren können.

Nur Arbeit – keine Zeit für das Vergnügen – macht Sie zu einem langweiligen Menschen, kann aber auch körperliche Schäden hervorrufen – ob Bluthochdruck oder Magengeschwüre –, während der emotional zu zahlende Preis darin besteht, daß man sich schnell aufregt, nachts nicht schlafen kann oder sich noch Schlimmeres einhandelt. Denken Sie einmal eine Minute über ihre körperlichen und psychischen Symptome nach, die auftreten, wenn Sie sich nicht genügend Freizeit genommen haben. Fast immer werden diese Symptome dazu führen, daß Sie *nicht* so *effektiv* arbeiten wie sonst. Wieviel besser ist es doch, diesen Symptomen aus dem Weg zu gehen, indem man regelmäßig Freizeit einplant ... und gleichzeitig produktivere Arbeit leistet.

Zeit finden ... in Eigenverantwortung

Es ist kein Luxus, sich Zeit für Vergnügen und Spaß zu nehmen, im Gegenteil. Dies ist eine Verpflichtung, die Sie gegenüber sich selbst haben. Genauso wie sie Ihr Leben, Ihre Arbeit, die Familie, Aufgaben usw. strukturieren, müssen Sie auch Zeit für die Freizeitaktivitäten einplanen, an denen Sie Vergnügen finden. Vielleicht können Sie sich beim Tennis am besten entspannen. Sie müssen Ihre Tennisspiele terminlich genauso einplanen wie Ihre beruflichen Termine, vielleicht eine Woche, zwei Wochen oder sogar einen Monat im voraus. Tragen Sie diese Daten in Ihren Terminkalender ein. Sie sind genauso unumstößlich wie ein Termin beim Zahnarzt oder ein Vorstellungsgespräch. Wer *Schuldgefühle* hegt, weil er solche Zeit für sich selbst einplant, sollte immer daran denken, daß er sich selbst gegenüber die Verantwortung trägt, physisch und geistig in *Kondition* zu bleiben.

Wer sich selbst solche Freizeiten einräumen will, muß unbedingt in der Lage sein, nein zu sagen. Das kann folgendes bedeuten: Anforderungen des Ehemannes oder der Kinder ablehnen, die zusätzliche Übernahme von ehrenamtlichen Verpflichtungen aufschieben. Vielleicht kommt es sogar so weit, daß Sie die Übernahme eines neuen beruflichen Aufgabenbereiches nach Abwägen aller Alternativen ablehnen, weil Sie wissen, daß Sie damit eine unrealistische und ungesunde Anforderung an die eigene Zeit und Psyche auf sich nehmen. Es kommt immer darauf an, ein gesundes Gleichgewicht zwischen den verschiedenen Aspekten des eigenen Lebens, dazu gehört auch die Freizeit, zu bewahren.

Freizeit während der Mittagspause

Viele Frauen tun während der Mittagspause gerne etwas Entspannendes. Manche joggen, andere machen einen schnellen Bummel durch ein Einkaufszentrum, wieder andere nehmen sich ein paar Minuten Zeit zum Stricken. Während der Mittagspause kann man auch schnell ein wenig Tennis spielen, in einer Turnhalle Gymnastik betreiben, Modeschmuck oder ein besonderes Parfum einkaufen, die öffentliche Bibliothek besuchen, um sich die neuesten Bücher anzuschauen, durch ein Museum spazieren, in einer uneinsehbaren Ecke seines Lieblingsrestaurants zu Mittag essen oder sein Lieblingsmagazin lesen.

Schöne Wochenenden

Von berufstätigen Frauen werden *die* Wochenenden als ganz besonders luxuriös empfunden, an denen keine besonderen Tätigkeiten auf dem Plan stehen, die übrigen Familienmitglieder verreist sind und sie das Haus oder die Wohnung *für sich selbst* haben. Schon ein paar Stunden dieses Alleinseins wirken wie eine Verjüngungskur. Man pusselt im Haus herum, tut das eine, tut das andere, dieses eine Mal ohne jegliche Vorplanung. Eine andere liest einen Roman, den sie schon seit Monaten lesen wollte, in einem Zug durch. Andere bleiben den ganzen Tag im Bett, lesen, schreiben Briefe und denken nach.

Wieder andere empfinden eine andere Art Wochenende als erhebend. Sie geben ein großes Abendessen oder laden alle Kinder und Enkelkinder zu einem Volleyball- oder Tischtennisturnier ein.

Ein Wochenende ohne Zeitdruck oder Arbeitsmentalität kann auch mehrere Stunden des Nachdenkens über den gegenwärtigen Lebensstil und die Richtung des *eigenen Lebens* beinhalten. Wohin gehe ich? Wie wird meine Zukunft aussehen? Ein oder zwei Tage des Nachdenkens und das Aufschreiben der eigenen Schlußfolgerungen bringt sie schon einen großen Schritt vorwärts, wenn es um das Setzen von Nah- und Fernzielen und die Bestimmung der Prioritäten zur Verwirklichung dieser Ziele geht. Auch Arbeit kann manchmal Spiel sein.

Spaß im Büro?

Ist es überhaupt möglich, *Spaß* an der *Arbeit* zu haben? Ist es richtig, ein wenig Spiel in die Arbeitserlebnisse hineinzubringen? Die moderne Psychologie meint, daß es nicht nur richtig ist, einige Spielelemente an den Arbeitsplatz zu bringen, sondern vertritt auch die Meinung, daß die *Effektivität* der davon betroffenen Gruppe oder Organisation sich *beträchtlich erhöht.* Die Transaktions-Analyse geht von einem Ich-System aus, innerhalb dessen jeder von uns ein Eltern-, Erwachsenen- und Kind-Ich hat. Zum Kind-Ich gehört die *Kreativität,* das Fragebedürfnis, die *Spontaneität* und bestimmte positive Attribute bei der Arbeit. Wenn das Kind-Ich in Ihnen der Meinung ist, daß es in einer bestimmten Arbeitsumwelt nicht willkommen ist, wird sich das Kind verschließen ... Kreativität und Lebendigkeit gehen dadurch verloren.

Wie aber läßt sich das Kind-Ich richtig in die Arbeitswelt einbeziehen? Dazu gibt es mehr Möglichkeiten, als wir glauben. Geburtstagsfeiern, Wetten über den Ausgang von Fußballspielen, Kaffeepausen und Witze erzählen, all dies wird vom Kind-Ich ausgedrückt. Natürlich sind einer solchen kindähnlichen Atmosphäre in den meisten Organisationen und Geschäften legitime Grenzen gesetzt. Es ist jedoch wichtig, den Wert des Spiels zu erkennen, auch bei der Arbeit!

Worte der Weisheit

In Gesprächen und Korrespondenzen mit vielen Frauen zum Thema Zeitmanagement wurde oft gefragt, wie man denn Zeit für das Vergnügen finde. Einige Frauen haben ihre Antworten gefunden. Es lohnt sich, sich mit ihren Gedanken zu befassen.

Lucia Landon rät, die eigene Zeit von einem holistischen Ansatzpunkt her zu planen. Sie ist eine aktive, lebenssprühende, moderne Frau. „Planen Sie Ihre Arbeitszeit und planen Sie auch Zeit für Ihre seelischen und körperlichen Bedürfnisse ein. Verplanen Sie nicht alle Zeit. Lassen Sie sich genügend Polster für spontane Aktivitäten."

Shirl Brenneke, eine Journalistin, rät folgendes: „Stellen Sie so früh wie möglich fest, wann Sie Zeit nur „füllen" und wann Sie Zeit investieren. Wenn Sie feststellen, daß Sie Zeit frei haben, sollten Sie sie überlegt so verbringen, daß Sie Ihre inneren Batterien aufladen."

Reisen können zum reinen Vergnügen werden. *Biz Greene* meint dazu: „Ich reise nur zum Vergnügen. Ich setze auf Reisen keine Prioritäten, ich trage nicht einmal eine Uhr. Ich tue das, was mir gerade im Augenblick einfällt und wozu ich Lust habe, zur Abwechslung."

Schließlich der Ratschlag von *May Baird Acheson,* Künstlerin und Lehrerin: „Ich stelle eine ganze Reihe von Listen auf. Letztes Silvester habe ich mir aber vorgenommen, mich nicht von den Listen beherrschen zu lassen. Leben Sie an einigen Tagen ohne Uhr, ohne Liste, leben Sie! Schauen Sie sich einen Sonnenuntergang an und spüren Sie ihn mit all Ihren Poren. Lachen Sie, lieben Sie. Die Schlüsselfrage lautet: Wer beherrscht Ihr Leben?"

18. Durchhalten!

> ... wenn Sie etwas unbedingt wollen, können Sie es auch erreichen. Auch wenn man Geduld dazu braucht, hart daran arbeiten muß, wirklich darum kämpfen muß und es lange Zeit dauert – man kann es erreichen. Diese Überzeugung ist Voraussetzung für jedes Unternehmen ...
>
> *Margo Jones* (1957)

Sie haben sich in diesem Buch über die Philosophie und Techniken des Zeitmanagement für Frauen informiert. Sie haben die Gedanken und Vorschläge andere Frauen bei der Bewältigung dieser Probleme gelesen. Wir hoffen, daß Sie nun gar nicht mehr warten können, bis Sie mit der Durchführung der verschiedenen vorgeschlagenen Ansätze anfangen. Wie aber halten Sie das Ganze durch? Wie sorgen sie dafür, daß das Ganze sitzt?

Auch bei starkem Wunsch nach Verbesserung der eigenen Arbeitsgewohnheiten nützen oft die besten Vorschläge nichts. Mit Begeisterung umgesetzte Pläne können aus verschiedenen Gründen fehlschlagen. Es ist schwierig, bestimmte *Verhaltensmuster* zu *verändern.* Sehr leicht fallen wir in unsere alten Gewohnheiten zurück. Häufig werden keine definitiven und detaillierten Pläne aufgestellt. Man stellt keine Maßnahmenpläne auf, was aber unbedingt nötig ist, denn man muß festlegen, welche spezifischen konkreten Dinge zu tun sind. Aber Vorsätze allein reichen nicht. Schließlich wird von anderen beträchtlicher Druck auf uns ausgeübt, uns an die alten Gewohnheiten und Erwartungen zu halten, so daß es einfacher ist, im alten Trott weiterzumachen.

Dies muß aber kein Verhaltensmuster sein. Bedeutende Änderungen lassen sich durchführen, Sie können Ihre Gewohnheiten ändern und Ihre Effektivität im Zeitmanagement beträchtlich erhöhen. Für eine effektive Umsetzung des Zeitmanagement sind drei Faktoren unumgänglich:

1. Die eigene Verpflichtung, definitiv etwas zu unternehmen. Ohne spezifische und konkrete Pläne wird es schwierig sein, etwas in die Praxis umzusetzen. Allgemeine Vorstellungen bleiben, was sie sind. Wer sich nicht darauf verpflichtet, sie auch zu verwirklichen, wird nichts erreichen. Um Gewohnheiten einzuschleifen, muß man klare, definitive Schritte unternehmen und sie etablieren.
2. Ständige konsequente Bemühungen. Neue Gewohnheiten müssen eingeübt werden. Ausnahmen dürfen nicht zugelassen werden. Deswegen müssen Sie von Zeit zu Zeit Ihre Fortschritte bewerten, feststellen, wo Sie etwas unterlassen oder versagt haben, und Sie müssen eine ganze Zeit lang Korrekturmaßnahmen ergreifen, damit diese Gewohnheiten sich auch tatsächlich einschleifen. Für diese Art der Bewertung und für die Einleitung der Maßnahmen brauchen Sie mindestens drei Monate, wahrscheinlich ein Jahr.
3. Gruppenmaßnahmen. Viele Mißerfolge ergeben sich aus dem Druck, der von anderen, von Kollegen, Mitarbeitern, Familienmitgliedern ausgeübt wird. Die anderen erwarten von Ihnen, daß Sie weiterhin wie früher reagieren. Um diese Erwartungen zu brechen, sollten Sie dafür sorgen, daß die anderen Sie in Ihren Bemühungen unterstützen. Geben Sie Ihre Pläne denen, die davon berührt werden, bekannt, und suchen Sie deren Zusage, daß sie sie respektieren werden.

Überlegen Sie, ob Sie das folgende Zeitmanagementverfahren einführen wollen, damit die neuen Gewohnheiten auch festsitzen. Damit werden Sie viele neuerlernte Konzepte und Techniken verstärken und solider machen.

Verfahren zur Einführung des Zeitmanagement

Erster Tag (nach dem Lesen dieses Buches)
Planen Sie die folgenden fünf Punkte für die ersten fünf Tage nach Lesen dieses Buches:

1. Fünf Tage lang Zeit-Tagebuch führen.
2. Zeitfallenprofil für das Arbeitsteam oder das Team Chef-Sekretärin (je nachdem, was zutrifft) erstellen. Punkte von höchster Priorität erörtern, lösen und zeitlich einplanen.
3. Überprüfen, welche Maßnahmen unternommen werden müssen, um die eigenen drei größten Zeitfallen unter Kontrolle zu bringen.
4. Zeit einplanen, zu der Sie nicht erreichbar sind (stille Stunde).
5. Maßnahmenpläne bekanntmachen, die die Beziehungen zu anderen berühren.

Während der ersten Woche

1. Zeit-Tagebuch analysieren und Zeitfallen, Prioritäten überprüfen.
2. Am Ende der Woche überprüfen, welche Fortschritte gemacht wurden, was schiefgelaufen ist und was in der nächsten Woche zur Korrektur geplant ist (Fortschritte, Probleme, Pläne).

Einen Monat nach Beendigung dieses Buches

1. Während des Monats gemachte Fortschritte überprüfen, Maßnahmen einplanen, mit denen die drei größten Zeitfallen noch besser unter Kontrolle gebracht werden können.
2. Lösungen für Zeitfallen Nr. 4 bis 6 überprüfen und überlegen, welche Schritte zu unternehmen sind. Maßnahmen zur Lösung dieser einzelnen Faktoren einplanen.
3. Einzelteile dieses Buches zu den Bereichen, an denen Sie gerade arbeiten, noch einmal lesen. Zur Untermauerung weitere Literatur über Zeitmanagement lesen.

Zwei Monate nach Beendigung dieses Buches

1. Nachprüfen, welche Erfolge sich während des Vormonats eingestellt haben, Maßnahmen einplanen, um die Zeitfallen noch besser in den Griff zu bekommen.
2. Lösungen für Zeitfallen 7 bis 10 überprüfen und feststellen, wie sich diese Lösungen durchführen lassen. Maßnahmen für die Lösung dieser einzelnen Faktoren einplanen.

Drei Monate nach Beendigung dieses Buches

1. Zeit-Tagebuch führen. Dieses Zeit-Tagebuch analysieren und mit dem ersten vergleichen.
2. Auf Basis des ersten Zeit-Tagebuchs abschätzen, wieviel Zeit eingepart wurde und wo Verbesserungen bei den 10 größten Zeitfallen verwirklicht wurden.
3. Feststellen, welche Bereiche von nun an der besonderen Aufmerksamkeit bedürfen.
4. Lösungen erarbeiten und Maßnahmen wie vorher planen.

Langfristiges Follow-up und Verstärkung

Damit Sie nicht in Ihre alten Gewohnheiten zurückfallen und um Sie beim Follow-up und bei der Verstärkung vernünftiger Zeitmanagementgepflogenheiten zu unterstützen, haben wir unten einige wichtige Instrumente und Techniken aufgeführt.

1. Zeit-Tagebuch führen:

a) Zweimal jährlich, um nicht in alte Gewohnheiten zurückzufallen.
b) Gelegentlich, um Anhaltspunkte zu einem bestimmten Zeitvergeudungsfaktor zu gewinnen – oder:
c) Ständig als Instrument zur Beachtung von Selbstdisziplin durch Identifizierung des Punktes, an dem man beginnt, Zeit zu verschwenden, und um unmittelbare Korrekturmaßnahmen ergreifen zu können.

2. Überprüfungen. Man nimmt sich mindestens drei Monate lang jeden Monat ein paar Minuten Zeit, um drei Elemente des Zeitmanagement zu überprüfen.

a) Fortschritte. Welche Fortschritte machen Sie in Bezug auf eine effektive Nutzung der Zeit durch Steuerung oder Ausschaltung Ihrer größten Zeitverschwendungsfaktoren?
b) Probleme: Welche Probleme tauchen auf, wie lassen sie sich lösen?
c) Pläne: Welche Pläne sind für eine Fortführung der Bemühungen zur weiteren Förderung der eigenen Effektivität durch eine verbesserte Zeitnutzung erstellt worden?

3. Verstärkungsprogramme und Materialien

a) *Bücher und Artikel.* Bücher und Artikel bilden eine gute Quelle zur Verstärkung und Ausweitung des Wissens zum Zeitmanagement. Besonders nützlich sind dabei Bücher mit guten Stichwortverzeichnissen oder detaillierten Inhaltsverzeichnissen. Sie vermitteln zusätzliche, schnell auffindbare Informationen zu einem bestimmten Thema.
b) *Filme.* Auch Filme sind sehr nützlich, sowohl als Einführung in das Thema, als auch als Mittel zur anschaulichen Darstellung bestimmter Verhaltensweisen, die sich sonst nur sehr schwer begreifen lassen. Wiederholtes Anschauen eines kritischen Vorfalles in einem Film gestattet eine nützliche, tiefgehende Analyse.
c) *Kassettenprogramme* mit Beiheften für den einzelnen oder für Gruppen als Verstärkung für bestimmte Themen, für die Diskussion und für die Durchführung[1].
d) *Programm zu effektivem Zeitmanagement.* Dies ist ein einzigartiges Programm, das aus 24 Lektionen besteht, die man innerhalb eines Jahres erlernen sollte, um die zur Kontrolle oder Ausschaltung von Zeitfallen entwickelten Instrumente und Techniken effektiver nutzen zu können. Jede Lektion konzentriert sich auf eine bestimmte Zeitfalle oder weitet die Durchführung und das Verständnis für ausgewählte Techniken und Praktiken einer effektiven Zeitnutzung aus. Auf diese Weise läßt sich auch Bilanz zur persönlichen Effektivität bei den einzelnen Zeitverschwendungs-

1 Erhältlich durch *Alec Mackenzie* and Associates, Inc. P. O. Box 130, Greenwich, N.Y. 12834.

faktoren ziehen. Dies ermöglicht Ihnen, den individuellen Fortschritt oder Abweichungen in regelmäßigen Intervallen zu überprüfen[2].

Was ist das letztendliche Ziel eines verbesserten Zeitmanagement? Warum soll man sich dieser zusätzlichen Mühe unterziehen, sich zu ändern und sich weiterzuentwickeln? Die Antwort ist trügerisch einfach.

Wer sich selbst und seine Zeit managt, wird öfter „oft und viel lachen können, wird die Achtung intelligenter Menschen und die Zuneigung von Kindern erringen, wird sich die Wertschätzung ehrlicher Kritiker erwerben und den Betrug falscher Freunde ertragen. Man lernt wieder, Schönheit zu schätzen, in anderen das Gute zu sehen. Man macht die Welt ein kleines Stückchen besser, ob durch ein gesundes Kind, ein Stück Garten oder die Lösung eines sozialen Mißstandes; man weiß, daß mindestens einem Menschen das Atmen leichter fiel, weil Sie gelebt haben. Das heißt, erfolgreich gewesen zu sein"[3].

---

2 Erhältlich durch *Alec Mackenzie* and Associates, Inc. P. O. Box 130, Greenwich, N.Y. 12834.

3 Ralph Waldo Emerson, „Self-Reliance".

Anhang

Wir zeigen Ihnen einen Ausschnitt aus dem Zeit-Tagebuch einer Durchschnittsfrau. Achten Sie bitte auf die Spalte „Bemerkungen/ Vorkehrungen".

Tagebuchblatt – Täglicher Zeitnachweis

Name:____________________ Datum:____________________

Tagesziele:	Termin	Tagesziele:	Termin
1. Bericht schreiben	*11.00*	*4. Besprechung Vertrieb Ablaufplan/Tagesordnung erstellen*	*15.30*
2. S.K. Bericht erstatten	*12.30*	*5. Korrespondenz aufarbeiten*	*16.30*
3. Mitarbeiterbesprechung, Ablaufplan/Tagesordnung fertigstellen	*14.00*	*6.*	

Prioritäten: 1 – sehr wichtig; 2 – weniger wichtig; 3 – Routine/Detail;
4 – relativ unwichtig

Uhrzeit	Tätigkeit	Zeitaufwand	Priorität	Bemerkungen/ Vorkehrungen
6.15	*Geduscht und angezogen*	*25*		*Könnte am Abend vorher duschen, mehr Zeit, mehr Entspannung*
6.40	*Frühstück für die Familie gerichtet*	*20*	*3*	*Familienmitglieder könnten sich mehr daran beteiligen*
7.00	*Betten gemacht, aufgeräumt*	*20*	*1*	*Ist für mich sehr wichtig, fühle mich dann wohler, habe das Gefühl, alles im Griff zu haben*
7.20	*Küche aufgeräumt, Braten in Backofen geschoben, Bratzeit vorgewählt*	*15*	*2*	*Jedes Familienmitglied könnte sein Geschirr selbst abräumen und spülen*
7.35	*Zur Bank gefahren, Scheck eingereicht*	*10*	*4*	
7.45	*Fahrt ins Büro*	*15*		*Bin froh über diese Zeit für mich*
8.05	*Zeitung gelesen*	*20*	*4*	*Könnte ich während der Mittagspause tun – die ersten 20 Minuten vergeudet*
8.25	*Telefonnotizen gelesen*	*10*		*Könnte Sekretärin beauftragen, manche Rückrufe zu erledigen und die erbetenen Informationen zu übermitteln*
8.35	*B.R. zurückgerufen wg. Budget*	*5*	*2*	*Günstige Zeit für Anrufe, die meisten beginnen um diese Zeit ihren Arbeitstag*
	S.L. angerufen wegen Budget-Besprechung	*5*		*„ „ „*
8.45	*Kaffee geholt, Martha G. getroffen*	*10*	*3*	

Prioritäten: 1 – sehr wichtig; 2 – weniger wichtig; 3 – Routine/Detail;
4 – relativ unwichtig

Uhrzeit	Tätigkeit	Zeitaufwand	Priorität	Bemerkungen/ Vorkehrungen
8.55	*Post geöffnet und gelesen*	*25*	*3*	*Sekretärin könnte Post öffnen, sortieren, teilweise weiterleiten und Reklame gleich in den Papierkorb werfen*
9.00	*Sekretärin zum Diktat gerufen, Berichtentwurf diktiert*	*26*	*1*	*War nicht organisiert, brauchte für den Bericht noch die Entscheidung von B. H.*
9.26	*B.H. angerufen – Frage zum Bericht*	*8*	*1*	
9.34	*Diktat fortgesetzt*	*12*	*1*	*Mit einem Diktiergerät würde Zeit eingespart – meine und die meiner Sekretärin*
9.46	*S. K. angerufen – Fragen zum Projekt*		*2*	

Jahresziele/Monatsziele und Wochenarbeitsplan

Prio- rität	Jahresziele	Jahr 19____	Zu erledigen Monat	Kontrolldaten
	1. 2. 3. 4. 5. 6. 7.			
	Monatsziele	Monat ______	Zu erledigen Woche	
	1. 2. 3. 4. 5.			

Wochenarbeitsplan	Woche:				
Projekte	Mo	Di	Mi	Do	Fr
1. 2. 3. 4. 5. 6.					

Wochenplanungsblatt – 1

Prio-rität		Woche:
	Telefonate	Besprechungen/Konferenzen
	Schreiben	Verabredungen
	Projekte	Essenseinladungen

Wochenplanungsblatt – 2

A.M. – Mo, 10.00	B.J. – Mo, 11.00
M.B. – Di, 10.00	L.R. – Di, 11.00
D.F. – Mi, 10.00	P.C. – Do, 11.00

Planungsblatt für Besprechungen, die regelmäßig jede Woche zu festen Zeiten mit feststehenden Kontaktpersonen angesetzt sind – Chef, Mitarbeiter usw. Notieren Sie, was Sie in welcher Reihenfolge mit wem besprechen wollen.

Schriftlicher Tagesplan

Prio-rität	Ziele	Termin/Erledigungsfrist
1.		
2.		
3.		
4.		
5.		

Organisations-Checkliste für den privaten und beruflichen Bereich

Beruflicher Bereich	*Privater Bereich*
1. Jahresplan erstellen, regelmäßig ergänzen, immer 12 Monate im voraus planen	1. Haus- und Gartenpflege monatlich planen (Außenarbeiten, Anstricharbeiten, Gartenarbeiten)
2. Wochenplanungsblatt erstellen	2. Wochenplanungsblatt erstellen
3. Tagesplan erstellen	3. Tagesplan erstellen (besonders wichtig, wenn delegiert wird)
4. Eigene Prioritäten als Grund für Ablehnung von Bitten angeben	4. Prioritätsliste anschauen, um sinnlose Tätigkeiten auszuschließen
5. Sekretärin/Assistentin so plazieren, daß sie als effektive Zwischenstation dient und Sie vor Anrufern und Besuchern abschirmt	
6. Arbeitsgeräte und Unterlagen griffbereit plazieren	6. Arbeitsgeräte und Vorräte so anordnen, daß sie jeweils leicht greifbar sind
7. Handakten griffbereit plazieren	7. Festen Platz als „Schreibtisch“ oder „Büro“ einrichten und entsprechend nutzen
8. Funktionales Ablagesystem entwickeln	8. Funktionales Ablagesystem entwickeln

Beruflicher Bereich	*Privater Bereich*
9. Verschiedenfarbige Hefter für Vorgänge verschiedener Priorität nutzen („Dringend“, „Zu erledigen“, „Diktieren“, „Lesen“)	9. Notizbuch in der Handtasche mitführen, aufschreiben, was „zu erledigen“ ist
10. „Leertischler“-Prinzip verfolgen, es gehört nur das auf den Schreibtisch, was gerade bearbeitet wird.	10. Alles sofort wegräumen, nur das liegenlassen, woran Sie arbeiten.
11. Sorgen Sie dafür, daß alles seinen festen Platz hat und halten Sie sich an diese Ordnung.	11. Sorgen Sie dafür, daß alles seinen festen Platz hat und halten Sie sich an diese Ordnung.
12. Eine Aufgabe zu Ende bringen, erst dann mit einer neuen anfangen	12. So viele Aufgaben wie möglich miteinander kombinieren: waschen und kochen, stopfen und fernsehen
13. Delegieren und Akten dort deponieren, wo damit gearbeitet wird	13. Delegieren; Putz-, Wasch-, Lebensmittel und Arbeitsgeräte dort deponieren, wo sie gebraucht werden
14. Posteingang – Vor-Bearbeitung durch Sekretärin/Assistentin, die weiß, was Ihnen vorgelegt werden muß, was weitergeleitet werden kann, was Zeit hat und in die Wiedervorlage geht, was beschleunigt zu erledigen ist.	14. Postbearbeitung rationalisieren, möglichst viel sofort wegwerfen, Rest geht in: Ablage oder Handakten „Zu erledigen“ oder „Gesellschaftliche Verpflichtungen“
15. Vorgang nur einmal in die Hand nehmen	15. Vorgang nur einmal in die Hand nehmen.

Beruflicher Bereich	Privater Bereich
16. Sekretärin/Assistentin dazu anhalten, mit dafür zu sorgen, daß der Schreibtisch leer bleibt.	16. Ehemann, Kinder zum Aufräumen mit einspannen, Kinderzimmer so einrichten, daß Ordnung halten einfacher wird. Familienmitglieder dazu anhalten, bestimmte Zuständigkeitsbereiche in Haus und Garten zu übernehmen.
17. So wenig wie möglich der Ablage zuführen, Papierkorbpolitik verfolgen.	17. Aufräumen auf Minimum reduzieren, Papierkorbpolitik verfolgen. So wenig wie möglich aufbewahren, Papierkorbpolitik verfolgen.
18. Formbriefe und Kurzbriefe verwenden.	18. Pinnwand einrichten, Nachrichten, Informationen für die Familie, Erinnerung an Termine
19. Kurzantwort auf Originalbrief	
20. Verschiedene Pultordner einrichten – Wiedervorlage, Schwebe	
21. Diktiergerät verwenden	21. Bei mehreren Kindern Walkie-Talkie zur direkten Kommunikation einsetzen
22. Organigramm auf den neuesten Stand bringen	22. Rotationssystem für ungeliebte Haushaltspflichten einführen, gerechtes System entwickeln, das von allen akzeptiert wird

Beruflicher Bereich	*Privater Bereich*
23. Stellenbeschreibungen auf den neuesten Stand bringen	23. Stellenbeschreibungen auf den neuesten Stand bringen, so wie die Kinder größer werden und anspruchsvollere Pflichten übernehmen können
24. Schnellesen lernen und praktizieren	24. Familie regelmäßig zu Planungsbesprechungen zusammenrufen

Checkliste zur Planung von Konferenzen und Besprechungen*

Wie leicht wird Wichtiges bei der Planung von Konferenzen und Besprechungen vergessen – Unterlagen, die man unbedingt mitnehmen wollte, Benachrichtigung des Hausmeisters, Namensschilder, zusätzliche Exemplare des Protokolls der letzten Sitzung usw. Wir halten eine Checkliste für unentbehrlich. Sie kann eine Reihe peinlicher Situationen ersparen. Die Checkliste gehört zum Prozeß der Planung und Durchführung von Konferenzen und Besprechungen. Sie bildet einen Leitfaden für das, was zu tun ist. Erledigtes wird abgehakt.

Die auf den nächsten Seiten folgende Checkliste soll Ihnen als Anhaltspunkt dienen. Wir erheben keinen Anspruch auf Vollständigkeit, weil jede Konferenz anders ist und die verschiedenen Punkte nicht auf alle Konferenzen und Besprechungen zutreffen. Die verschiedenen Hauptkategorien und auch die Unterpunkte sind unserer Erfahrung nach weltweit zutreffend.

Die Checkliste ist in folgende Rubriken unterteilt:

Werbung / Einladung
Tagesordnung / Konferenzmappe
Vor der Konferenz
Tagungsräume
Einrichtung / Konferenztechnik
Schreib-/Büromaterial
Konferenzbudget
Einnahmen
Unmittelbar vor Konferenzbeginn
Während der Konferenz
Nach der Konferenz

---

* Von *Eva Schindler-Rainman* und *Ronald Lippitt*, Taking Your Meetings Out of the Doldrums, (The Association of Professional Directors, 40 W. Long St., Suite 1000, Columbus, Ohio 43215).

Checkliste

Werbung/Einladung	Zuständig	Termin
Vorwerbung – Adressaten?		
Einladungsschreiben		
Verkehrshinweise – Verkehrsverbindungen		
Anrufe		
Pressemitteilungen		
Rundfunk- und Fernsehkontakte		
Vervielfältigung der Reden		
Vervielfältigung des Konferenzprogramms		
Fotos		
Tagungsbüro		
Persönliche Kontakte		
Sonstiges		

Tagesordnung/ Konferenzmappe	Zuständig	Termin
____ Ex. Tagesordnung		
Tagesordnung besprechen mit ____________________		
Benötigte Materialien (Kopien von ______________)		
Protokoll der letzten Sitzung		
Ausschußberichte		
Schon vereinbarte Punkte/ Zeiten		
Sonstiges		

Vor der Konferenz	Zuständig	Termin
Konferenzleitung durch wen?		
Protokoll, Dokumentation		
Durch wen?		
Logistik?		
Beobachter?		
Gastgeberrolle durch wen?		
Berichterstattung		
Technische Hilfsmittel –		
Einsatzbereitschaft überprüfen		
Prüfen, ob Graphiken, Plakate lesbar sind		
Stromanschlüsse prüfen		
Filme zur Probe laufen lassen, auf Inhalt und Länge überprüfen		

Tagungsräume

Größe und Form

Steckdosen

Mikrofonanschlüsse

Akustik

Türen

Toiletten (ausreichend für alle Tagungsteilnehmer?)

Treppen

Aufzüge

Heizung (regulierbar?)

Lüftung

Parkmöglichkeiten: Zahl der Parkplätze, leicht erreichbar, in der Nähe?

Registrierung

Tagungsbüro wo eingerichtet?

Transport

Aufbau und Bestuhlung im Konferenzraum

Zugänge zu Tagungsräumen

Beleuchtung

Name des Hausmeisters/ Technikers, wo zu erreichen?

Telefonanschlüsse (für Durchsagen, Nachrichten)

Ausstellungsplatz

Wandplatz für Zeitungen, Neuigkeiten usw.

Allgemeiner Eindruck (farbige, harmonische Gestaltung?)

Sonstiges

Einrichtung/Konferenztechnik

Tische (Zahl, Größe, Form)	Kaffee-/Teemaschinen
Stühle (bequem?, Form)	Wasserkaraffen
Mikrofone	Tassen
Tonbandgerät	Kamera
Kassettenrecorder	Filme
Video-Recorder	Folien und Folienschreiber
Verlängerungsschnüre	Kopiergerät
Flip-Chart	Filmprojektor
Dia-Projektor	Tafel / Kreide
Leinwand	Schreibmaschinen
Bühne	Radiergummis
Plattenspieler	Papierkörbe
Schallplatten	Sonstiges
Tafel	
Overhead-Projektor	
Tische für Geräte	

Schreib-/Büromaterial	
Namensschilder	Berichte in ____ Exemplaren
Filzstifte Feinstrich	Bücher
Filzstifte Grobstrich	Visuelle Hilfsmittel
Abdeckklebestreifen	Farbiges Papier
Büroklammern	Broschüren
Buntstifte	Material zum Auslegen
Reißbrettstifte	Blumen, Blumenarrangements
Scheren	Dekoration
Heftzangen/Heftklammern	Plakate
Klebstoff	Schriftliche Anweisungen
Zeitungspapier	Techniker – Anweisungen
Konzeptpapier	Richtungsweiser (zu den Tagungsräumen)
Bleistifte	Kreide (verschiedene Farben)
Kopierpapier, Kopiermasken	Klarsichtmappen, Hefter, Ordner
Toner	Sonstiges
Selbstdurchschreibepapier	
Satzungsexemplare	
Kopien des Protokolls der letzten Sitzung	

Budget (Kosten)	Geschätzt
Versand und Porto	
Telefon	
Telefonkonferenzen	
Miete technische Geräte	

Budget (Kosten)	Geschätzt
Raummiete	
Papiermaterial	
Namensschilder	
Konzeptpapier	
Sonstiges Papier	
Schreibmaterial	
Bleistifte	
Buntstifte	
Spezialstifte für Overhead-Folien	
Filzstifte	
Zeit Sekretariatsarbeiten	
Transport	
Mahlzeiten	
Alkoholische Getränke	
Kaffee, Tee, Saft	
Mappen	
Tonbänder	
Techniker Projektionsgeräte	
Techniker Aufnahmegeräte	
Referentenhonorare	
Beratungshonorare	
Rahmenprogramm	
Blumen	
Filmkopien	
Tonbandkopien	
Sonstiges	

Einnahmen	Geschätzt
Tagungsgebühr	
Verkauf von Materialien	
Zuschüsse	
Verkauf von Essensbons	
Spenden	
Mitgliedsbeiträge	
Kaffee- und Teeverkauf	
Sonstiges	

Unmittelbar vor Konferenzbeginn	Zuständig
Sitzordnung – Plenum und Gruppenräume	
Zusätzliche Stühle	
Zusätzliche Tische	
Einsatzbereitschaft technische Geräte überprüfen	
Sonstiges Zubehör (Flip-Chart, Leinwand usw.)	
Schreibmaterial (Papier, Stifte)	
Aschenbecher	
Wasser, Gläser	
Thermostat	
Fenster öffnen und schließen	
Anweisungen für Bereitstellung von Erfrischungen	
Tagungsbüro einrichten	
Prüfen, ob Graphiken, Tafeln, Leinwände von jedem Platz gut sichtbar sind	
Tagesordnung bereitlegen	
Tagungsmappen fertigstellen	
Namensschilder	
Tischnummern	
Kaffee, Tee usw.	
Bewertungsformulare bereitlegen	
Kopiergerät	
Video-Recorder aufstellen	
Sonstiges	

Während der Konferenz	Zuständig
Teilnehmer und Gäste empfangen, begrüßen, zu Sitzplätzen begleiten	
Dokumentation – Aufnahmegeräte	
Späte Ankömmlinge begrüßen	
Bewertungsbogen verteilen	
Unterlagen verteilen	
Bedienung technische Geräte	
Verlauf überwachen, an Endzeiten erinnern	
Ankündigungen	
Sonstiges	

Nach der Konferenz	Zuständig
Nicht gebrauchte Materialien einsammeln	
Geräte zurückgeben	
Aufräumen	
Hilfskräften danken	
Bewertungsbogen lesen und analysieren/Feedback geben	
Feedback zum Feedback vorbereiten	
Follow-up-Unterlagen verschicken	
An Follow-up-Aufgaben erinnern – Anrufen, Schreiben	
Planung für nächste Konferenz einleiten, Datum festlegen	
Rechnungen begleichen	
Ausstehende Beträge anmahnen	
Sonstiges	

Einige Hinweise zum Umgang mit dieser Checkliste

Sie werden wahrscheinlich Ihre eigene auf Ihre spezifischen Belange abgestimmte Checkliste entwickeln. Wir schlagen vor, die für Sie geeigneten Formulare zu kopieren und an die betroffenen Mitarbeiter zu verteilen, so daß jeder sein Exemplar hat und damit arbeiten kann.

Außerdem können Sie Ihre Checklisten an Mitarbeiter und Kollegen weitergeben, denen Sie bei der Planung und Durchführung von Konferenzen und Besprechungen helfen wollen.

Checkliste für Telefonkonferenzen

Checkliste für die Planung einer Telefonkonferenz

1. Alle Teilnehmer rechtzeitig informieren
2. Tagesordnung verschicken
3. Unterlagen, Graphiken, Statistiken, Zusammenstellungen verschicken
4. Gruppensprecher an den jeweiligen Orten ernennen – falls nötig
5. Telefonzentrale 24 Stunden im voraus informieren
6. Teilnehmer vorstellen
7. Fragen und Antworten an jeweiligen Leiter richten lassen
8. Sekretärin mit Protokollführung betrauen

Checkliste für die Lösung dringender Probleme

1. Nur unbedingt nötige Personen einschalten
2. Namen, Telefonnummern mit Vorwahl an Telefonzentrale durchgeben, Telefonzentrale mitteilen, daß Telefonkonferenz so schnell wie möglich durchgeführt werden soll
3. Teilnehmer vorstellen
4. Art und Dringlichkeit des Problems kurz und klar beschreiben
5. Teilnehmer nacheinander um ihre Beiträge bitten
6. Ergebnisse zusammenfassen, damit jeder Teilnehmer weiß, welche Maßnahmen er zu ergreifen hat
7. Protokoll führen, Vermerk zu den Akten nehmen

Rollenspiel in Sitzungen*

Gruppenbremsende Rollen

Der Aggressor	kritisiert und setzt den Status anderer herab, ist auf aggressive Art anderer Meinung.
Der Bremser	beharrt stur auf einer anderen Meinung, weist die Ansichten anderer zurück, zitiert unangebrachte persönliche Erfahrungen, kommt auf schon längst abgeschlossene Themen zurück.
Der sich Absondernde	nimmt keinen Anteil, ist nicht bei der Sache, führt private Flüstergespräche, schreibt mit.
Der Anerkennung Suchende	gibt an, redet übermäßig viel, ist sich seiner Stellung bewußt.
Der Themenspringer	wechselt ständig das Thema.
Der Dominierende	versucht, alles an sich zu ziehen, Autorität zur Geltung zu bringen, die Gruppen zu manipulieren.
Der Verfechter von Sonderinteressen	benutzt die Zeit der Gruppe, um seinen eigenen Fall zu verfechten.
Der Playboy	verschwendet die Zeit der Gruppe durch Angeben und Erzählen von Geschichten, ist nonchalant, zynisch.
Der Bekenner	spricht unsachdienlich über seine eigenen Gefühle und Einsichten.
Der Advocatus Diaboli	ist mehr Teufel als Advokat.

* *Hensleigh Wedgwood,* „Fewer Camels, More Horses", Personnel, Juli-August 1967.

Gruppenaufbauende Rollen

Der Initiator	schlägt neue oder andere Ideen zur Diskussion und neue Problemlösungswege vor.
Der Meinungs-zusammenfasser	stellt relevante Meinungen über die Diskussion und Vorschläge von anderen fest.
Der Ausarbeiter	baut auf den Vorschlägen anderer auf.
Der Klärer	bringt entsprechende Beispiele, prüft Sinn und Verständnis, formuliert Probleme neu.
Der Prüfer	wirft Fragen auf, um zu testen, ob die Gruppe entscheidungsbereit ist.
Der Zusammen-fasser	wiederholt die Hauptpunkte der Diskussion, faßt sie zusammen.

Gruppenerhaltende Rollen

Der Entspanner	bringt Humor an oder bittet zur rechten Zeit um eine Unterbrechung, damit negative Gefühle abklingen können.
Der Kompromiß-bereite	ist willens nachzugeben, wenn dies für den Fortgang notwendig ist.
Der Vermittler	schlichtet Differenzen, gleicht verschiedene Meinungen aus.
Der Förderer	lobt und unterstützt andere, ist freundlich und ermutigend.
Der Wächter	hält den Kommunikationsfluß offen, fördert die Teilnahme.

Sachregister